パワフル・ラーニング

社会に開かれた学びと理解をつくる

L. ダーリング-ハモンド 編著

深見俊崇 編訳

北大路書房

POWERFUL LEARNING by Linda Darling-Hammond,
Brigid Barron, P. David Pearson, Alan H. Schoenfeld,
Elizabeth K., Stage, Timothy D. Zimmerman, Gina N.
Cervetti, Jennifer L. Tilson
Copyright © 2008 by John Wiley & Sons, Inc.
All rights reserved. This translation published under license.
Japanese translation published by arrangement with John
Wiley & Sons International Rights, Inc. through The
English Agency (Japan) Ltd.

❖ 編訳者はじめに ❖

「アクティブ・ラーニング」時代

　近年，高等教育から初等・中等教育に至るまで「アクティブ・ラーニング」がきわめて重要なキーワードとして語られるようになってきた。実際，書店の教育コーナーにはたくさんの「アクティブ・ラーニング」関連書籍が並び，さまざまな研修でもそれをテーマにしたものが数多く見られる。次期学習指導要領改訂の核となるものであることは間違いなく，その対応に備えるというのは確かに必要である。ここではまず中央教育審議会での議論を押さえておきたい。

　2015年8月に公表された中央教育審議会の『教育課程企画特別部会　論点整理』[註1]において，「社会に開かれた教育課程」を目指す理念の下，「何ができるようになるのか」の観点から子どもたちが身につけるべき資質・能力を明らかにした上で，「何を学ぶのか」，そして，その内容を「どのように学ぶのか」を明確に示すことが提言された。この資質・能力として，（ⅰ）「何を知っているか，何ができるか（個別の知識・技能）」，（ⅱ）「知っていること・できることをどう使うか（思考力・判断力・表現力等）」，（ⅲ）「どのように社会・世界とかかわり，よりよい人生を送るか（学びに向かう力，人間性等）」が示され，それらを幼児教育から初等中等教育を通じて育むことに言及されている。これらの内容を「どのように学ぶのか」について説明したものが，「アクティブ・ラーニング」であり，『論点整理』で以下のとおり示された。

　　思考力・判断力・表現力等は，学習の中で，（ⅱ）に示したような思考・判断・表現が発揮される主体的・協働的な問題発見・解決の場面を経験することによって磨かれていく。身に付けた個別の知識や技能も，そうした学習経験の中で活用することにより定着し，既存の知識や技能と関連付けられ体系化されながら身に付いていき，ひいては生涯にわたり活用できるような物事の深い理解や方法の熟達に至ることが期待される。

　　また，こうした学びを推進するエンジンとなるのは，子供の学びに向かう力であり，これを引き出すためには，実社会や実生活に関連した課題などを通じ

☆註1　http://www.mext.go.jp/component/b_menu/shingi/toushin/__icsFiles/afieldfile/2015/12/11/1361110.pdf（2017年2月10日最終確認）

て動機付けを行い，子供たちの学びへの興味と努力し続ける意志を喚起する必要がある。

(中央教育審議会教育課程企画特別部会 2015, p.17)

これらを踏まえたものが，「課題の発見・解決に向けた主体的・協働的な学び（いわゆる「アクティブ・ラーニング」）」として定義されていた。その直後に次のような懸念が併記されていたことに留意しなければならない。

　昨年11月の諮問以降，学習指導要領等の改訂に関する議論において，こうした指導方法を焦点の1つとすることについては，注意すべき点も指摘されてきた。つまり，育成すべき資質・能力を総合的に育むという意義を踏まえた積極的な取組の重要性が指摘される一方で，指導法を一定の型にはめ，教育の質の改善のための取組が，<u>狭い意味での授業の方法や技術の改善に終始するのではないか</u>といった懸念などである。我が国の教育界はきわめて真摯に教育技術の改善を模索する教員の意欲や姿勢に支えられていることは確かであるものの，<u>これらの工夫や改善が，ともすると本来の目的を見失い，特定の学習や指導の「型」に拘泥する事態を招きかねないのではないか</u>との指摘を踏まえての危惧と考えられる。(下線部筆者)

(中央教育審議会教育課程企画特別部会 2015, p.17)

残念ながら，結果としてその懸念は的中しているといえるだろう。続く部分で，次のようにさらなる念押しがなされていた。

　このような中で次期改訂が学習・指導方法について目指すのは，<u>特定の型を普及させることではなく，下記のような視点に立って学び全体を改善し，子供の学びへの積極的関与と深い理解を促すような指導や学習環境を設定することにより，子供たちがこうした学びを経験しながら，自信を育み必要な資質・能力を身に付けていくことができるようにすることである。</u>そうした具体的な学習プロセスは限りなく存在し得るものであり，教員一人一人が，子供たちの発達の段階や発達の特性，子供の学習スタイルの多様性や教育的ニーズと教科等の学習内容，単元の構成や学習の場面等に応じた方法について研究を重ね，ふさわしい方法を選択しながら，工夫して実践できるようにすることが重要である。(下線部筆者)

(中央教育審議会教育課程企画特別部会 2015, p.18)

そして，最終的に提示されたのは，（ⅰ）習得・活用・探究という学習プロセスの中で，問題発見・解決を念頭に置いた**深い学び**の過程が実現できているかどうか，（ⅱ）他者との協働や外界との相互作用を通じて，自らの考えを広げ深める，**対話的な学び**の過程が実現できているかどうか，（ⅲ）子どもたちが見通しを持って粘り強く取り組み，自らの学習活動を振り返って次につなげる，**主体的な学び**の過程が実現できているかどうか，の3つの視点であった。

その後，2016年8月に公表された『次期学習指導要領等に向けたこれまでの審議のまとめ』☆註2では次のような学習指導要領改訂の方向性が示された。

①学習指導要領等の枠組みの見直し（「何ができるようになるか」，「何を学ぶか」，「どのように学ぶか」の3つの視点をもとにした構成）
②教育課程を軸に学校教育の改善・充実の好循環を生み出す「カリキュラム・マネジメント」の実現（教科等横断的な視点，調査・データに基づくPDCAサイクルの確立，人的・物的・地域資源の活用とデザイン）
③「主体的・対話的で深い学び」の実現（「アクティブ・ラーニング」の視点）

これまでの流れを踏まえ，ここでは③に絞ってその内容を確認していく。まず，目指すべき方向性が次のように示されている。

　第三は，「主体的・対話的で深い学び」，すなわち「アクティブ・ラーニング」の視点からの学びをいかに実現するかである。子供たちが，学習内容を人生や社会の在り方と結びつけて深く理解し，これからの時代に求められる資質・能力を身に付け，生涯にわたって能動的に学び続けたりすることができるようにするためには，子供たちが「どのように学ぶか」という**学びの質**が重要になる。
　学びの質は，子供たちが，主体的に学ぶことの意味と自分の人生や社会の在り方を結びつけたり，多様な人との対話で考えを広げたり，各教科等で身に付けた資質・能力をさまざまな課題の解決に生かすよう学びを深めたりすることによって高まると考えられる。こうした「**主体的・対話的で深い学び**」が実現するように，日々の授業を改善していくための視点を共有し，授業改善に向けた取組を活性化しようとするのが，「アクティブ・ラーニング」の視点である。
　これは，形式的に対話型を取り入れた授業や特定の指導の型を目指した技術の改善にとどまるものではなく，子供たちそれぞれの興味や関心をもとに，一

☆註2　http://www.mext.go.jp/component/b_menu/shingi/toushin/__icsFiles/afieldfile/2016/09/09/1377021_1_1_11_1.pdf（2017年2月10日最終確認）

人一人の個性に応じた多様で質の高い学びを引き出すことを意図するものであり，さらに，それを通してどのような資質・能力を育むかという観点から，**学習の在り方そのものの問い直しを目指すもの**である。

　また，「カリキュラム・マネジメント」は，学校の組織力を高める観点から，学校の組織や経営の見直しにつながるものである。その意味において，今回の改訂において提起された「アクティブ・ラーニング」と「カリキュラム・マネジメント」は，教育課程を軸にしながら，授業，学校の組織や経営の改善などを行うためのものであり，<u>両者は一体として捉えてこそ学校全体の機能を強化することができる</u>。（下線部・強調筆者，一部改変）

（中央教育審議会初等中等教育分科会教育課程部会 2016, p.23-24）

　ここではまず，「学びの質」について言及されている。「子供たちが，学習内容を人生や社会の在り方と結びつけて深く理解し，これからの時代に求められる資質・能力を身に付け，生涯にわたって能動的に学び続けたりすることができるようにする」ことが目的として掲げられている。それを実現するための取り組みこそが「学び」なのである。それを高めるものが，「子供たちが，主体的に学ぶことの意味と自分の人生や社会の在り方を結びつけたり，多様な人との対話で考えを広げたり，各教科等で身に付けた資質・能力をさまざまな課題の解決に生かすよう学びを深めたりすること」なのである。あくまで目的を達成するための手段としての学びがあり，その有り様として「主体的・対話的で深い学び」があることを理解しなければならない。

　そして，本章で何度もくり返しているが，「形式的に対話型を取り入れた授業や特定の指導の型を目指した技術の改善にとどまるもの」でないことが確認された上で，「学習の在り方そのものの問い直しを目指すもの」だと主張されている。これは，一授業に留まらない，学校全体の営みとして捉えるものであるため，「アクティブ・ラーニング」と「カリキュラム・マネジメント」を一体的に捉えることが求められているのである。

　これまでの議論の集大成として2016年12月21日に『幼稚園，小学校，中学校，高等学校及び特別支援学校の学習指導要領等の改善及び必要な方策等について（答申）[註3]』が公表された。その内容や方向性に関しては，これまで本章でとり上げてきたものと一貫したものとなっており，幼児教育から高等学校に至るまで「主体的・対話的で深い学び」の実現を目指す方向へと動き始めた。

──────────────────────────────

☆註3　http://www.mext.go.jp/b.menu/shingi/chukyo/chukyo0/toushin/1380731.htm（2017年2月10日最終確認）

ところで，先の議論を踏まえた上で，さまざまな「アクティブ・ラーニング」の関連書籍を目にすると，その内容に違和感を強く覚えるものも少なからずある。以下，その違和感を3点にわたって確認したい。

　まず，「アクティブ」にするための指導方法や学習形態の議論に終始するものが多いことである。たとえば，学生や児童・生徒が何らかの活動に従事したり，話し合いやディスカッションを展開したり**するために**何をすればよいかを紹介した授業実践の記録やマニュアル本も出版されている。そこでは，一斉授業や講義が悪者として扱われ，否定されるものとして描かれているものも多い。しかし，一斉授業や講義によって学生や児童・生徒の見方や考え方を大きく転換できる場合もあるし，それらを通じて彼ら自身では至らなかった世界に出会うきっかけにもなり得る。専門職としての教師が授業することの価値はそこにあるともいえるだろう。また，近年，MOOC (Massive Open Online Course：大規模公開オンライン講座)☆註4が世界的に着目されているが，その内容も基本的には「講義」である。インターネットを通じて各国の大学・研究所等が無料で公開する「講義」を世界中の人々が学んでいる。インターネットを通じてのアクセスが簡便であること，無料で学べることで世界中から人が集まってきていることは間違いないが，そこに魅力的な講義がなければこのようなムーブメントにはならなかっただろう。一斉授業や講義と活動やディスカッション等とを二律背反のものと捉え，前者を否定するために「アクティブ・ラーニング」を論じるのは不毛だといえるだろう。

　続いては，理論的背景や先行研究に基づく議論に至っていないものがきわめて多いということである。仮に実践の紹介であったとしても，なぜそのような実践が必要なのか，これまでどのような議論がなされてきたのかを踏まえるのかそうでないのかでは実践の位置づけやその質が大きく変わるはずである。エビデンスが万能だとはいえないが，適切な手法でデータを収集し，適切な方法でそのデータを検討し，成果と課題を明らかにすることによってその後の検証が可能となる。この作業を通さなければ実践を批判的に継承できないはずだが，実際には報告レベルで留まっているものが多いと言わざるを得ない。

　最後に，「ラーニング」の捉え方が狭いということである。ほとんどの「アクティブ・ラーニング」関連書籍で描かれている世界は，これまでの「学校」にある「教室」で展開される「授業」だといえる。これまでの教室での実践に何らかの指導方法や学習形態が付加されることによって「アクティブ・ラーニング」が実現さ

☆註4　インターネットを通じて誰でも無料で受講でき，ビデオ講義の視聴と課題の提出がセットになっており，コースを修了すると修了証等を発行できる（修了証の発行に関しては有料の場合もある）。主なプラットフォームとして，Coursera（https://www.coursera.org/）やEdX（https://www.edx.org/）等がある。

れると考えている人が少なからずいるからだろう。筆者は，以前から本書『パワフル・ラーニング』を学んでいたため，欧米等で考えられているそれとは相当な隔たりがあると捉えてきた。本書を読むとよくわかるが，たとえば，日本でも紹介されてきた「真正性」や「真正の評価」という言葉にある「真正」の意味が日本でのイメージと全く異なるのである。真正の評価にかかわるパフォーマンス評価をテーマにした書籍もいくつか出版されているが，そこで紹介されている日本での実践事例の多くはこれまでの「教室」で展開される「授業」だといえる。そこに日常の場面や応用的な活動が盛り込まれているものが実際には多い。すなわち，「真正性」が日本的な「授業」のイメージに変換され，良い意味でも悪い意味でも「日本の教室」での実践に相応しいものになっている。それに対して，本書の実践は，「現実世界（real world）」とつながり，そこで行なわれるものとなっている。つまり，「ラーニング」の世界は教室に留まらない，広い世界の中で取り組まれていく質のものなのである。たとえ教室内の実践であっても，児童・生徒をどういう存在として捉え，扱っているかも重要である。「児童・生徒」を超えて，「作家」，「数学者」，「科学者」，「歴史家」のように彼らを扱い，その人々が実際に研究や実践として行なっているとおりの活動を保障している事例が本書にはさまざま紹介されている。

　「アクティブ・ラーニング」が叫ばれる時代になり，これら3つの違和感を解消するため，筆者は，本書を翻訳したいとの強い使命感に駆られた。本書を通じて，日本型の「アクティブ・ラーニング」を批判的に捉え直し，本来的な意味で理解することが必要だと強く感じたからである。

『パワフル・ラーニング』について

　本書は，ジョージ・ルーカス教育財団による支援を受け，ダーリン-ハモンドを中心とするトップクラスの研究者たちによって執筆されたものである。出版年が2008年と若干古くなりつつある面も否めないが，きわめて重要な知見が呈されている。まず，本書の紹介文を以下に示したい。

　　『パワフル・ラーニング』は，最も優れたK-12の授業実践に関する包括的かつ魅力的な記録である。プロジェクト・ベース学習，協同学習，パフォーマンス評価はもちろん，リテラシー，算数・数学，そして理科における指導方略についてもまとめられたものだ。豊富な教室での実践事例と本書と関連した創造的な授業に関するオンラインビデオ（www.edutopia.orgと連携）を通して，これらのモデルが児童・生徒の意味ある理解を生み出すかを著者たちは追究していく。本書は，教室の中でも，教室の外でも，いかに児童・生徒が批判的に思

考し，スキルや知識を転移でき，柔軟な問題解決者になれるかについての知見を教育者に伝えるものである。

　この紹介文には冒頭で示した「アクティブ・ラーニング」の関連書籍に関する3つの違和感への明確な回答が提示されている。
　まず，本書が「指導方略（instructional strategies）」に焦点を当てたものだということだ。本書において，ディスカッションや探究的な学習活動を充実したものにするためには，教師の働きかけが重要であることがくり返し主張される。教師の適切な働きかけや授業デザインなしにそれらは成り立たないと言っても過言ではない。
　続いて，本書では，各章においてさまざまな「実践事例」を交えながら議論が進んでいくが，その事例の多くは，国際的な学術論文誌に掲載されたものだ。すなわち，本書の事例は，理論的背景・研究的裏づけをもって紹介されたものである。「『知見』を教育者たちに伝える」というのはそのような学術的基盤に依拠した内容を指している。
　そして，「教室の中でも，教室の外でも」とあるように，本書で紹介される実践は，「教室」と「現実の世界」とをつなぎながら実践を展開していったものが中心となっている。その根源にはデューイの目指した学校のイメージに通じるものがあるだろう。学校は社会から切り離された存在ではなく，社会の胎芽として存在するものであり，そこで学習することが社会へと続いていくというものである（Dewey, 1915）。しかし，学校での学習は現実そのものではなく，学習として価値あるものであり，単純な社会の再生産とならないようデザインされたものとならねばならない。さらに，単に経験するだけでは学習とはなり得ないため，適切な指導や教材としての綿密なデザインも不可欠となる。だからこそ，社会体験を重視するだけでは当然不十分なのであり，学問的な基盤に依拠しながら構成された学習となっている必要がある。
　このような学習のデザインにあたって大きな役割を担っているのが，「オンラインビデオ」である。これまでの実践のイメージを乗り越えるためには，具体的なイメージをもつ必要がある。そのための手がかりとして，エデュトピア（https://www.edutopia.org/）にアップロードされた動画とリンクしながら本書は展開していく。読者のみなさんもコラムを中心に関連する動画を紹介しているので，視聴しながら実践のイメージを問い直してもらいたい。
　このように本書は，日本においては類を見ない優れたものだといえるだろう。

「理解する」とは何か

　原著の副題は，「理解を目指した授業について私たちは何を知っているのか（what we know about teaching for understanding）」である。本書の中心的なテーマこそが，この「理解」であり，各章もこの「理解」というテーマに即して，論が展開されている。

　ところで，「理解」とは何だろうか？　みなさんは，何かについて「理解」していることをどのように説明できるだろうか。ある問題が解ければ「理解」できたといえるだろうか？　ある事柄について詳しく説明できれば「理解」しているといえるだろうか？

　ウィギンズとマクタイ（Wiggins & Mctighe, 2005）は，「理解」という概念を6つの側面で捉え，「真に理解している時」には次のことができると論じている。

①説明する（explain）ことができる――現象，事実，データについて，一般化や原理を媒介として，正当化された体系的な説明を提供する。洞察に富んだ関連づけを行ない，啓発するような実例や例証を提供する。
②解釈する（interpret）ことができる――意味ある物語を語る。適切な言い換えをする。観念や出来事についての深奥を明らかにするような，歴史的次元または個人的次元を提示する。イメージ，逸話，アナロジー，モデルを用いて，理解の対象を個人的なものにしたり，近づきやすいものにしたりする。
③応用する（apply）ことができる――多様な，またリアルな文脈において，私たちが知っていることを効果的に活用し，適応させる――教科「する」ことができる。
④パースペクティブ（perspective）を持つ――批判的な目や耳を用いて，複数の視点から見たり聞いたりする。全体像を見る。
⑤共感する（empathize）ことができる――他の人が奇妙だ，異質だ，またはありそうもないと思うようなものに価値を見いだす。先行する直接経験に基づいて，敏感に知覚する。
⑥自己認識（self-knowledge）を持つ――メタ認知的な自覚を示す。私たち自身の理解を形づくりも妨げもするような個人的なスタイル，偏見，投影，知性の習慣を知覚する。自分は何を理解していないのか気づく。学習と経験の意味について省察する。

　　　　　　　　　　　　　　　　　　　　　　　（Wiggins & McTighe, 2005, 邦訳 p.101-102）

　そして，彼らは，「理解は，『看破』[註5]によって最もうまく獲得される（つまり，理解は学習者が帰納的に発達させ共同で構成したものでなくてはならない），また教科

『する』こと（つまり，観念を現実的な設定で現実世界の問題に活用すること）によって最もうまく獲得される」（邦訳，p.156）と論じている。

　これらの指摘から，「理解」は，行動レベル（説明・解釈・応用）と認識レベル（パースペクティブ・共感・自己認識）を含むものであり，あるコミュニティにおける実践（学習者が帰納的に発達させ共同で構成，観念を現実的な設定で現実世界の問題に活用）を通して獲得されるものであることがわかる。本書における「理解」もまさにこれらの視点を反映したものとなっている。

　このような「理解」に関連して，佐伯（1984）は，「人は生まれたときから，己をとりまく文化になじみ，その文化の発展と新しい文化的価値の創造へ参加しようとしている」（p.7）点を公理とせねばならないと主張している。本書において論じられる「理解」は，コミュニティにおける実践として描かれている。そして，本書で紹介される研究者や教師は，児童・生徒を「文化的価値の創造へ参加しよう」とする存在として捉えられていることがわかる。それは，彼らを単なる「子ども」とは見なさず，1人の「人間」として見なすことから始まっている。

　本書を通じて「理解を目指す」とは何を意味しているのか，そのためにどのような取り組みや学習環境をデザインし，その中で児童・生徒をどう扱っているかを吟味しながら読み進めてもらいたい。

著者紹介

　本章の締めくくりとして，本書の著者たちを紹介しておきたい。なお，これらの内容は，本書執筆当時のものである。

　リンダ・ダーリン-ハモンドは，スタンフォード大学チャールズ E. デュコモンの教授で，スクール・リデザイン・ネットワーク（School Redesign Network）とスタンフォード教育リーダーシップ研究所（Stanford Educational Leadership Institute）の共同ディレクターを務めている。彼女の研究，教育，および政策的取り組みは，指導の質，学校改革，教育の公平性に焦点化している。彼女は，アメリカの学校において歴史的にサービスが行き届いていない生徒に対して強力な教育と学習の機会を提供しようとしているイースト・パロ・アルトのチャーター高校の共同創設者である。彼女の約300の出版物の中には，"*The Right to Learn*"，"*Teaching as the Learning Profession*"，"*Preparing Teachers for a Changing World*" 等の受賞作品がある。

　ブリッジ・バロンは，スタンフォード大学教育学部の准教授である。彼女は，

☆註5　uncoverの訳語として翻訳者が当てたものである。

学校内外の協働学習を研究している。彼女の研究は，*Journal of Educational Psychology*, *Experimental Child Psychology*, *Human Development*, *Journal of Learning Sciences*, *Communication of Computing Machinery Association*, *International Journal of Technology and Design*といった書籍や雑誌に掲載されている。彼女は，学習科学研究におけるデータとしてビデオの使用に関する書籍を共同編集してきた。彼女は，2005年に全米科学財団（National Science Foundation）が資金を提供するLIFEセンター（インフォーマル・フォーマルな環境における学習：Learning in Informal and Formal Environments）の共同代表である。バロンは，マッカーサー財団が資金援助する新たな助成金の研究代表者として，ゲームデザイン，ロボティクス，デジタルムービー制作といった活動を通じ，テクノロジの巧みな活用を促すためにデザインされたプログラムに児童・生徒が長期間参加するのを追跡している。

　ジナ N. セルベッティは，カリフォルニア大学バークレー校のローレンス科学館[註6]にあるリテラシー・カリキュラムとリサーチのスペシャリストである。彼女はリテラシー・スペシャリスト，プログラムディレクター，そしてNSFが資金を提供するシーズ・オブ・サイエンス／ルーツ・オブ・リーディング・プロジェクト[註7]（Seeds of Science/Roots of Reading project）の研究員である。現在の研究課題は，学習科学におけるテキストの役割と，児童・生徒のアカデミック・リテラシーの発達を促す科学リテラシーの統合可能性に関するものである。

　P. デイビッド・ピアソンは，教育学研究科の学部長であり，言語とリテラシー分野の教授である。彼は，私たちの国の最も貧しい子どもたちへのより多くのアクセスと機会を生み出す希望を持ちながら，読解プロセス，教育学，評価の分野で研究ならびに大学院のコースを指導している。ピアソンは，研究と実践に関する数冊の著書を執筆・共編している。その中で，最も注目すべきは，"*Handbook of Reading Research*"であり，現在は第3巻が出版されている（第4巻も準備中）。また，"*Effective Schools and Accomplished Teachers*"[註8]の編集者でもある。

　アラン H. シェーンフェルドは，カリフォルニア大学バークレー校エリザベス・アンド・エドワード・コナーの教授である。トレーニングを受けた数学者であり，

☆註6　カリフォルニア大学で初めてノーベル賞を受賞したアーネスト・オーランド・ローレンスを記念して設立された博物館であり，子どもたちが体験して科学を楽しむことができるようさまざまな展示が工夫されている。

☆註7　ローレンス科学館が運営するプロジェクトである。あらゆる児童・生徒のリテラシーと科学に関する学業達成を向上させるため，体験を基盤とした総合的なカリキュラムを提供している（http://www.scienceandliteracy.org参照　2017年2月10日最終確認）。

☆註8　論文誌 "*The Elementary School Journal*" 101, no. 2（2000）のことを指す。

数学的思考，指導，そして学習を研究している。彼の主な目標は，**あらゆる**児童・生徒の数学の豊かさを広げる学習環境の創造を支援することである。彼が執筆・編集した本の中には，古典的な書籍"Mathematical Problem Solving"，全米数学教師協議会"Principles and Standards for School Mathematics,""Assessing Mathematical Proficiency"がある。

エリザベス K. ステージは，カリフォルニア大学バークレー校のサイエンスセンターであるローレンス科学館のディレクターである。この施設は，すべての人，とくにアクセスが制限されている人に対して，科学と数学の学習を刺激し育成するというミッションを達成するために，研究を行ない，カリキュラムの教材を開発し，教師や他の教育者と協力している。スタンダードと評価，専門性を高める取り組み，そして放課後における質の高い科学的な経験の促進に関する彼女の仕事は，そのミッションに関する彼女の焦点を反映したものである。

ジェニファー L. ティルソンは，カリフォルニア大学バークレー校のローレンス科学館でNSFが資金を提供しているシーズ・オブ・サイエンス／ルーツ・オブ・リーディング・プロジェクトのリテラシー・カリキュラム開発者そして研究者である。彼女の研究は，豊かな科学の文脈におけるリテラシー指導を埋め込むことによる効果的な実践の開発，あらゆる児童・生徒のアカデミック・ディスコースへのアクセスを高めるために科学的言語を指導する方法について関心が向けられている。

ティモシー D. ジマーマンは，カリフォルニア大学バークレー校のローレンス科学館に所属する学術研究者である。彼は，海洋生物学者および学習科学研究者としてトレーニングを受けており，フォーマル（教室）とインフォーマル（水族館，博物館，実地見学等）いずれの文脈でも海洋科学に関する指導と学習を研究し，しばしば教育工学を取り入れている。彼の研究は，多くの場合，K-12のカリキュラムから除外されてしまう海洋科学の概念の指導を発展させ，環境にやさしい意思決定を行なうことができる科学的な学問社会を促すものである。

■出典一覧

中央教育審議会（2015）教育課程企画特別部会における論点整理について（報告）
  http://www.mext.go.jp/b_menu/shingi/chukyo/chukyo3/053/sonota/ 1361117.htm
中央教育審議会（2016a）次期学習指導要領等に向けたこれまでの審議のまとめについて（報告）
  http://www.mext.go.jp/b_menu/shingi/chukyo/chukyo3/004/gaiyou/1377051.htm
中央教育審議会（2016b）幼稚園、小学校、中学校、高等学校及び特別支援学校の学習指導要領等の改善及び必要な方策等について（答申）

http://www.mext.go.jp/b_menu/shingi/chukyo/chukyo0/toushin/1380731.htm

Dewey, J.（1915）*The School and Society*. Revised edition.（市村尚久（訳）（1998）学校と社会・子どもとカリキュラム．講談社学術文庫）

佐伯胖（1984）わかり方の根源．小学館創造選書

Wiggins, G., & McTighe, J.（2005）*Understanding by design Expanded 2nd Edition:* Association for Supervision and Curriculum Development.（西岡加名恵（訳）（2012）理解をもたらすカリキュラム設計―「逆向き設計」の理論と方法．日本標準）

❖ 序　文 ❖

　私たちの財団は，1991年に野心的なミッションをもってスタートした。それは，教室における革新的な学習環境が，強力な新しいテクノロジに支援されることで，いかに学習に革命をもたらすことができるかを明らかにすることであった。ジョージ・ルーカスによって設立された組織として，ビジネス，ヘルスケア，エンタテインメント，そして産業を一変しているテクノロジの有益さが教育にも適用され得ると私たちは信じていた。個人労働者の生産性に基づく工業的アセンブリーラインモデルは，チームにおける組織的作業に基づくより協働的な方法にとって代わられようとしていた☆訳註1。情報はよりたやすく共有され，機械的な課題は自動化されていた。これはインターネット時代以前の話であった。

　ここ20年間で，世界は劇的に進歩してきたが，私たちの学校は1世紀前に生まれた教育的思考とシステムの網に囚われたままである。中には，それ以前であるという者もいるだろう。知識の主要な源泉としての教師と教科書を中心とする教育モデルは，講義，ディスカッション，そして読書を通して伝達されるものだが，驚くほど強固であることが明らかとなっている。児童・生徒が列になって座るという教室の座席に関する伝統的な形態でさえ，グループワークや会話を妨げる配置にもかかわらず，未だありふれたものである。私が少年だった頃の1960年代の教室では，椅子と机がボルトで床に固定されていたので，教室のレイアウトを変えることは不可能だった。今日では，動かせる設備になっているのだから弁解の余地はない。まず，私たちの思考のボルトを外すことが最初に必要なことは明らかである。

　幸運なことに，この「支配的パラダイム」は弱まる兆しが見えつつある。学校内外での革新的な学習の話を見いだしたり紹介したりする私たち自身の仕事を通して，プロジェクト・ベースのカリキュラムやパフォーマンス評価の新たな形態を実践する個々人の教師や校長のみならず学区また州でさえ取り組むたくさんの事例を知っている。これらの教室では，児童・生徒は，チームとして組織されており，「あなたのコミュニティにおける空気や水の質はどのようなものですか？」や「未来の学校，またハイブリッドカーをいかにデザインしますか？」といったオープンエンドで複雑な問いに取り組まねばならない。これらのプロジェクトの

☆訳註1　本書では，"collaborative"を「協働的」，"collaboration"を「協働」と翻訳している。それに対して，"cooperative"を「協同的」，"cooperation"を「協同」と翻訳している。

ために，彼らは，多くのソースから情報を収集・選別し，データを分析し，対面もしくはウェブ上で，彼らの仲間，家族，そしてコミュニティに対して行なうプレゼンテーションに向け，研究結果を生み出している。

　これらの教室は，教育学部から始まる専門性を高めるための取り組みに関する新たなパイプラインからも助力を得ている。その結果として，教師は，直接的な教授者として孤独になるよりむしろ学習のコーチやマネージャーとしての新たな役割を受け入れることができている。現代の職場と同じように，これらの教室がデジタル環境として機能することで，テクノロジによってはるかに広がる情報の世界にアクセスすることが可能となり，児童・生徒は彼らの多元的知能（multiple intelligence）☆訳註2を表現でき，学習者としての強みや関心を活かすことができる。

　財団として，私たちは，これらのイノベーションの研究基盤を開発することの決定的な重要性を理解してきた。10年以上にわたって教室におけるプロジェクト・ベース学習や協同学習☆訳註3のみならず，インフォーマルな場や放課後でも事例を記録し，ドキュメンタリー番組，雑誌『エデュトピア』，マルチメディアウェブサイト（www.edutopia.org）でも発信している。だが，より多くの場で定着しているこれら多くの個々の事例について，その有効性を教育研究として示されなければならない。重要なことは，これらのイノベーションを一定の比率でもたらすために必要とされるカリキュラム，指導，そして評価に予算を投じる政策立案者が立証された知見に基づいて政策を構築しなければならない。このような信念から，本書に対するわれわれの支援がなされたのだ。

　それと共に，スタンフォード大学，カリフォルニア大学バークレー校，ローレンス科学館に勤めるリンダ・ダーリン-ハモンド☆訳註4と彼女の仲間たちは，この領域に重要な一歩を刻んできたことが挙げられる。プロジェクト・ベース学習，協同学習，そしてリテラシー，算数・数学，理科における特定の指導方略のような授業実践に関する文献のレビューによって，何が知られており，どのような新しい研究が必要なのかを要約している。彼女たちの分析には，全米科学アカデミーによって1999年に公刊された画期的書籍『人はいかに学ぶか（*How People*

☆訳註2　ハワード・ガードナーは，これまで知能は単一の指標（IQ等）で測られてきたが，そうではなく複数あると主張した。それが多元的知能であり，彼は8つの知能を提唱した。

☆訳註3　杉江（2011）は，「主体的で自律的な学びの構え，確かで幅広い知的習得，仲間と共に課題解決に向かうことのできる対人技能，さらには，他者を尊重する民主的な態度，といった『学力』を身につけていくための『基本的な考え方』」（p.1）と示している。杉江修治（2011）協同学習入門―基本の理解と51の工夫．ナカニシヤ出版

☆訳註4　「編訳者はじめに」註6参照。

Learn)』のように，過去10年間の認知研究における重要で新たな発展が活かされている。彼女たちは，これらの方略の有効性に関する知見を指摘しているが，重要な忠告をもってその結果を抑制してもいる。つまり，その有効性は，教師がそれらを実践する質にきわめて依存するということである。

　本書を通じて，革新的な教室実践に関する研究業績の理解が広く共有されるようになることを願っている。同時に，このことが，これらの実践や児童・生徒の組織・学習の方法に関する研究が必要とする研究デザインや測定の新たな形態へ投資する努力につながるべきである。おそらく皮肉なことだが，本書で記された意味ある学習経験は，学習がより日常生活につながっており，同年齢だけでなく年長者とも共に学んでいた，ずっと以前の時代にわれわれを引き戻すことになる。☆訳註5

　財団を代表して，重要な本書に著者たちが果たした貢献に対する感謝を心から表したい。スタンフォード大学のリンダ・ダーリン-ハモンドとブリッジ・バロン，カリフォルニア大学バークレー校のデイビッド・ピアソン，アラン・シェーンフェルド，ティモシー・ジマーマン，ジナ・セルベッティ，そして，ローレンス科学館のエリザベス・ステージとジェニファー・ティルソンである。彼らは，本書の教育の領域と教育研究において思慮深く創造的なリーダーとして広く世に認められた英知をもたらしてくれた。『パワフル・ラーニング』は，21世紀における多くの学校や学校システムの創造を支援するのに必要となるような「パワフル・リサーチ」に関する新たな思考を引き出してくれるだろう。

ジョージ・ルーカス教育財団　常任理事
ミルトン・チェン

ジョージ・ルーカス教育財団（The George Lucas Educational Foundation: GLEF）は，デジタル時代におけるK-12の最も革新的な教授・学習モデルを収集・普及している非営利財団である。本財団は，多様なメディア——雑誌，ビデオ，書籍，電子ニューズレター，DVD，そしてウェブサイト（www.edutopia.org）——を通じてそのミッションに応えている。

☆訳註5　この議論については，Collins & Halverson（2009）に詳述されている。Collins, A. & Halverson, R.（2009）Rethinking education in the age of technology: The digital revolution and schooling in America. Teachers College Press（稲垣忠（編訳）（2012）デジタル社会の学びのかたち―教育とテクノロジの再考．北大路書房）

目　次

編訳者はじめに　　i
序　文　　xiii

イントロダクション──理解を目指した教授と学習

リンダ・ダーリン-ハモンド　1

想定される読者　　2
効果的な授業につながる学習の原理　　3
ある種の学習に方略を合わせること　　5

第1章　意味ある学習のために私たちはいかに教えることができるか

ブリッジ・バロン，リンダ・ダーリン-ハモンド　9

21世紀型スキルを支援するための探究型学習の必要性　　9
探究ベースの学習　　11
探究ベースの学習に関する歴史的観点　　12
協働的な小グループ学習──エビデンスとベストプラクティス　　15
　教室における小グループ活動の課題　　17
　生産的な協働のための活動をデザインすること　　19
　生産的な協働とはどのようなものか？　　22
　教師は生産的な協働をいかに支援できるのか？　　23
　要約すると　　30
探究的な学習アプローチの研究　　30
　プロジェクト・ベース学習　　30
　プロブレム・ベース学習　　39
　デザイン・ベース学習　　41
探究的な学習アプローチの課題　　52

いかに教師は生産的な探究を支援できるのか？　　53
　　　評価の決定的な重要性　　60
結　論　　66

【ケース】　上手くいくグループとそうでないグループ　　24
　　　　　　デザイン原理によって導かれる探究的な学習の成功例　　55
　　　　　　プレイハウスのデザインモデルの最終プレゼンテーション　　58
【コラム】　プロジェクト・ベース学習を学区ベースで実践する　　32
　　　　　　遠征学習　　36
　　　　　　明日のエンジニア――ロボットをつくって競争しよう　　42
　　　　　　ビルド・サンフランシスコ研究所――生徒を市民教育に没頭させる　　48

第2章　理解を目指した読解とは

　P. デイビッド・ピアソン，ジナ N. セルベッティ，ジェニファー L. ティルソン　　69

テキストと相互作用する際に読者が果たす役割　　70
マインドフル・エンゲージメントの発達　　72
テキストに関する豊かな話し合い　　74
　　リサーチベースのプログラム　　76
　　テキストに関する豊かな会話とマインドフル・エンゲージメント　　80
　　マインドフル・エンゲージメントのためのテキストをめぐる会話の価値を例示する
　　　81
　　方略指導　　83
　　メタ認知的方略　　86
　　方略指導とマインドフル・エンゲージメント　　87
総合的な指導　　97
　　研究ベースのプログラム　　98
　　総合的な指導とマインドフル・エンゲージメント　　101
結　論　　106

【ケース】　読解，作文，そして科学への総合的なアプローチ　　104
【コラム】　リテラシーへの焦点化　　88
　　　　　　ジオ・リテラシー――没入型で横断的な学習　　94

第3章 理解を目指した算数・数学

アラン H. シェーンフェルド　107

あるイメージ　108
小史――機械的学習がもたらすものと改革の背景　112
　新しいカリキュラム，新しい問題，新しい結果　116
　データが物語るもの　117
理解を目指した算数・数学を実現するための問題　127
　全体的な一貫性とその欠如　127
　スタンダードと関連した評価の問題　128
　カリキュラムの問題　132
　専門性を高める取り組みの問題　133
　安定性の問題　137
結　論　137

【ケース】　異なるパフォーマンスレベルにある児童・生徒のニーズを合わせる　118
　　　　　高度なスタンダードとあらゆる生徒の説明責任　134
【コラム】　小学校レベルでの算数への没入　124
　　　　　教室における「実生活」の経験　138

第4章 理解を目指した理科の授業

ティモシー D. ジマーマン，エリザベス K. ステージ　143

科学を理解すること――物事がいま起きている場所　144
科学を理解するとはどういうことか？　147
科学を理解することの課題　156
　誤概念，概念変化，そして理解を目指した学習科学　156
　理解を目指した理科の授業　159
　理解を目指した理科の社会的・文化的な本質　175
　理解を目指すメタ認知と学習科学　179
結　論　180

【ケース】　理解を形成する場としての理科の授業　　150
　　　　　概念的理解の発展　　154
　　　　　概念的理解を促すための科学のディスコースや調査の促進　　177
【コラム】　データ収集者としての児童　　168
　　　　　体験の科学　　172

第5章　結　論——理解を促す学校を創造する

リンダ・ダーリン-ハモンド　183

理解を目指した授業の原則　　185
　理解を目指した学校を組織する　　189
　学習を支援するために学校を再設計する　　192
　学校の一貫性を育む　　194
政策的文脈　　195

巻末資料　　199
文　献　　206
人名索引　　230
事項索引　　232
編訳者おわりに——本書を踏まえた今後の教育を考える　　236

❖ イントロダクション───理解を目指した教授と学習 ❖

リンダ・ダーリン-ハモンド

『危機に立つ国家』[訳註1]（1983）が公刊されて以降，21世紀における生活や仕事で求められる要求を満たすためのさらなるパワフル・ラーニングが必要であると論じる膨大な数の報告書が出版されてきた。1900年における95％の仕事は単純労働であり，他者が設計した基本手順に従うことだけが求められていた。ところが，現在，そのような仕事は，アメリカの経済全体の約10％程度でしかない。今日，多くの仕事では，自身の仕事をデザインし自己管理できる資質を含む専門知識とスキルが求められる。それらは，他者と効果的にコミュニケーションを図り協働していくこと，概念を探究すること，情報を収集・統合・分析すること，新しい成果を生み出すこと，生じてくる未知の問題に対して多くの知識体系を適用すること，なのである（Drucker, 1994）。

さらに，仕事の本質は変化し続けており，いっそう急速になりつつある。20世紀大半の時期にあって，ほとんどの労働者は人生で2つか3つの仕事しか経験しなかったが，アメリカ合衆国労働省（2006）は，今日では40歳までに10以上の仕事を経験している労働者が平均的になると推定している。また，2004年に必要とされたトップ10の仕事は，2010年には存在していない（Gunderson, Jones, & Scanland, 2004）。このように私たちは，まだ発明されていないテクノロジを用いるため，また私たちが未だ知る由もない問題を解決するため，児童・生徒に対して今はまだ存在していない仕事への準備が必要となっている。

そうしている間に，知識は目を見張るような速さで拡大している。5エクサバイトの新しい情報（500京バイト，またはアメリカ議会図書館の印刷コレクションの50万倍の量）が2002年に生成されたと推計されるが，それは1999年における新しい情報量の3倍以上である。実際，1999年から2002年の4年間で，人類のこれまでの歴史とほぼ同じだけの新しい情報が誕生した（Varian & Lyman, 2003）。新しい技術の情報量は2年ごとに2倍となり，2010年までに72時間ごとに倍増すると予想されている（Jukes & McCain, 2002）。結果として，効果的な教育とは，いったん記憶して，安定した知識の宝庫をつくり上げる部分的な知識の伝達に焦点化

☆訳註1　レーガン大統領時代の1983年にアメリカ教育庁長官の諮問機関である「卓越した教育に関する国家委員会」が発表した報告書であり，アメリカ合衆国における教育の危機的状況を訴えたものである。

することではもはやあり得ない。児童・生徒が変化していく情報，テクノロジ，仕事，そして社会状況の要求に対応できるよう，彼らが効果的な方法で学習の仕方を学べるように教育によって支援していかねばならない。

　これらの新しい要求は，基礎技能の習得やバラバラの事実の記憶という受動的で機械的な学習と合致しない。高次の目標には，アナリストたちが名づけてきた「意味ある学習」（Good & Brophy, 1986）が求められるのである。それは，批判的思考，柔軟な問題解決，スキルの転移，そして新しい状況に対して知識を活用することを可能にする学習である。世界中の国々が，これらの新しい要求に応えるため，21世紀に求められるより複雑な知識とスキルを支援できるようなカリキュラム，指導，そして評価につながるように学校システムを変革している。そのスキルには，問題のフレーミング，情報やリソースの探究と組織化，他者と共にジレンマに対処し解決を図り，新しい成果を生み出せるよう戦略的に働くこと，が求められる。

　さらなるパワフル・ラーニングを引き出す授業として私たちは何を知らねばならないのだろうか。過去50年間にわたる教授・学習研究に基づき，3つの主要な教科領域——読解とリテラシー[☆訳註2]，算数・数学，そして理科——における効果的な教授・学習方略として数多く知られてきたことを要約したのが本書である。同様に，プロジェクト・ベース学習，パフォーマンス評価，協同学習のような，教科領域を超え，学際的な文脈で用いられるえり抜きの方略についても論じている。私たちも，これらの方略の有効性に影響を与えうる要因や条件に注目している。そして，私たちは，これらの教科領域における研究基盤の質も吟味し，私たちの知識基盤に存在するギャップや今後の研究がいかに展開されるかについても明確にしていく。

想定される読者

　本書は，私たちの教育システムを方向づける意思決定を行なう政策立案者，学校や教室で生じることを決定づける教師，管理職，そして他の教育者に向けて書かれたものである。効果的な教育に関心を寄せる研究者にも，自身の研究に関して本書は有益なものとなるだろう。本書は，成功へと導く教育的方略の成果に関するエビデンス，それらが実践においてどのような形を見せるかの事例，そして

☆訳註2　本書では，"reading"を「読解」と翻訳している。「読解」は，「文章を読み，その内容を理解すること」である（三省堂『大辞林第三版』より）。第2章で詳しく論じられるが，この「内容を理解する」ということが鍵となるからである。国立教育政策研究所も，OECDのPISA調査に関して，"reading"の調査を「読解力」と訳してきた。本書では"reading"を教科領域として扱うため「読解力」ではなく「読解」と表現する。

それらがいかに私たちの学校において例外ではなく普通のものとなるかについての見解，を与えるものとなる。

効果的な授業につながる学習の原理

あらゆる授業に関する議論にあたって，学習について私たちが知っていること，とりわけ今日の知識基盤社会で求められるある種の知的で意欲的な学習から始める必要がある。全米科学アカデミーによる児童・生徒がいかに学ぶかの要約（Donovan & Bransford, 2005）を紐解けば，授業においてとくに重要となる少なくとも3つの基礎的で確立した原理がある。

1. 児童・生徒は，授業の成果を間違いなく左右する既有知識をもって教室にやってくる。

もし児童・生徒が何を知り，何を信じているかを理解しなければ，学習者は，教えられる新しい概念や情報を把握できないかもしれない。または，それらをテストのために学習することで，テスト以外では適用できず，教室の外で身につけた彼らの既有知識に逆戻りしてしまうかもしれない。これは，もし彼らに本物の学習を保障しようとするならば，児童・生徒が考えていること，そして，いかに彼らの既有知識と結びつけるかを教師は理解せねばならないことを意味している。多様な文化的・言語的背景をもった児童・生徒が彼ら自身の経験をもって学校にやってくる時，教師が学ばなければならない，また指導をデザインするにあたって考慮しなければならない際だった先入観と知識基盤を彼らは示している。あらゆる学習者に対して成果を挙げられる教師は，多くの学習方法，既有経験と既有知識，そして文化資本☆訳註3と言語資本☆訳註4を取り扱うことができなければならない。

2. もし児童・生徒たちが教室を超えて知識を活かしたいと思えば，彼らが概念的に知識を組織・活用する必要がある。

探究の領域に関する能力を伸ばすためには，児童・生徒が，事実的知識の深い基礎を獲得するだけでなく，概念的フレームワークを通して事実と意図を理解し，検索や応用を促すようなやり方で知識を構成しなければならない。これ

☆訳註3　ブルデューが提唱した概念であり，学歴や資格，文化的素養や振る舞いといった金銭的でない資本のことを指す。
☆訳注4　文化資本の一種であり，たとえば中産階級と労働者階級といった属する階級によって語彙や表現の仕方が異なることを指す。

は，教師が児童・生徒の概念地図に知識がはまるよう促す学習教材を構築し，応用可能で新しい状況に転移できる方法で教えなければならないことを意味する。これを実現する指導方略とは，綿密にデザインされた直接的な指導と児童・生徒が教材を活用しながら能動的に関与する実地調査とを統合すること，複雑さが増すものへの応用と問題解決を取り入れること，指導や児童・生徒の取り組みの修正を方向づけるために児童・生徒の理解を活動中に評価するのを必要とすることである。

3. いかに自分たちが学習するか，そして自分たちの学習の取り組み方を児童・生徒が理解すれば，彼らはもっと効果的に学習する。

指導に対する「メタ認知」アプローチとは，一連の学習方略を持ち，自身の学習目標を明確にし，それらの達成に向けての進捗をモニタリングすることによって，自身の学習をコントロールできるようになることを学べるように促すことである。教師は，いかに児童・生徒が理解を自己評価できるように促すか，いかに彼らが学習に最も良くアプローチできるかを知っておく必要がある。モデリングとコーチングを通して，教師は，児童・生徒に対して，さまざまな学習方略の活用の仕方を教えることができる。それには，結果を予測し，よりよく理解できるようにするための説明を考え出し，理解にあたっての困惑や失敗に気づき，背景知識を活性化し，計画を立て，時間と記憶を割り当てられる能力が含まれる。成果を挙げる教師は，適切な支援をもって学習の進展におけるそれぞれの段階を踏ませるよう児童・生徒に促す綿密にデザインされた「足場（scaffolds）」[訳註5]を提供している。その段階とは，自らのニーズ，アプローチ，そして既有知識に影響を受ける多様な児童・生徒によって変わるものである。

学習のキーとなるこれらの原理は，効果的な授業に関して明らかにされてきた研究の中にはっきり示されている。それらの研究では，教科領域を超えて，優れた成果を挙げている教師は，意味ある学習プロセスを次のように支援していることが一貫して見いだされる。

・ある領域における知識が反映されている**意欲的で意味ある課題**を創造すること
・**能動的な学習**に児童・生徒を取り組ませること。それゆえ彼ら自身が知って

☆訳註5 「足場かけ（scaffolding）」とは，直接的な支援ではなく，児童・生徒が自ら学習内容を見いだせるよう促すきっかけやヒントを与えることであり，そのきっかけやヒントが「足場」である。

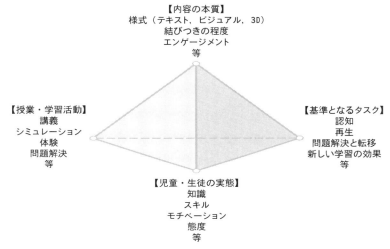

■図1 学習の四面体モデル

　いることを応用したり試したりすること
・**児童・生徒の既有知識**と経験をつなぐこと
・**一歩一歩学習のプロセスを足場かけする**ために児童・生徒の理解を診断すること
・**継続的に児童・生徒の学習を評価**し，彼らのニーズに授業を合わせること
・明確な**スタンダード**[訳註6]，持続的な**フィードバック**，そして取り組む機会を提供すること
・**戦略的でメタ認知的な思考**を奨励すること。それによって児童・生徒は，彼ら自身の学習を評価し，導く術を学ぶことができる

ある種の学習に方略を合わせること

　これまで一般的な教授・学習の原理を確認してきたが，効果的な授業方略は，学習の種類によって異なる点を認めることが重要である。ブランスフォード，ダーリン‐ハモンド，ルパージュ（Bransford, Darling-Hammond & LePage, 2005）が指摘しているように，特定のタイプの授業方略を用いることの適切さは，（1）学習

☆訳註6　児童・生徒が共通に身につけるべき教育内容や資質のことを指す。米国では多くの場合，各教科の知識・技能を明確化した「内容スタンダード」，その認識レベルを具体化した「ベンチマーク」と習熟レベルを示す「パフォーマンス・スタンダード」と段階的に具体化される（石井，2009, p.205）。石井英真（2009）アメリカ合衆国のカリキュラム．田中耕治（編）よくわかる教育課程．ミネルヴァ書房．

される教材の本質，(2) 学習者がその状況に持ち込むスキル，知識，そして経験の本質，(3) 学習状況の目標とこれらの目標に関連した学習を測定するのに用いられる評価，に左右される。これらの変数は，ジェームス・ジェンキンスによって開発された，図1のモデルに象徴される。このモデルの重要なポイントは，これらの変数のある集合において機能する授業方略は，1つもしくはいくつかの要因が変化するならほとんど機能しなくなるかもしれないということなのである。

私たちの議論では，求められる学習の種類が検討にあたってとくに重要なのである。すなわち，機械的な理解や再生を目指すのか，それとも，学習者が問題を解決するために学んだことを活用できるようにする意味ある学習を目指すのか？たとえば，児童・生徒に静脈と動脈について教えたいとしよう。★原註1 テキストには，動脈は静脈よりも厚く，弾力があり，酸素がたくさん含まれた血液が心臓から送り出されているという事実が示される。静脈は動脈より細く，弾力がなく，心臓に送り返す血液が流れている。この情報を児童・生徒が学習するにあたって手助けとなる最も優れた方法とは何だろうか。ジェンキンスのモデルによって，この疑問に対する答えは，児童・生徒が誰なのか，この文脈で「学習」とは何を意味しているのか，そして生じた学習をいかに測定しようとするかによって左右されるということを私たちに気づかせてくれる。

もし，児童・生徒が動脈に関するある種の鍵となる事実，たとえば，静脈より厚く，弾力があることを覚えることだけを保障したいのなら，「アート（動脈：artery）は中年**太り**だったので，**弾力のある**（ゴムバンドの）ズボンを穿いていた」☆訳註7といった文章を覚えさせる暗記術を用いることが1つの方略となるだろう。もし，児童・生徒が使われている語彙を理解するためなら，このテクニックはこれら特定の事実を覚えるために「有効」なのである。

しかし，ある事実を覚えるだけでなく，身体機能の観点からなぜそれらが重要なのかということを児童・生徒に**理解**させたいと思うならどうだろうか。これによって，教授・学習方略と同様に学習目標や評価に変化が生じる。理解を伴った学習のために，児童・生徒は，**なぜ**静脈と動脈はある特徴をもっているのかを学習する必要がある。たとえば，動脈には心臓から送り出される血液が流れているが，それは勢いよく送り出される。ここから，なぜ動脈に弾力が必要なのか（血液の噴出を制御するため）の説明がしやすくなる。それに対して，静脈は心臓に送

....

★原註1　この例は，ブランスフォード（Bransford et al., 2005），pp.18-20から引用されたものであるが，ブランスフォードの協力で生物学的な原理の説明がより明確になるよう修正されたものである。
☆訳註7　原文 "Art(tery) was *thick* around the middle so he wore pants with an *elastic* waist band."

り返す血液が流れているので，血液の噴出を弱める必要がないため弾力性はあまり必要ないのである。

　なぜ動脈には弾力があり，静脈はそうでないのかという関係性を理解する学習は，その後の転移を促すに違いない。たとえば，人工的な動脈と静脈をデザインするよう児童・生徒に求めることを想像してみよう。それに弾力は必要だろうか？情報を記憶しただけの児童・生徒であれば，この問題へアプローチするための根拠をもった手がかりを全く持っていない。理解を伴って学習してきた児童・生徒は，柔軟性の機能について知っており，異なる圧力を制御することができる非弾性材のような可能性を考える者もいるだろう（Bransford & Stein 1993を改変）。

　この例は，記憶と理解がいかに異なる種類の学習であり，いかにこれらの目標における変化が異なるタイプの学習を必要とするかを説明している。動脈がいかに機能するかを理解するために，児童・生徒は，循環器系や他の身体機能の**関係性の中で**それがいかに機能するかを吟味しなければならないだろう。また，彼らは，この知識をこれまで獲得してきた物質の物性に関する他の知識（足から心臓まで液体を送り出すために関連する力や重力の側面）と結びつける必要もあるだろう。そして，彼らは，これがいかに作用するかのモデルを**構築したり，分析したりする**機会を必要とするだろう。授業方略の細部も，学習課題に影響する児童・生徒の知識，スキル，態度そして他の特徴によって多様なものとなる。たとえば，低学年の児童に動脈の機能について単純に語ったとしても，理解を伴って学習するためのポンプ作用，噴出，そして弾力性については十分にわからないかもしれない。彼らは，これらの特性を示したダイナミックなシミュレーションを見て，すでになじみのある世界から引き出される例（ゴムバンドで柔軟性がいかに機能するか）をもとに考察できるようにする必要があるだろう。具体的に見て経験することは，より抽象的で一般的なやり方で情報を活用することを学習するための重要な必要条件である。

　「何かが機能する」かどうかを吟味する研究では，ジェンキンスのフレームワークにおけるそれぞれの観点を考慮に入れるべきだ。次の欄の問いは，教師の位置づけを批判的に問い直すのを促すものである。

学習を念頭に置いた授業

・どのような内容であれば，児童・生徒が自分たちの学習時間を過ごすにあたって価値あるものとなるか。
・学習目標に何か。
・学習の評価は目標と一貫したものになっているか。

- 誰が教えられているのか。
- 児童・生徒の多様な既有スキルや既有知識に対していかに指導方法を変化させねばならないか。

　学習内容，学習者，そして指導目標の高度な理解は，効果的な授業に重要なものである。本書を進めるにあたって，私たちは，理解を目指した教授・学習の一般的な方略を論じながらこれらの関心に光を当て，それらがいくつかの教科内容の領域でいかに展開していくかについて述べていく。

第1章

意味ある学習のために私たちはいかに教えることができるか

ブリッジ・バロン
リンダ・ダーリン-ハモンド

21世紀型スキルを支援するための探究型学習の必要性

　1980年台以降，知識とそれが適用される文脈とをつなぐ教育アプローチは盛り上がり続けてきた。さまざまな組織による勧告では，探究，応用，創造，そして問題解決に資する学習を通して21世紀型スキルを支援する必要性が強調されてきた[訳註1]。10数年前に公刊されたSCANSレポート[訳註2] (Secretary's Commission on Achieving Necessary Skills, 1991) では，今日の児童・生徒が将来の職場で働く準備のために，現実生活とそこで生じる問題を探究できるような学習環境が必要であると提案されていた。これらの議論は，学術研究（たとえばLevy & Murnane, 2004)，国家委員会報告 (NCTM, 1989; MLSC et al., 2001等)，そして政策提言（NCREL EnGauge, 2003; Partnership for 21st Century Skills, 2002を参照）に反映されてきた。それらは，児童・生徒がプロジェクトを運営し，上手くリソースを見いだし，ツールを活用できるようにすることで，実際に発揮できるメディア・リテラシー，批

☆訳註1　2002年に「21世紀型スキルのためのパートナーシップ (Partnership for 21st Century Skills: P21)」プロジェクトがスタートし，2003年に報告書がまとめられた (http://www.p21.org/index.php参照)。本プロジェクトでは，絶えず変化する社会において生きていくため，あらゆる学習者が獲得すべきスキルや知識が何かについて議論された。その成果であるP21のフレームワークとして，4つの領域が掲げられた（1. 内容の知識と21世紀のテーマ，2. 学習とイノベーションのスキル，3. 情報・メディア・テクノロジスキル，4. ライフスキル・キャリアスキル）。

☆訳註2　ジョージ・ブッシュ大統領時代の1992年に策定されたものであり，職場で求められる能力を明確化し，産学連携を通じてそれら能力を学校段階から養成していくことの重要性等が提言された。

判的思考スキル，システム思考，対人関係・自己制御スキルを獲得できるような教育改革を強く求めていた。

　これらの資質を育むために，一貫したエンゲージメント，協働，研究，リソースの管理，そして意欲的なパフォーマンスや成果が求められる複雑で意味あるプロジェクトを通して，それらを育成できるような機会が児童・生徒に提供されなければならないと，それらの報告書には論じられている。これらの勧告の理論的根拠は，暗記を強調したり，再生や単純なアルゴリズムの応用といった単純な反応を引き出したりする作業や限定された課題では，分析，批判的思考，効果的な作文や発言，複雑な問題解決に関する能力を日常的に発達できないとの研究からある程度導き出されてきた（Bransford, Brown, & Cocking, 1999; Bransford & Donovan, 2005）。それに加えて，もし児童・生徒がより「真正な」学習に関与できる機会が与えられるならば，複雑な課題を通してより深く学び，よりパフォーマンスを発揮できることを示す研究知見も増えてきている。

　一連の研究では，児童・生徒が知識を構築・組織し，代替策を考え，教科のプロセスを教科の中心内容に適用し（たとえば，科学的探究，歴史研究，文学的分析や執筆過程の活用），教室や学校の外にいる他者に対して効果的にコミュニケーションを図ることができるように求める指導，カリキュラム，そして評価の実践によって肯定的な影響がもたらされることが明らかとなってきた（Newmann, 1996）。たとえば，23校2100人以上の児童・生徒を対象とした研究では，このような「真正の教育学（authentic pedagogy）」を経験した児童・生徒の方が知的挑戦を伴うパフォーマンス課題において有意に高い成果が表れることが明らかとなっている（Newmann, Marks, & Gamoran, 1995）。これらの実践を用いることで，児童・生徒の背景要因やそれ以前の学業達成を含むいかなる他の変数があっても児童・生徒のパフォーマンスがより強く引き出されることが予測された。

　これは有望な結果であるが，「なすことによる学習（learning by doing）」を実践する努力が浮き沈みしてきた歴史を踏まえれば，教室でプロブレム・ベースのアプローチやプロジェクト・ベースのアプローチを上手く実践するための方法に関するより多くの知識が求められることは明らかである（Barron et al., 1998）。これらの研究で示される授業は，簡単なものではなく，成功につながる方略の特徴に関する知識やそれを実践できる高度なスキルをもった教師を必要とする。本章

☆訳註3　鹿毛（2013）は，「心理的没入」と表現できるものであり，課題に没頭して取り組んでいる心理状態と説明している。それは，「人と環境との間で現在進行形で生起するダイナミックに変化する相互作用を心理現象の質として記述する概念であり，まさに知情意が一体化した『今ここ』（here and now）での体験を意味」するものだとしている（鹿毛，2013, p.8）。鹿毛雅治（2013）学習意欲の科学―動機づけの教育心理学．金子書房

では，児童・生徒がしばしば協働的なグループの中で長期の発展的な取り組みに従事し，結果として相当な自己制御的探究が求められる探究ベースのカリキュラムデザインと実践に焦点を絞る。

探究ベースの学習

　探究ベースと表現されるアプローチの一群には，プロジェクト・ベース学習，デザイン・ベース学習，プロブレム・ベース学習が含まれる。
　私たちがレビューした研究は，K-12^{☆訳註4}から大学，そして大学院にまで及んでおり，コアとなる学問領域を超えるものや学際的な研究プログラムも見られる[★原註1]。そこから2つの主な結論が導き出される。

小グループでの探究アプローチが学習にとってきわめて効果が高いといえる。
　効果を発揮するためには，明確に定義された学習目標，綿密にデザインされた足場かけ，活動中の評価，そして十分な情報リソースについて十分考えられたカリキュラムによって学習が展開される必要がある。児童・生徒の取り組みを評価することへの焦点化を含む専門性を高める取り組みの機会があれば，教師がこれらのアプローチを実践するにあたっての専門性を高めることにつながるだろう。

評価のデザインが決定的である。
　優れた評価をデザインすることは，学習を上手く進めるためだけでなく，探究アプローチの利点を明らかにするために重要な問題となる。とくに，ある人が情報の記憶や多肢選択問題の解答のような伝統的な学習成果のみを見るならば，探究ベースであっても伝統的な指導方法であっても同じ結果がもたらされるだろう。探究学習の利点は，評価が知識の応用を必要とし，推論の質を測定する時に浮かび上がってくる。結果として，意味ある学習を支援し，評価する際に，私たちは**パフォーマンス評価**やその役割に関する議論も取り上げることになる。

　本章での私たちの議論は，次の4節で構成されている。
　まず，学習者に探究や協働の資質を育むことが現在求められる背景にある探究

☆訳註4　K through twelveと読み，幼稚園（Kindergarten）から12年生（高校3年生）までの教育期間を指す。
★原註1　これらのアプローチに関する研究文献は，詳細な事例研究，事前・事後の単一のサンプルデザイン，そして実験的または準実験的なデザインのものを含んでいる。

ベースの学習に関する歴史的な観点を取り上げる。

　続いて，協働的な小グループ学習の研究を要約する。私たちのレビューは，主に協同的もしくは協働的な学習アプローチの成果に基づくデータを提供している研究に焦点を絞っている。しかし，より深い学習やよりよいグループでの問題解決につながる児童・生徒同士の関係性や，いかに教師が生産的な相互関係を支援することができるかについて私たちが学んできたことも考察していくことになる。

　第3節では，学習成果，支援的な活動構造，そして教室の規範の観点から，探究ベースの学習（プロジェクト・ベース，デザイン・ベース，プロブレム・ベース）の形態に関する私たちの知見について要約する。

　最後に，共通のデザイン原理と評価アプローチに関する助言を紹介して本章を締めくくる。

探究ベースの学習に関する歴史的観点

　学校教育をより役立つものに，そして現実世界に容易に応用できるものにする手がかりとしてのプロジェクトは，20世紀の初頭のアメリカ合衆国において初めてよく知られるようになった。**プロジェクト**という用語は，学習経験の広い種類を表したものであった。初期の研究では，ドレスづくり，巣を張るクモの観察，そして手紙を書くことのように，多様な活動に用いたラベルと見なされていた。そのようなプロジェクトの背景にあるキー概念は，「目的に全精神を打ち込んだ」時，学習が強化されるということである（Kilpatrick, 1918）。

　学齢期の子どもたちに対するそのようなアプローチの効力に関する熱狂や信念には盛衰があり，プロジェクト・ベース学習は「基礎に帰れ（back to the basics）」☆訳註5運動の数年間ではあまりに構造化されていないと拒絶されてきたし，政策立案者も応用的なプロジェクトは職業訓練にのみ必要であると議論してきた。進歩主義運動への批判者は，発見学習のアプローチが学習のための活動よりもむしろ「活動のための活動」となっていると考えていた。真正の問題やプロジェクトが比類のない学習機会を与えるが，それ自体の真正性は学習を保障するものではないというコンセンサスは得られつつある（Barron et al., 1998; Thomas, 2000）。

　これら複雑なアプローチをいかに実践するかが鍵である。たとえば，スプート

☆訳註5　1970年代のアメリカでは，児童・生徒の一人ひとりの興味や適性等を尊重し，適切な学習機会を保障する「教育の人間化」によって学習の個別化・多様化が進められた。それが学力低下につながったとの批判が高まり，読み書き算等の基礎学力を重視する運動へとつながっていった。

第1章　意味ある学習のために私たちはいかに教えることができるか

ニクショック後のカリキュラム改革では，（「発見学習」☆訳註6やプロジェクト学習と典型的に呼ばれる）探究ベースの学習☆訳註7を活用するイニシアティブによって，児童・生徒の問題解決能力，好奇心，創造性，独立心，そして学校への肯定的な感情により資する一方で，基礎的なスキルテストにおいても類似の到達度を引き出すことが見いだされた（Dunkin & Biddle, 1974; Glass et al., 1977; Good & Brophy, 1986; Horwiz, 1979; McKeachie & Kulik, 1975; Peterson, 1979; Resnick, 1987; Soar, 1977）。この種の意味志向的な授業は，選ばれた高い到達度の児童・生徒だけに相応しいとかつては考えられていたが，初期の到達度，家計，そして文化的・言語的背景の範囲を超えて，くり返しの暗記よりも効果的であることが明らかとなっている（Braddock & McPartland, 1993; Garcia, 1993; Knapp et al., 1995）。

しかし，複雑な指導方略を用いる探究に焦点を当てた新しいカリキュラムの導入段階では，アーリーアダプタ（カリキュラムのデザインや実験への試みに広く関与し，優れた専門性を高める取り組みが与えられた教師）によって教えられた児童・生徒の間で学習成果が有意に増加するようになることがしばしば見られた。カリキュラム改革が「スケールアップ」され，実践にあたって同程度の知識やスキルのない教師たちに実践されるようになったとしても，これらの効果は，必ずしも常に維持されるとは限らない。

現在でも，ある領域における基礎知識を育む際に，探究志向のアプローチが効果的で効率的であるかどうかについては未だ論争中である。実践の問題は，実践者と研究者の双方から関心が寄せられ続けており，研究を複雑なものとしている。「直接的教授」――伝統的な講義形式のアプローチとして一般的に理解されているもの――が，「発見学習」より望ましいことを示唆する例もある。その混乱の源は，クラーとニガムによる研究（Klahr & Nigam, 2004）に見られる。それは，ミドルスクールの生徒に対して対照実験を教えた後で，実験のデザインに関する知識と紛らわしい変数を適切に統制できるような実験を準備できる能力を測定したものである。彼らは，それらの条件を「直接的教授」と「発見学習」に分類している。しかし，どちらの条件でも，生徒が教材を探究し，実験に協力して取り組む機会があったため，発見学習の特徴を含んでいた。発見学習の条件では，被

☆訳註6　1957年，ソ連が人類初の人工衛星「スプートニク1号」の打ち上げに成功して以降の西側諸国における衝撃や危機感のことを指す。これが契機となり，理数教育の改革を中心とする「教育の現代化」につながっていった。

☆訳註7　訳註6の後，1959年に全米科学アカデミーの呼びかけで「ウッズ・ホール会議」が開催され，教育改革の方針が議論された。そこで主導的な役割を果たしたブルーナーがまとめた『教育の過程』には，学習において中核となるのは「構造」であり，それを理解するための手がかりとして「発見」の重要性を指摘した。この考え方に基づく指導法が発見学習である。

験者となった6年生に対して，研究者が斜面を転がり落ちるボールのスピードに関連した変数を評価する実験のデザインを教えただけであった。一方，直接的教授アプローチでは，実験の演示において紛らわしい変数を避けることの重要性が生徒に教えられた。この授業は，彼ら自身で実験を試行した後に実施された。

　研究者たちの結論は，直接的教授アプローチがよりよい学習をもたらしたというものだったが，このアプローチがどちらもかなりの実験とある程度の直接的教授を含んだものであったことを見逃していた。それに加え，本研究の結論に対する批判者は，実際の教室において，児童・生徒が発見学習の条件で起こったよりもはるかにたくさんの指導と足場かけが与えられていることを指摘した。このように，本研究は，教室を基盤とする探究アプローチが効果的でないことを証明しなかったが，必要な指導と組み合わせられた時により効果的であることだけは明らかにした。探究の結果と適切なタイミングで直接的教授を組み合わせることが，どちらかのアプローチだけよりも優れた結果となることを明らかにした諸研究も見られる（たとえば，Bransford, Brown, & Cocking, 1999を参照）。本章の後半でこの重要な原理について振り返る。

　探究ベースのアプローチを実践するには，綿密にデザインされ慎重に考え抜かれた教材と結びついた教室実践が求められることが授業に関する研究から明らかなのである。綿密な計画がなければ，児童・生徒が自分たちのプロジェクトと学問の基盤となるキー概念とを結びつける機会を逸してしまうだろう。たとえば，ロス（Ross, 2006）は，小学生向けの工学を基盤としたカリキュラムにおいて，単に橋やタワーを建てるような工学的な問題解決では，工学の原理はおそらく発見されないことを明らかにした。同様に，ペトリシノ（Petrosino, 1998）は，理科のカリキュラムでロケットを製作する児童・生徒を観察したところ，興味深い成果や高いレベルのエンゲージメントを強調した一方，飛行原理の学習という観点では全く伸びが見られなかったと述べている。しかし，ロケットがどのぐらいの距離を飛ぶかに関連する変数を児童・生徒に決定するよう求める課題を少し工夫するだけで，当初のプロジェクトに関する児童・生徒の概念的知識は劇的に増加することにつながったのである。

　近年，探究アプローチに関する研究基盤は，比較研究と教授・学習プロセスのより記述的な教室での調査のいずれをも含みながら拡大されてきた。探究ベースの学習が成功するための環境を特徴づけ，新しいカリキュラムの開発・実践に教師が着手する際に用いられる多くのデザイン原理の重要性に関するコンセンサスが得られつつある。まず，学習への協働的なアプローチから始め，次に探究の経験をデザインする3つの特徴的なアプローチ（プロジェクト・ベース学習，デザイン・ベース学習，プロブレム・ベース学習）へ進みながら関連する研究を要約していく（教

室での研究から見いだされてきたデザイン原理の要約は巻末資料表1を参照)。

協働的な小グループ学習―――エビデンスとベストプラクティス

　学習活動において小グループの児童・生徒が協働する指導法は，人種差別撤廃を目指し民族集団を超えた友情を築くことを目指した実験から生まれてきたものである（Aronscn & Bridgeman, 1979）。この取り組みは，社会心理学の領域で開発された対人関係形成の理論に基づくものであった（Deutsch, 1949）。それは，関係の発展だけでなく，学業達成の改善にもつながることを立証した。
　協同的な小グループ学習は，教育研究の歴史の中で最もよく研究されてきた教育的介入の1つである。E. G. コーエン（E. G. Cohen, 1994b）は，協同学習を「明確に分担がなされた集合的課題に全員が十分に参加できるように小グループで児童・生徒が共に取り組むこと」（p.3）と定義している。この定義には，何が協同学習，協働学習，そして他の小グループ学習の形態と呼ばれてきたのかを含むものである。この学習のための文脈が，数百の研究といくつかのメタ分析の主題となってきたのである（P. A. Cohen, Kulik, & Kulik, 1982; Cook, Scruggs, Mastropieri, & Castro, 1985; Hartley, 1977; Johnson, Maruyama, Johnson, Nelson, & Skon, 1981; Rohrbeck, Ginburg-Block, Fantuzzo, & Miller, 2003）。これらすべての分析は，同じ結論に至っている。それは，児童・生徒が自分1人だけで取り組むアプローチと比較して，学習活動に共に取り組むように求められた時に彼らにとって大きな学習成果がもたらされるということである（Johnson & Johnson, 1981, 1989）。
　たとえば，個人もしくは協同のチームに提示された4つのタイプの問題を比較すると，あらゆるタイプと年齢を超えて，チームが個人よりも優れていることが明らかとなっている（Quin, Johnson & Johnson, 1995）。いかに適切にそれらを定義するか（単純な正解vs. 物語を書くようなオープンエンド型のプロジェクト），またそれらが多かれ少なかれ言語に依存しているかどうかの観点から，問題は多様なものとなる。個人の実験的な研究では，学習課題についてグループが個人よりも優れた結果を出し，グループで取り組んだ個人の方がその後の個人評価においても同様によりよい成果を挙げることも明らかとなってきた（Barron, 2000b, 2003; O'Donnell & Dansereau, 1992）。
　児童・生徒の自己概念，社会的相互作用，課題にかける時間，そして仲間への肯定的な感覚といった，児童・生徒の生活における他の領域においても彼らにとって望ましい成果が生じる（P. A. Cohen et al., 1982; Cock et al., 1985; Ginsburg-Block, Rohrbeck, & Fantuzzo, 2006; Hartley, 1977; Johnson & Johnson, 1989）。ギンズバーグ-ブロックと同僚たち（Ginsburg-Block, Rohrbeck & Fantuzzo, 2006）は，学業面と

それ以外の面との関係に焦点を当てている。彼らは，社会的概念と自己概念の尺度いずれもが学業成果につながっていることを明らかにした。同じジェンダーでのグルーピング，助け合うグループの成果，構造化された児童・生徒の役割，個人別の評価手続きを用いた介入によってより大きな効果がもたらされる。また，彼らは，低所得層の児童・生徒は高所得層の児童・生徒より，また都市部の児童・生徒は郊外の児童・生徒よりも一層成果が得られることも明らかにした。人種的・民族的マイノリティの児童・生徒は，そうでない児童・生徒よりも協同的なグループによってより大きな効果がもたらされるが，それは数十年前に示された知見を再現するものである（Slavin & Oickle, 1981を参照）。ギンズバーグ-ブロックと同僚たち（Ginsburg-Block, Rohrbeck & Fantuzzo, 2006）は，学業成果を促すグループワークのそれらの要素が社会的概念と自己概念を豊かにするものにもなると結論づけている。

最近では，あらゆる種類の仕事に必要な準備として，協働の資質を育むことを促すことが重要だと認識されるようになり，個人の学習のための協働の実践的な利益を超えて焦点が拡大してきている。たとえば，『すべてのアメリカ人のための科学——Project 2061』☆訳註8（American Association for the Advancement of Science, 1989）では，科学的探究のコア実践が協働作業であると提言された。学校は，成果をつなぐことを必要とする教室での活動を通して，児童・生徒にこの種の活動の経験を積ませるべきである。

> 科学またテクノロジの仕事の協働的な本質は，頻繁に教室でグループ活動を行なうことによって強化されるべきである。科学者やエンジニアはたいていグループで働いており，孤立して研究を進めることは稀である。同様に，児童・生徒も互いの学習に関する責任を共有する経験をすべきである。理解に至るプロセスでは，グループ内の児童・生徒は，手続きや意味について何度も情報を与え合い，結果について議論し，課題がいかに進捗しているかについて評価しなければならない。チームの責任を考えると，フィードバックとコミュニケーションがより現実的なものとなり，よくある個別の教科書 – 宿題 – 暗唱というアプローチとは全く異なる特徴を持つものとなる（AAAS, 1989, p.202）。

☆訳註8　全米科学振興協会（AAAS）が1989年に出版したものであり，アメリカにおける科学的リテラシーの向上を目指す教育改革の提言をまとめたものである。本書の日本語訳については次のURLから確認することができる。http://www.project2061.org/publications/sfaa/SFAA_Japanese.pdf（2017年2月10日最終確認）

教室における小グループ活動の課題

　協働的なスキルを伸ばすことが望ましいというコンセンサスが得られるようになり，学習にあたって小グループでの相互作用による一般的な効果も研究で明らかとなっている。だがこれは，小グループで質の高いディスカッションや共有を引き出すことが簡単であることを意味しているわけではない。教室で協同学習を実践する際に，少なくとも3つの主な課題が研究で指摘されてきた。それらは，(1)個人が共に取り組みやすいようなグループ内での規範や構造をいかに育むか，(2)有用で協同的な取り組みを支援するような課題の開発，(3)充実した学習内容につながる学問的妥当性をもったディスカッション方略の開発，である。

　数多くの研究で，肯定的なグループの成果を生み出す構造の重要性が指摘されてきた。イエーガー，ジョンソン，ジョンソン（Yager, Johnson & Johnson, 1985）は，さまざまな能力で編成した2年生の協同学習グループで，構造化グループと非構造化グループでの効果を検討した。グループは，ランダムに振り分けられ，性別と能力レベルを基本に階層化された。それぞれのクラスは，それぞれ12分間の3セクション（教師の授業，口頭のディスカッション，クラスでのディスカッション）で構成されていた。口頭のディスカッションの間，非構造化グループには教師が呈示した教材について共に取り組むよう伝えられたが，構造化グループには学習リーダーと聞き手の役割が与えられた。リーダーの役割はその日の授業に関する概要を呈示することであり，聞き手の役割はリーダーが呈示した概要を完全な説明となるよう補う質問をすることであった。構造化グループは，9日後と18日後に課された単元テストと単元終了後の18日後に課された保持テストにおいてより高いスコアを獲得した。評価は個別になされたので，グループ－個人間で知識の転移が起こったと研究者たちは結論づけている。

　ジリス（Gillies, 2004）も，オーストラリアにおける第9学年の数学の授業での構造化・非構造化グループについて研究している。構造化グループは，数学ユニットでのグループ活動の前に協同的ソーシャルスキルに関して指導された。非構造化グループでは，共に取り組むように伝えられたが，それ以上とくに指示はなかった。すべての生徒を対象として単元の終了後に教師作成テストを実施し，グループでの学習過程に関する彼らの認識を記録した質問紙を回収した。構造化グループの生徒は，非構造化グループよりも数学の評価においてよりよい結果を示しており，協同的で集中して課題に取り組んでいたことが明らかとなっている。

　いかにグループが機能しているかについて児童・生徒に注意を向けさせることは，よりよいグループでの成果を促すようである。イエーガー，ジョンソン，ジョンソン，シュナイダー（Yager, Johnson, Johnson & Snider, 1995）は，いかにグループが機能しているか，またグループでの取り組みを改善するために何をなすべき

教師は、取り組みとキー概念を具体的に結びつけるような機会を最大化しなければならない。

かについてディスカッションする処理時間（processing time）をとることによって、低・中・高の学力層に分けた3年生を対象とした肯定的な学業成果への影響を検討している。統制群も協同的グループワークに関与するが、グループでの処理時間は与えられなかった。その結果、いかに特定の協同学習に関する相互作用がより肯定的な結果を生み出すかが浮き彫りにされた。

また、課題の特質も重要な問題であるだろう。たとえば、ニストランド、ガモラン、ヘック（Nystrand, Gamoran & Heck, 1993）は、第9学年の英語の授業で9校54人の生徒を対象とした、学業達成における小グループ学習の影響を研究している。彼らによると、本事例において、小グループに長くいた生徒の方がより低い学業達成にしかつながらなかった。これらの生徒は、「協働的な座学（collaborative seatwork）」といえるような課題をグループで行ない、生徒の自律性や知識の創造は認められていなかった。これらの点で最も低い評価のグループは、文学的分析よりむしろ与えられた文法の課題に取り組んでいた。これらのグループは、「解決と同様に課題を定義したり解釈を構築したりするような、問題の中身を踏まえた相互作用」（p.20）ができるようなグループにいた者より最終評価がより低い得点だった。研究者たちは、「考えを比較し、思考のつながりを発展させ、差異を明らかにし、論争となる問題を合意に至らせる」（p.22）ことができるような課題を与え、知識と理解を深められるようにすることが必要だと論じていた（p.22）。

グループが協力の仕方を知り、取り組むに価する課題があるとしても、真剣に取り組む学習が生産的になるような内容豊富なディスカッションの持ち方を児童・生徒はなお学習する必要がある。理科における小グループでのディスカッションの本質に焦点化した19の研究に関するレビューでは、一貫した知見が得られたと結論づけられている（Bennett, Lubben, Hogarth, Campbell, & Robinson, 2005）。それは、「児童・生徒はしばしば小グループのディスカッションの中で一貫した議論をまとめ、表現することに苦心し、どちらかといえば課題へのエンゲージメントの程度が低くなってしまう」ということである。7本の高い評価を受けた研究のうち5本の研究で、教師と児童・生徒は議論の発展と効果的な小グループでのディスカッションに関するスキルを十分に学ぶ機会が必要であることを推奨していたのである。

それとは別の94の研究をレビューしたものでは，高い質のディスカッションの条件についてよりよく理解することに焦点が絞られていたが，次のような結論★原註2
が得られている（Hogarth, Bennett, Campbell, Lubben, & Robinson, 2005）。「エビデンスの理解を高めるための小グループでの取り組みに関する有効な刺激には次の2つの要素がある。まず，後に小グループで議論する自分の予想，モデル，そして仮説を生成しておくことが必要である（内的に引き出された葛藤または論争）。そして，提供されるさらなるデータとつないでそれを検証，比較，修正，発展させることが必要である（外的に引き出された葛藤または論争）」。
　グループが生産的な課題に関する自分たちの取り組みをコーディネートするのを学ぶこと，学問における探究の様式を反映した観点から彼らが何を認識しているかの伝え方を学ぶことを支援するために，教師が積極的な役割を果たさねばならないことをこの種の知見は示唆している。

生産的な協働のための活動をデザインすること

　数多くの研究で，児童・生徒が上手く協働できるような課題，アカウンタビリティの構造，そして役割を特定するための取り組みがなされてきた。チームメンバーの独立が必要となる課題，グループまた個人レベルのアカウンタビリティの構造，そしてグループの進捗と相互作用を振り返る機会がキー要素であることは概ね同意されている。40年間の協同学習に関する研究の要約（Johnson & Johnson, 1999b）によれば，複数のモデルに共通して重要と捉えられる5つの「基本要素」が確認できる。それらは，肯定的な相互依存，個々のアカウンタビリティ，対面の相互作用の推進，ソーシャルスキル，そしてグループでの処理，である（pp.70-71）。
　グループワークを支援する多くの活動構造がこれまで開発されてきた。巻末資料の表3は，グループワークをアレンジするにあたってよく知られた技法をまとめたものである。そこには，児童・生徒が与えられた伝統的な問題を互いに協力して完成させることだけを求めるような協同学習アプローチから，児童・生徒が協働的にプロジェクトを定義し，グループ全体の継続的な取り組みを反映した1つの成果を生み出すことを期待するようなアプローチまで含んでいる。ところが，多くのアプローチは，極端な二極のどちらかに陥ってしまっている。これらのアプローチによっては，児童・生徒に対して，マネージメント（たとえば，E.

★原注2　方法の点から見ると，94の研究のうち，28の研究が実験的デザインでそのうちの12がランダムな臨床的試行であった。残りのものがデータを収集するための多様なアプローチ（ビデオ，録音，インタビュー，観察，質問紙，テスト）を用いた事例研究であった。

G. Cohen, 1994a, 1994b)、グループでの会話（King, 1990; O'Donnell, 2006）や知的な役割（Cornelius & Herrenkohl, 2004; Palincsar & Herrenkohl, 1999, 2002; White & Frederiksen, 2005）を課しているものもある。

巻末資料の表3で示すとおり、取り組みの流れが異なれば、グループワークのプロセスに関する別の側面が強調される。たとえば、スラヴィン（Slavin, 1991）は、「一緒に取り組むように伝えるだけでは不十分である。互いに達成したいと真剣に思う理由がなければならない」（p.73）と主張している。彼は、教師が定めた報奨や個々人のアカウンタビリティのような、グループ外からの外的動機づけに焦点化したモデルを開発した。彼のメタ分析から、個々人のアカウンタビリティを促す構造をもったグループ課題によって、より大きな学習成果を生み出されることが明らかとなっている（Slavin, 1996）。

生産的な小グループに関するE. G. コーエンの研究レビュー（E. G. Cohen, 1994b）は、課題をめぐるグループ内での相互作用により焦点化したものである。彼女は、いかなる報奨やアカウンタビリティをグループプロセスに提供するかを達成する手段次第で、課題や相互作用のタイプが多様になることを論じている。コーエンと彼女の同僚たちは、最もよく知られ、十分に研究されたアプローチの1つである複雑な指導（Complex Instruction）を開発した。複雑な指導では、多様な才能とグループメンバー同士の相互依存が必要となるような綿密にデザインされた活動が行なわれる。教師は、しばしば仲間同士の異なる状況に起因する不均等な参加に注意を向けることが促され、あまり貢献しない人を励ますような方略が与えられる（E. G. Cohen & Lotan, 1997）。それに加えて、それぞれの平等な参加を促す役割が与えられる。それらは、記録者、報告者、教材管理者、リソース管理者、コミュニケーションのファシリテーター、そしてハーモナイザー☆訳註9である。このアプローチの主な特徴は、児童・生徒の認知的要求においてオープンエンドで、多面的な「グループで価値ある課題」を開発したことである。それらは、グループのあらゆるメンバーの参加を必要とし、それによって利益を得るようなものである。このアプローチには、研究、分析、視覚的表象、そして記述といった多様なスキルを必要とする課題が相応しい。

児童・生徒の学業達成を高めるためには、複雑な指導の方略が効果的であるという強力なエビデンスがある（Abram et al., 2001; E. G. Cohen, 1993, 1994a, 1994b; Cohen & Lotan, 1995; Cohen et al., 1999, 2002）。最近の研究では、この成功

☆訳註9　グループで生じた「対人的な衝突を和らげたり、個々のメンバーの感情に気配りをしたり、メンバーが歩み寄れるよう励ましたり、グループを維持できるよう指導したりする」役割を持つ者である（E. G. Cohen, 1994a, p.90）。

のエビデンスが，英語初学者の学習成果に拡張されてきている（Lotan & Valdes, 2006）。

　他のアプローチには，役割が特定の認知的エンゲージメントと結びつくものがある。たとえば，コーネリアスとヘレンコール（Cornelius & Herrenkohl, 2004）は，児童・生徒が実験に携わる「浮き沈み（sinking and floating）」の単元を記述している。彼らは，自分たちの理論，方法，そして知見をクラス全体に示す。聞き手のメンバー（彼らの仲間）は，提案者の理論や予測，結果，また理論と結果との関係について質問する役割が与えられる。この種の役割を担うことで，児童・生徒は，科学的なプロセス——理論化，予測，データ収集と結果との関係性——のどの要素が注意を払うにあたって重要なのか，そしてそれらがいかに考察されるべきかがわかるようになる。これによって，学問における探究の構造とモード（Schwab, 1978; Shulman, 1987）は可視化され，児童・生徒は，科学的厳密さを評価するための手がかりを学ぶことができる。

　ホワイトとフレデリックソン（White & Frederiksen, 2005）は，認知的役割と社会的役割の両者を発展させてきた。児童・生徒は，理論，エビデンス，総合，そして応用といったグループワークの認知的側面を管理する役割を順番に与えられる。他の児童・生徒は，協働，公正，コミュニケーション，仲介，そしてリフレクションといった社会的プロセスを管理する。役割は明確に教えられ，それらの理解を促すために開発されたガイドが与えられる。これによって，しばしば目に見えない思考や行動のプロセスが可視化され，学習可能となる。協働的な相互作用を通して思考を可視化する考え方は「認知的徒弟制（cognitive apprenticeship）」とも呼ばれてきた（Collins, Brown, & Newman, 1989）。徒弟制アプローチの鍵となる点は，全体的な課題や問題の視点を呈示しながらも，課題の部分で関与できる機会を児童・生徒に与えることである。

　別の例として，役割ベースの協働を通して成果を挙げるアプローチがコンピュータ・サイエンスの領域で取り組まれている。ペア・プログラミング（PAIR programming）と呼ばれる，プログラムを学習するための協働的アプローチが，大学生レベルで準実験のアプローチを用いて研究されてきた（McDowell, Werner, Bullock, & Fernald, 2006）。この事例では，ペアでの作業の実践は，実際に職場

☆訳註10　児童・生徒を対象とした研究では，ランダムな課題の割り当てや処理が困難であり，統制群に対するフォローアップの問題もある。研究デザインのもつ問題や限界性を踏まえた上で，過去の知見や理論的考察を加えながら学術的価値のある研究を目指すものが準実験である。その研究デザインについては，南風原（2001）に詳しい。南風原朝和（2001）準実験と単一事例実験．南風原朝和・市川伸一・下山晴彦（編）心理学研究法—調査・実験から実践まで．東京大学出版会

で行なわれるものとなっており，エクストリーム・プログラミング（Extreme Programming）と呼ばれる協働的なアプローチが開発されてきた。エクストリーム・プログラミングでは，パートナーが隣同士に座り，共にコードを生成する。パートナーの1人は，「ドライバー」として指名され，コードを生成し，キーボードを操作する。もう1人のパートナーは，隣で見ながら，シンタックス，論理，またはデザインの不一致に関するエラーを同定し修正する。このアプローチは，今ではミドルスクールでも実践されている（Werner, Campe, & Denner, 2005）。

　ペアで学習する学生がより高い質のプログラムを生成できるだけでなく，すべての作業を1人だけで行なう者と同じだけ学習することは，ある学問領域の別の授業を受けることに近いだろうし，それに合格する可能性も高いだろう（McDowell et al., 2006）。ペアで学習した学生は，いっそう楽しんで作業でき，より自信を深める。おそらく最も重要なことは，導入コースの間にペアで作業したこれらの学生が，1人だけで作業する伝統的なやり方で教えられた学生よりもコンピュータ・サイエンスに関連した専攻に進むと1年後に宣言する可能性が高いことである。この効果は，とくに女性に対して表れたが，女性はコンピュータ・サイエンスの分野では過小評価されている。協働的な作業が動機づけや自信を高めると考えられるが，明確にそれらの成果を示した研究はほとんどない。本研究は，協働的な学習の情意的な成果に関して，私たちの理解を深める重要な貢献を果たしたものだ。

生産的な協働とはどのようなものか？

　近年の研究は，グループワークの利益に関する総括的評価を超えて，協働がなぜ学習成果を生み出すか，協働へ多少とも成果を挙げるアプローチかどうかを区別するものは何かを理解しようと進められてきた。多くの社会的プロセスは，グループワークがなぜ個人の学習を支援するかを説明するのを促すものだと確認されてきた。それらは，創造的な洞察の共有（Bos, 1937），議論を通しての異なる見解の解決（Amigues, 1988; Phelps & Damon, 1989），ある現象について考えたことの説明（King, 1990; Webb, Troper, & Fall, 1995），批評の呈示（Bos, 1937），他者の方略の観察（Azmitia, 1988），そして説明を聞くこと（Coleman, 1998; Hatano & Inagaki, 1991; Schwatz, 1995; Shirouzu, Miyake, & Masukawa, 2002; Webb, 1985）の機会を含むものだ。

　協働的な学習状況の中で生じる相互作用に関する研究によって，本質的なのは児童・生徒がグループで取り組むよう単に求めるのではなく，むしろある種の学習プロセスが活性化し得る**可能性**が重要なポイントであるとわかっている（E. G. Cohen, 1994b）。グループでの相互作用における変化を中心に注目した研究では，

生産的な協働がどのようなものか，逆に理想的ではない協働がどのようなものかが明らかにされてきた。6年生でのグループと個人との問題解決を比較した実験的研究を通して，バロン（Barron, 2002）は，グループが個人より優れていること，そして類似した問題が新たに与えられる時，グループで最初に問題解決した者が有意に高いレベルで結果を出すことを明らかにした。

しかし，16組の3人組を対象とした詳細な分析によって次のようなことが明らかとなっている。いかに上手く協働できるかについてはかなりの幅があり，協働の質――他者といかに話し，相互作用するか――はグループの得点やその後の個人の得点と関連しているのだ（ケース「上手くいくグループとそうでないグループ」参照）。協働が上手くいっている時には，次のような状態にある。(1) 児童・生徒の多くが貢献・応答しながら議論に関与しようとする。(2) 貢献は，むしろ多くの独立した関連のない会話で構成される。(3) 課題と関係のないことをしていることがほとんどない。(4) 児童・生徒は互いのこと，また自分たちの取り組みに注意を払っており，それは視線や姿勢に表れる。これらは，**相互エンゲージメント**の優れた指標であるが，協働的な取り組みの重要な要素なのである。次のセクションで論じるが，たとえばエングルとコナント（Engle & Conant, 2002）が学問的エンゲージメント（disciplinary engagement）と呼ぶディスカッションの質――児童・生徒の会話がどの程度学問上のディスコース[☆訳註11]の問題や実践を反映しているか――を見ることも可能となる。

教師は生産的な協働をいかに支援できるのか？

教師は，学習における生産的な会話の実践を確立し，モデル化するにあたって決定的な役割を担う。より広い教室の学習環境が小グループでの相互作用を形成していく。グループでの相互作用を観察することで，取り組みがどの程度生産的かの実体的な情報はもちろん，グループメンバー間の理解や目標の一致を図るための形成的なフィードバックや支援の機会を生み出す。コンピュータベースのツールも生産的な協働作業を有効に活用し，支援する方法を確立するにあたって有用である。最も優れ，多く報告されてきた事例の1つが，コンピュータによる意図的学習支援（Computer-Supported Intentional Learning, CSILE）プ

☆訳註11　バー（1995）は，「何らかの仕方でまとまって，出来事の特定のヴァージョンを生み出す一群の意味，メタファー，表象，イメージ，ストーリー，陳述，等々を指している。それは，一つの出来事（あるいは人，あるいは人びとの種類）について描写された特定の像，つまりそれないしそれらをある観点から表現する特定の仕方を指す」（邦訳p.74）と定義している（Burr, V. (1995) *An Introduction to Social constructionism.* London, Routledge. 田中一彦（訳）(1997) 社会的構築主義への招待―言説分析とは何か．川島書店）。

●ケース●

上手くいくグループとそうでないグループ

　バロン（Barron, 2003）は，3人組で算数の複雑な問題を解く6年生の取り組みを記録したビデオからグループでの相互作用を分析した。彼女は，問題解決において上手いったチームとそうでないチームを比較した。児童は，『ジャスパーの冒険（The Adventures of Jasper）』シリーズ（CTGV, 1997）の第1話「シダークリークへの旅（Journey to Cedar Creek）」と題する15分のビデオに登場する主人公が提示する問題を解くよう求められる。児童に提示される問題は，ジャスパーが日没前にボートで戻るのに十分な時間があるかの意思決定をするものである。なお，そのボートのライトは作動しない。意思決定を行なうにあたって，児童は次のことを決定する必要がある。（1）戻ってくるのに何マイルかかるのか，（2）戻ってくるまでに何時間かかるのか，（3）港のドックに戻ってくる予定時間もしくは日没までに何時間航海可能か，の3つである。児童には，関連したシーンと数値に関する情報が覚えられるように，本編中のスチール写真18枚を掲載したストーリーボードが与えられる。

　児童の会話をコーディングして分析が進められた。量的分析によって，協力度合いが異なるグループが，観察された差異を妥当に説明する変数の数と相違ないことを立証した。これまでの学業達成，会話の回数，正しい提案を行なった回数を含むこれらの変数はグループに影響を与える。上手くいくグループとそうでないグループの間で異なるのは，仲間が考えに対していかに応答したかであった。上手くいくグループでは，正しい提案に対してさらなるディスカッションを行なったり，それらを受け入れ，文章化したりするような応答が見られた。一方，上手くいかないグループでは，沈黙で応答しなかったり，理論的根拠もなく拒否したりすることが多く見られた。さらなる分析で，上手くいかないグループでの会話は，上手くいくグループよりも話題に沿っていないことが明らかとなった。仲間が正しい提案を行なったとき，その直前の会話は提案とあまり関連していないことがしばしば見られた。このせいで提案の重要性を仲間が認識できなくなってしまうことが合理的な仮説として考えられる。しかし，およそ半分の正しい提案は直接関係していたが，大半は受け入れられなかったり，会話で取り上げられなかったりした。

　続く分析では，問題解決に関する提案がなされた時に児童間で何が起こって

☆訳註12　12本の教材とビデオで構成されたシリーズであり，5年生以上の児童・生徒の数学的思考力の改善，科学や歴史，社会科学のような他の学問領域とのつながりを促すようデザインされたものである（CTGV, 1997）。主人公であるジャスパー・ウッドベリーが直面するさまざまな問題が学習課題としてデザインされており，具体的な状況をイメージしながら問題解決に当たれるよう工夫されている。

いたのかを記述していった。4組の会話を質的に分析したところ，提案がなされたり応答されたりする広範な相互作用の背景が浮き彫りとなった。これらの特徴は，いくつかのグループで協働的に問題解決をする際に個々の考えを調整しようとする（またはしない）時に生じた課題から読み取れた。

　上手くいかない場合には，仲間が生み出した洞察をグループが便乗するのを妨げるような関係性の問題が生じていた。それらは，競争的な相互関係，協働にあたって差別化を図る努力，自己に焦点化した問題解決の道筋，であった。これらの問題は，発言のやりとりでの妨害，発言権を得ることの困難さ，ワークブックの独占，そして能力を競い合う主張（「私は何をしているかわかっている！」「いや，私よ！」）のような点から明らかに伺える。これらのパターンを説明するために社会的地位（status）のような構成概念（E. G. Cohen & Lotan, 1995）が用いられるかもしれないが，目に見えるダイナミックな移り変わりに目を向ける方が有益である。話し手と聞き手の双方が，概念の理解と情報収集にあたって重要で独立した役割を担おうとしていることは明らかである。たとえば，遠回しで緩やかな貢献（Linde, 1998）は，自分にしか関心を示さない仲間がいる時にとくに問題となる。なぜなら，パートナーが自分の考えを主張している時，ささやかな提案がなされている場合があるからだ。一定の犠牲を払って継続して関与したり，今後も一緒に作業しようと思ったりすることさえあるかもしれないが，威圧的な働きへの忍耐や抵抗が自分にしか関心を示さないパートナーと戦うための効果的な方略であった。

　参加者の考えを上手く引き込むグループでは，考えを無視したり拒絶したりする割合が低く，グループへの参加に気を配られ，他者の考えを反映しようとしていた。とくに，協力して問題解決した空間で学業達成の成果が表れたのは，ワークブックをめぐって，また相互の注視によってかなり「身を寄せ合ってきたこと（huddling）」を反映したものだった。

　これらの非言語的な同調性が，取り組みの成果や表現に対してかなりの影響を与えると示唆される。上手くいくグループでは，協同での問題に影響されないのではなく，むしろ彼らの意識を焦点化することにつながる方略をメンバーがとっているのである。たとえば，解決を記録する際，書き手は自分が書いているものを口頭で「報告」することで，グループの他の児童・生徒はモニタリングが可能となる。さらに，グループによっては，明示的にグループの共同注意[訳註13]

☆訳註13　他者と関心を共有する事物や話題へ，注意を向けるよう行動を調整する能力（Bruner, 1975）のことを指し，具体的にはアイコンタクトや対象物に視線を合わせたり，指をさして意識を向けたりすること。
Bruner, J. S.（1975）From communication to language. *Cognition*, 3: 255-287

をモニターしており，それがバラバラにならないよう注力していた。このように，上手くいく場合には，外的な表象（絵，文章，モデルの共有），会話の仕掛け（声に出して読む，議論する，質問する，考えに注意を向けるよう要求する），そして身体動作（身を寄せ合う，資料を共有する，アイコンタクトを維持する）といったさまざまな方略が活用されていたのであった。

ロジェクトであり，探究を支援する知識集約と改善のツール，そして知識構築のディスコースの規範を含むものである（Scardamalia, Bereiter, and Lamon, 1994）。あらゆる特徴的なツールやテクニックを超えて，教師に求められるとくに重要な役割は，優れた探究の実践を反映した相互作用の規範を確立・モデル化し，奨励することである。[☆訳註14]

　エングルとコナント（Engle & Conant, 2002）は，ある小学生のグループにおける生産的な学問的エンゲージメントの分析によっていかにこれを実践できるかを報告している。このグループワークは，A. L. ブラウンとカンピオーネの学習者コミュニティプロジェクト（Community of Learners project）（1996）としてデザインされた研究ベースの実験的教室で行なわれた。彼らは，動物の種，繁殖と防衛のメカニズムについての知識を発展させていくジグソーアプローチにおける協働作業を研究した。ジグソー法では，クラスのメンバーそれぞれがサブトピックに関するエキスパートになれるよう児童・生徒をトピック別に分ける。エキスパートは，グループメンバーに学んだことを教える。こうすることで，グループは，分散化された取り組みによって成果を得ることができるのである。本事例の場合，4・5人のグループがある特定の動物の種を研究するためのプロポーザルを書いた。その後，グループには，グループプロポーザルの質に基づき，担当する動物が割り振られた。グループの最終成果はレポートであり，グループメンバー全員が執筆した。児童一人ひとりが，繁殖方略や防衛メカニズムなど特定のサブトピックに関するエキスパートとなり，これらのサブトピックに焦点化した各章の執筆に貢献した。グループでこれらの知識を共有した後，グループ全体で導入と結論を執筆した。エングルとコナント（Engle & Conant, 2002）の分析は，1つのグループに焦点化されていた。そのグループは，シャチがイルカやクジラの種に属するかの分類について，意図せず生じた議論に熱心かつ根気強く取り組んでいた（彼

☆訳註14　CSILEプロジェクトは，児童・生徒の「意図的学習」を支援するためにコンピュータテクノロジを用いた取り組みである。「意図的学習」とは，「能動的学習」や「自己調節学習」を超えた，目標としての学習の追究や教育的な発達の成果にかかわるものとして捉えられている。学校での課題や活動をこなすという次元ではなく，児童・生徒自身による知識の構築としての学習を実現するためにデザインされたコンピュータのシステムである（Scardamalia, et al., 1994より）。

らは，クジラについての研究が割り当てられていた）。その議論は，8週間のプロジェクトを通して総計8回も再浮上していた。研究者たちは，児童たちの根気と学問的エンゲージメントが何によって促されたのかを理解しようとした。

その議論は，多様な専門家（書籍の中，マリンワールドでの校外学習で出会ったトレーナー）から示された矛盾した主張によって引き起こされていた。そして，異なる主張を対立するグループメンバーが採用することで議論が続いていたのだ。児童の情熱的なエンゲージメントについては，集中している感情の表れ，それぞれの考えを聞いてもらおうとする粘り強さ，さらなる研究，そして何週間にもわたって続いた議論への注目から読み取ることができる。理屈っぽい論争に陥ることなく生産的な学習につながる会話を生み出した鍵は，主張を正当化するための多様なエビデンスを活用するような学者としての動きを真似できたことにあった。それに加え，会話の分析から，時折児童は互いに話す中で，発言時間について言い争いになることもあったが，他者の貢献を受け止めようとしていたことが明らかとなっている。これは，特定のグループメンバーと議論に関連した主張やエビデンスを結びつけた会話の割合から示されたものだ。著者らは，このプロセスを「ポジショニング（positioning）」と呼んでいる。

彼らの分析では，教室環境，カリキュラム，そして教師の指導をシステムとして理解することが重要だと強調されている。そして，彼らは次の4つの原理を強調していた。ウィンゲートという教師がいかにそれらを児童に伝え，活動やリソースを通して具現化しているかを事例から記述していく。

題材を問題視する

これは，児童・生徒が問題を定義し，必要なエビデンスとして主張や説明，「エキスパート」が提示したものでさえ取り上げるよう促すことである。ウィンゲート先生は，あらゆる資料を疑うよう児童に促していた。彼女は，資料間の差異を無視するよりもむしろそれらに注意を向けていた：「ある本にはこう書いていますが，別の本には別のことが書かれています。……みなさんはどちらが正しいのか明らかにする必要があります」（Engle & Conant, p.431）。また，彼女は，資料を収斂しようとすることの重要性を児童が理解できるよう促していた：「資料を比較しましょう，そしてそれらが同じかどうか確かめましょう」（p.431）。彼女はまた，最近取り組んだ歴史の単元で同じような方略をとっていたことを児童に思い出させていた。

児童・生徒に権限を与える

これは，児童・生徒が著者または知識生産者となるよう促しながら，主張，説明，

デザインと結びつけることでこのような問題に取り組むことである。ウィンゲート先生は，ディベートや生産的なぶつかり合いに対する情熱を明確に伝えていた。たとえば，児童が自分たちの研究グループが研究について大きな論争となっていると彼女に報告した際，「私はそれが大好き！」と伝えていた (p.431)。彼女はまた，児童それぞれがサブトピックのエキスパートとなるよう期待を示しており，エキスパートを「それについてあらゆることを知っている人」(p.432) と定義していた。さらに彼女は，児童が自分以上に知識を持ってもらいたいと強調していた。「みんなは，私が知らないたくさんのことを研究していって下さい。だから，みんなが情報を見つけた時，私はそれについての質問をします。あなた以外のクラスのみんなと同じように，それについては私も知らないのだから」(p.432)。

他者に対して責任を持たせる

　児童・生徒が，たとえ同意できないとしても他者の立場を踏まえる責任，また学問の実践に取り組みながら，エビデンスへ注意を向けるといった共有された学問的規範への責任を担うことである。ウィンゲート先生は，児童の研究にさまざまな資料を取り入れることを促していた。彼女は，児童が自分の研究領域について学ぶために「できる限りたくさんの本，専門家の協力，コンピュータを活用したり，新聞・テレビの科学担当者に手紙を書いたりする」(p.433) ことを提案していた。児童も，自分たちのグループメンバーが学ぶのを手伝う必要性に常に気づかされていた：「さあ，ロン。あなたはヒョウの赤ちゃんのエキスパートになって。ジャマルはヒョウの保護のエキスパートになって。ロンは赤ちゃんについて知っていることすべてをジャマルに教えてあげる必要があるわ。かわりにジャマルは保護について知っているすべてのことをあなたに教えてくれるわ。だから，ジグソーグループに行く時，あなたは単にヒョウの赤ちゃんだけでなく，ヒョウのすべてについて話さなければならないのよ」(p.433)。グループ学習の鍵となるアカウンタビリティの最後のタイプは，エビデンスがあり，資料を引用できることである。ウィンゲート先生は，情報をどこから見つけてきたのかを追跡する必要があることを早い段階で確立していた。「この動画からいくつかの情報を見つけることができるでしょう。それはみなさんにとって他の時に重要となるでしょう。どこでエビデンスを得たかを言いたい時でさえ，自分の本を読み直して，『あ，私はそれをハワイで見た。**危機の楽園**（Threatened Paradise）……。』だからどこで情報を得たかを書き残し始めることが本当に重要なの」(p.434-435)。

児童・生徒に関連したリソースを提供する

これは，ディスカッションを促すモデル，パブリックフォーラム，そしてツールといったものを準備しておくことである。本，雑誌，映画，専門家とのつながり，校外学習のような情報リソースによって，児童が幅広いトピック，反対意見，そして視点を見つけられるようにしておくことが決定的だった。これらの食い違いに，ディベートを駆り立てるだけでなく，数多くのエビデンスを用いる際の推論や洗練さを高めることにとっても重要であった。それに加えて，本単元や他の単元において，ウィンゲート先生は，エビデンスに基づく議論をいかに構築できるかのモデルを提供していた。たとえば，ある児童は，マラリアと戦うためのDDT使用に関する以前の単元から，エビデンスをもとにしたディベートへの関与の仕方を説明していた。

プロジェクト・ベース，プロブレム・ベース，デザイン・ベースいずれの学習でも，強力な足場かけ，評価，そして柔軟性を必要とする。

「たしか，私はマラリア（にかかる方が悪い）と判断して，AさんはDDT（の有害性の方が悪い）と判断しました。Aさんは，『これだからDDTだと思う』と言っていたと思います。それから，それについて言いたいことがあったので挙手しました。そこで，あなたの言ったことをもう一度言ってほしいと伝えました。【賛同する意見には】（一点を指し示す手振りをしながら）『その通り，さらにこういうのもあるわ』，【賛同できない意見には】（さまざまな理由を示す手振りで）『違う，私はそうは思わない。だってマラリアは悪化しているから。これらの理由があるじゃない』と言いたかったんです」(p.427)（【 】訳者補足）。

別の重要なリソースは時間であった。児童は，疑問を調査するためにたくさんの時間が与えられた。また，グループが現在考えていること，互いにまたウィンゲート先生，クラス，そして教育実習生と同意できないことを共有する機会が与えられた。ウィンゲート先生は，聞いたことを何度も聞き返していた：「これについてグループディスカッションしていないように思うけど」，「あなたたちは議論で違う側に立っていると思うけど，どちらの側もいい点があるように感じるわ」(p.440)。彼女は，あまり声に出さない児童も議論に加わるよう励まし，常にエビデンスを要求していた。

要約すると

　学習への協働的アプローチは，学問的実践の発展を含む個々人また集合的な知識の成熟に役立つことが数多くの研究を通して明らかにされてきた。また，このようなアプローチによって児童・生徒が自信やモチベーションといった情意特性を伸ばすことも研究から示されている。綿密な活動のデザイン，評価，そして生産的な協働作業を支援する教室の規範を確立し，維持する方法を通して，教師は表現や協働的な資質の発達を支援することができるということも研究によって明らかにされつつある。そこで，児童・生徒が探究また持続的なプロジェクト活動に関与する活動デザインに関する特定のアプローチの研究を確認していく。

探究的な学習アプローチの研究

　多くの探究ベースの学習のデザインは，認知理論の知見を基盤にしている。それらは，人はいかに学ぶのか，児童・生徒が何を学んでいるかを理解し，それを本当に理解するために内容を処理することの重要性についてのものである（Bransford, Brown, & Cocking, 1999）。これらの目標に到達するやり方はさまざまあり，異なるジャンルのアプローチをもたらしてきた。このレビューでは，よく研究された方略である，プロジェクト・ベース学習，プロブレム・ベース学習，そしてデザイン・ベース学習の3つを要約し，共通点と差異を共有していく。

プロジェクト・ベース学習

　プロジェクト・ベース学習（PBL）は，典型的に本物の成果，イベント，聴衆へのプレゼンテーションに帰着する複雑な課題を完成させることを要件とするものである。トーマス（Thomas, 2000）は，生産的なプロジェクト・ベース学習を次のように定義している。(1) カリキュラムの中心であること。(2) 学問の中心概念や原理と出会うよう児童・生徒を導く魅力的な問いを中心に組織されること。(3) 探究や知識構築にかかわる発展的な調査に焦点化されていること。(4) 児童・生徒主体であること。そのため，彼らは選択また自分たちの取り組みのデザインや運営の責任を担う。(5) 真正であること。現実世界で起こり，人々が関心を抱く問題を提示することによってなされるものである。

　プロジェクト・ベース学習の効果に関しては，私たちの理解を深めるかなりの研究蓄積がある。まず，遠征学習（Expeditionary Learning）のような学校全体で取り組むモデルの優れた成功例を検討する。それは，「重要なプロジェクトとパフォーマンスを中心に構築された知的探究」に基づく全体的なカリキュラムを創造するものである（Udall & Rugen, 1996, p.xi）。また，プロジェクト・ベース学習

への遠征学習の学校アプローチも，チームワーク，コミュニティの構築，そして学校を超えたつながりに焦点化されている。そこでは，パフォーマンス評価，学習のリフレクション，そして学問領域におけるスタンダードに合わせるための活動の修正を強調した指導法が用いられてきた。このモデルを実践した学校の評価として，測定された標準テストの得点はもちろん，児童・生徒のモチベーションやあらゆる児童・生徒に達成できる力があるとの教師の自信を高めることにもなり，児童・生徒の学習における実質的な成果が見いだされてきた（ELOB, 1997, 1999a, 1999b,; New American School Development Corporation, 1997）。

　カリキュラムの中心としてプロジェクト・ベース学習を用いた別の取り組みには，コネクト・スクール（Co-nect Schools）☆訳註15 が挙げられる。それは，テクノロジの力点を加えたものであり，テネシー州のメンフィスにおける対照校のグループよりも標準テストに関してより大きな効果が認められ（Ross et al., 1999），オハイオ州シンシナティにおける学区平均に匹敵する成果も確認できた（CPS, 1999）。プロジェクト・ベース学習を実践するこれらの学校全体の取り組みには，統制され，実験的意味合いをもつプロジェクト・ベース学習の「効果」と切り離せない幅広い組織的な指導方略が含まれている。同時に，そのような学校では，真正の文脈において指導を吟味することが認められ，そのようなアプローチを推進する原理――児童・生徒中心，真正性，学問的探究――が学校組織のあらゆる側面に関する意思決定に拡張されている。その意味で，これらの事例は，プロジェクト・ベース学習を導く原理を総合的に検討するものと見なすことができるだろう。

　一般的に，プロジェクト・ベース学習では，児童・生徒がこのアプローチに関与することで伝統的な学習形態で得られるものと同等もしくは優れた成果を現実における学習で得られると考えられている（Thomas, 2000）。しかし，PBLのゴールはより広い。このアプローチでは，新しい状況や問題に対してより効果的に自分たちの学習を転移でき，パフォーマンスが求められる状況でより巧みに知識を活用できることを目指している。短期間・長期間いずれ場合でもそのような成果が示された研究はかなりの数に上る。

　たとえば，シェファード（Shepherd, 1998）は，実験群として4年生と5年生が数か国での住宅不足に関する解決を定義・発見する9週間にわたるプロジェクトをやり終えた単元の結果を報告している。統制群と比較して，実験群では，批判

☆訳註15　BBN社のメンバーが中心となって構想された研究を基盤とした教育デザインである。コネクト・デザインは新しいカリキュラムを導入するのではなく，ベスト・プラクティスとして「多様な評価」と「テクノロジの入念な活用」，研究の要素として「チームワーク」「学校組織」「真正の教授法」を組み込むものである（Babb, 2001）。Babb, D. G. (2001) A longitudinal impact study of the co-nect design. Doctoral dissertation, The University of Memphis.

❖コラム❖

プロジェクト・ベース学習を学区ベースで実践する

　カンザス州カンザスシティー近郊のボナー・スプリングスにあるボナー・スプリングス／エドワーズビル学区の教育長であるロバート J. ヴァン・マーネンは次のように語っている。「学習は楽しいだけでなく，教師と子どもたちがそこから情熱的になれるようなものでもあることが重要です。私はテストに情熱を燃やす人を見たことがありません。だが，どの子も置き去りにしない法（No Child Left Behind）☆訳註16 やその他のイニシアティブの結果として，私たちが提供を余儀なくされているのです」。

　このパラダイムを変えるために，ヴァン・マーネンは，プロジェクト・ベースの越境する遠征学習学校（Expeditionary Learning Schools: ELS）モデルを自身の学区に取り入れる努力をこれまで続けていた。それは，国中の他の学校に行くことで，とても成果を挙げてきた学習のタイプであった。このモデルでは，「遠征」に学習の焦点が当てられている。すなわち，州や連邦の学業スタンダードに合わせるが，ダイナミックな学習への強い好みや教室を超えた世界についての好奇心を育むためにデザインされた児童・生徒が長期間取り組む研究なのである。ELSにおいては，受動的で伝統的な教室経験に対抗して，なすことによって学ぶことに焦点が当てられている。

資金を見つける

　ヴァン・マーネンの努力によって，カンザスシティーのユーイング・マリオン・カウフマン財団が4つの学区——小学校3校とミドルスクール1校——に対して遠征学習学校への移行を支援するために5年間で15万ドルの助成金を提供した。それによって，カンザスシティー地区のELSの総数は11校となり，この地域が運動の旗手となる契機につながった。

　ヴァン・マーネンは，これがそれらの学校が向かおうとしているところ，すなわち，このプロセスにあってはナショナルスタンダードや州のスタンダードに妥協しないことを目指そうとしていると信じている。「私は，年老いた理科教師です。そして，子どもたちは，なすことによって学ぶことを知っています。

☆訳註16　ブッシュ政権下の2001年12月に可決された法案であり，全般的な学力向上と貧困地域の出身者やマイノリティの成績格差の縮小を目指したものである。基本原則として，①結果に関するアカウンタビリティ，②科学的な研究に基づいた向上施策に対する集中的実施，③親の関与と選択肢の拡大，④地域の裁量と柔軟性の拡大，が掲げられた。とくに①については，学力測定のためのテストを全米で実施し，州単位，学校単位，児童・生徒集団単位で公表することとなった。

座学でのワークシートやテストでは学びません」。また，「この助成金によって，調査スタイルを用いて教えることが可能となる最も優れた指導法を活用できることになります。だから，子どもたちは，彼らが学んでいることの同士のつながりを見いだすことができるのです。単に算数・数学のための算数・数学や理科のための理科ではないということです。私たちは，テストの得点は自然に解決するものだと信じています」と語っていた。

テストの得点や他のほぼあらゆる説明によって，ELSは教育改革において優れた成果を挙げている。取り組みを進めてわずか6年間後に，議会はそれを国の教育モデルと認め，太平洋岸から大西洋岸までの学校が登録していった。2003年には，ビル＆メリンダ・ゲイツ財団が，大学準備のための小規模な高等学校を20校創設するために5年間で1260万ドルの助成金をELSに提供した。☆訳註17

その成果は，カウフマン財団がELSに投資することを選んだことが理由として挙げられる。もう1つは，多様性である。「カンザスシティーにおける学校の状況は，きわめて多様であります——大規模，小規模，地方，都市部，郊外，豊かな，豊かでない——。だから，私たちのニーズを取り入れられる革新的プログラムを見いだすのが難しかったのです」と，研究・政策組織局長のマルゴ・クィリコーニが語っていた。「ELSのモデルは，想像され得るほぼあらゆるタイプの学校で成果を挙げる実践がなされてきたのです」。

同意を得る

この成功は，プログラムの支援に関するELSの権限によるものだ。学校が導入する前に，教育委員会が満場一致で認め，教職員の80％が提案に賛成しなければならない。

「これは学校ベースのモデルで，学区ベースのものではありませんが，私たちはトップダウンの支援がなければその学校を採択しません」とボナー・スプリングスの学校で勤務するELSの代表である前K-8校長コーリー・ショーレスは語っていた。「学校全体の文化を変えるのは本当に難しい仕事です。管理職と教師のいずれのサポートがなければ成し遂げられません。ボナー・スプリングスの学校システムでは，このモデルにはっきりと専念することを示しています」。

ロバート・E・クラーク・ミドルスクールのジョセフ・ディピニオ校長は，設立時からの信頼できる支援者である。「助成事業の一部として，私たちは国中のELSを訪問しました。そして，あらゆる場合に，次のようなことを考えて去る

☆訳註17　マイクロソフトの会長であるビル・ゲイツと妻メリンダが2000年に設立した財団である。世界規模で慈善事業を展開している。

のです。『自分の学校はどうなってほしいのだろう』と」と語る。「子どもにとって良い何かを見つけた時、それをもたらすための方法を明らかにしたいでしょう。でも、専門性を高める取り組みや学校のデザインにかかるコストが高すぎるのです。これを総合的に自分たちの所で行なう余裕がこれまでありませんでした」。

「私の情熱は、常に教師としての成長にありました。そして、今では、1年のうち25日教師たちと共に現地で働く喜びを得ています」とショーレスは語っている。「私が校長になった時、この種のサポート業務を自分から切り離してきました」。

新しい冒険の興奮は明らかなものだが、ボナー・スプリングスの教育長は、次の5年間が課題となることを認めていた。

ヴァン・マーネンは「変化は難しい。そして、これまでやってきたことを単に続けることははるかに簡単であるのが常です」と語っていた。「しかし、私たちは異なる結果を求めます。私たちは、子どもたちを新しいレベルの可能性に到達させてあげたいし、世界中で子どもたちが競争できるようにしてあげたい。単に重要なことですが、教室に喜びと情熱を持ち帰りたいのです。子どもたちと教師が決して忘れない学習経験を生み出したいのです」。

さらなる情報

越境する遠征学習学校をさらに学ぶには、www.elschools.orgへ。

ポートランドにおけるキング・ミドルスクールでのELSプログラムのビデオは、http://www.edutopia.org/stw-maine-project-based-learning-overview-video で見ることができる。

キングのプログラムは、コラム「遠征学習」(p.36)で読むことができる。

本コラムは、エデュトピアの以下の記事から引用したものである。"River Journeys and Life Without Bathing: Immersive Education," by Laura Scholes. Originally published May 15, 2007

的思考に関するテストの得点が有意に増加したのみならず，自分たちの学習に対する自信も高まった．短期間での伝統的なアプローチとプロジェクト・ベースのアプローチを比較した研究では，問題の定義づけに関する上昇（Gallagher, Stepien, & Rosenthal, 1992），理由を支持する論拠を活用することの伸び（Stepien, Gallagher, & Workman, 1993），類似したプロブレム・ベースの課題に取り組んだ後のプロジェクトに関する設計能力（A. Moore, Sherwood, Bateman, Bransford, & Goleman, 1996）でそのような特徴的な成果が確認されてきた．これらいずれもが現実世界の文脈で必要とされるスキルである．

　ボアラー（Boaler, 1997, 1998）の比較研究はさらに意欲的で長期間にわたるものであり，英国における2つの学校で3年間にわたって児童・生徒を追跡したものであった．本研究は，児童・生徒の実践前の学業達成と社会・経済的背景の観点で似通っていたが，伝統的なカリキュラムとプロジェクト・ベースのカリキュラムのいずれかが用いられていた．伝統的な学校では，テキスト，ワークブック，成績別のクラスでの頻繁なテストを中心に構成された，教師中心で行なわれるクラス全体の指導が特徴的だった．もう一方の学校の指導に関しては，多様な児童・生徒で構成された教室でオープンエンドなプロジェクトが実施されていた．事前・事後の調査デザインを用いた結果，児童・生徒は基礎的な数学的手続きに関する調査で同等の学習成果が得られることが明らかとなった．それに加えてプロジェクト・ベースのカリキュラムに参加した児童・生徒は，ナショナルテストにおける概念問題に関してよりよい結果を示した．とくに，プロジェクト・ベースの学校に通っていた児童・生徒は，伝統的な学校よりも3年後のナショナルテストでより多く合格していた．ボアラーは，伝統的な学校では，「解法を暗記・活用することができるかどうかで数学の成績が左右されると考えられていた」が，PBL校の児童・生徒は，「探究と思考」に自ら取り組むことでより柔軟で役立つ数学的知識を得ていたと論じている（Boaler, 1997, p.63）．

　他の比較研究として，児童・生徒がマルチメディア・プロジェクトを開発する機会を設定した5年間のプロジェクトを独立して調査したものの一部を取り上げる．シリコンバレーにおけるチャレンジ2000マルチメディア・プロジェクト（The Challenge 2000 Multimedia Project）☆訳註18では，児童・生徒が地域の展示会で自分たちの研究をプレゼンテーションさせる多様なプロジェクトに携わった．これらの経験の有効性を評価するために，研究者たちは，参加した児童・生徒と統制群とに

☆訳註18　シリコンバレー地域の教室にマルチメディアの支援をもとにしたプロジェクト・ベースの模範的モデルを普及させようとして取り組まれたプロジェクトである．

遠征学習

　メイン州ポートランドのキング・ミドルスクールでは，個別化されたプロジェクト・ベースの学習である越境する遠征学習モデルに取り組んできており，保護者からコミュニティメンバーのあらゆる人が参加する祝賀会は，学習プロセスの重要な部分を担っている。生徒は，2年間同じグループの教師と共に過ごし（持ち上がり（loop）と呼ばれる実践），少なくとも年に2回，4週から12週の学際的プロジェクトに取り組み，それぞれはイベントで締めくくられる。

　芸術，理科，国語のような教科を統合する以外にも，プロジェクトには，コンピュータテクノロジの活用が十分考えて組み込まれ，アップルのiBookを全7・8年生に提供することがメイン州により決定されてきた。

　最高潮となるイベントにはいくつもの形態がある。オリジナルの劇の上演，地質キットを用いた下級生へのプレゼンテーション，CD-ROM，本，ビデオの制作――これらはすべて州のカリキュラム・スタンダードを組み入れたものである。キングのプロジェクトには次のようなものが含まれる。地元の建築家が判定する水族館のデザイン，英語の学習している生徒によるホイットマンの「ああ船長！船長！」[訳註19]（"O Captain! My Captain!"）のCDナレーション，『合衆国の声（Voices of U. S.）』（移民たちの物語の本），カスコ湾の海岸生活ガイド，オリジナル音楽の作曲と上演，ノートパソコンを使った学習のドキュメンタリー，ニュートンの法則を説明したクレイアニメ，公害に関するウェブサイト，メイン州に生息する生物種のCD-ROM，である。

　クレイアニメのビデオ制作を監督した第8学年の理科教師であるアン・ブラウンは，そのようなプロジェクトを通しての生徒に対する効果を認めている。「このような活動によって，子どもたちが興味あるやり方で自分たちの学習を表現しているのだと思います」。そして，「単に文字で書いたり絵で描いたりするよりもはるかに面白いのです。なぜなら，彼らは聴衆とコミュニケーションをいかに図るか，彼らが何を学んできたかを知らない人たちにわかってもらう文章やイメージをいかに用いるかについて本気で考えなければならないからです」と語っていた。

☆訳註19　ホイットマンが凶弾に倒れたリンカーン大統領を追悼するために書いた詩である。アメリカでは非常によく知られている。

理解と表現

　「キング・ミドルスクールのゴールは，すべての子どもたちが自分たちの学習を表現した作品を生み出す機会をつくることにあるのです」と，キングのテクノロジ・ティーチング・ストラテジストであるデイビッド・グラントは語っていた。彼は，あらゆるビデオ，コンピュータ，ウェブ作品がカリキュラムを促すのを保障するよう生徒と教師と共に働いている。「子どもたちが本当に学習を行なっているのは，何かをつくっている時です」と語っていた。「何かをつくり始める時，それを見つめ，それについて熟考し，そして自分自身の表現から知らされるようになります。そのようなやり方によって，自分の考えを支持するさらなるデータを求めて世界に飛び出して行ったり，心の中にある何か新しいものについて考え始めたりするのです。つまり，再表現を始めるのです。それがいかに学習が深まるかなのです」。

　また，それは，生徒が自分たちの話している概念を理解しているかどうかを表すものともなる。「子どものすぐ隣に座って伝えるのです。『えっと，どうやったらニュートンの法則を示すことができるのかな？』と。彼らはテストよりもすぐにその答えを出してくれるでしょう。でも，あなたが座って彼らの作品を見て，何を言おうとしているかを聞いている時，そこから少し離れましょう。彼らが何を知り，何を知らないのかについて本当に知りたいと思う場となるのです。そして，私たちがどこから取り組みたいと思っているかを常に考えましょう——何を知り，何を知らないのかもそこにあります。これらのメディアを通した取り組みによってそれが生じてくるようになってきます」。

すべての人のための質の高い学習

　ブラウンは，ビデオ作品を通じて，生徒がチームで取り組み，互いから学ぶことが求められるという事実を好んでいる。「それに最終作品が加わります。なぜなら，多様な視点が同じ問題に対する多様なアプローチの方法を生み出すからです。最高のアイディアのピースを一体となるよう集めます。だから，最終作品はずっと優れたものになります。そして生徒たちもお互いから，そして異なった考えかう学んでいるのです」。

　キングでは，習熟度別と特別支援教育を設ける「プルアウト方式」を廃止すると同時に学習へのプロジェクト・アプローチを採用し，テクノロジの活用を強調し始めた。それ以来，テストの得点は上昇した——60％が低所得，22％が難民，そして28の言語を話す生徒が入学するという実態にもかかわらず優れた成果を挙げたのである。数年は州の到達度テストの平均を下回っていたが，その後，キングの生徒は，1999年に7教科のうち6教科で州の平均得点を超え，

教科によってはトップ3位にさえ上昇した。

　1997年のナショナル・プリンシパルに選ばれたマイク・マッカーシーは，キングではあらゆる生徒に──単にクラスのトップだけでなく──最高の質の，最も挑戦的な教育を与えることが重要だと信じていた。「ギフティッドやタレンティッド☆訳註20のクラスのようだと言っている参観者の話を聞いてきました。しかし，教室にはフィールド経験が含まれるべきです。そこにはテクノロジが含まれるべきです。そこでは独立した取り組みが含まれるべきです。そこでは徹底的な取り組みが含まれるべきです。それが私たちの学校の基本なのです。あらゆる人がそのような学習にアクセスするのです」。

　持ち上がりによる生徒・家庭と教師との緊密な関係が，生徒の成功に重要な役割を担っているとマッカーシーはつけ加えていた。「それは，お互いにかなり精力を注ぐことができることを意味します。そして，このような優れた取り組みを生み出した理由の1つだと思います。ある子どもは数年前にこう言っていました。『ここでは決して誰もバカにされたように感じないね。』それが最も高い到達度の1つなのだと思います」。

さらなる情報

　キング・ミドルスクールの遠征学習プログラムについては，次のURLを参照のこと。

　http://www.edutopia.org/stw-maine-project-based-learning-overview-video

　越境する遠征学習学校モデルについては，次のURLを参照のこと。

　http://www.eleducation.org/

　本コラムは，エデュトピアの以下の記事から引用したものである。"Laptops on Expedition: Embracing Expeditionary Learning" by Diane Curtis. Originally published Jan. 19, 2004

☆訳註20　ギフティッド（gifted）とは，同年代の子どもと比べて突出した知的能力を先天的に有する子どものことである。一方，タレンティッド（talented）とは，突出した芸術的才能を持つ子どもを指す。

対してホームレスの子どもが直面している問題に関する学校行政担当者向けのパンフレットを作成するよう求める追加のパフォーマンス課題を設定した (Penuel, Means, & Simkins, 2000)。マルチメディアプログラムに参加した児童・生徒は，デザイン課題から抽出された3つの観点（内容の熟達，読み手への配慮，デザインの一貫性）すべてで統制群よりも高い得点を獲得していた。しかし，基礎的スキルに関する標準テストでは全く差異が認められなかった。

　他の多くの研究では，PBLに参加することによって，職業習慣，批判的思考のスキル，問題解決能力を含む，モチベーション，学習への態度，そしてスキルに関する肯定的な変化を児童・生徒も教師も報告してきた（たとえば，Bartscher, Gould, & Nutter, 1995; Peck, Peck, Sentz, & Zasa, 1998; Tretten & Zachariou, 1995参照）。伝統的な学習環境ではあまり良い成果を挙げられなかった児童・生徒がPBLの活動に取り組む機会を得ると優れた結果を挙げることがあることもわかっている。それは，彼らの学習スタイルや好みが協働や活動のタイプによりマッチしていることによるものだ（たとえば，Boaler, 1997; Meyer, Turner, & Spencer, 1997; Rosenfeld & Rosenfeld, 1998参照）。ある興味深い研究として，秋と春に4つのPBLの教室を観察した結果，5つの批判的思考に関する行動（総合する，予測する，生産する，評価する，省察する）と5つの社会参加行動（共に取り組む，口火を切る，運営する，他グループを意識する，グループ間で口火を切る）に関して，最初に高い到達度にあった児童・生徒よりも最初に低い到達度にあった児童・生徒の方がはるかにその年度のコースを通して高い上昇を示したことが明らかとなっている（Horan, Lavaroni, & Beldon, 1996）。

プロブレム・ベース学習

　プロブレム・ベース学習のアプローチは，プロジェクト・ベース学習ときわめて近いものであり，問題の定義と解決方略を教えることを目指したプロジェクトの特定のタイプとして設定されていることが多い。プロブレム・ベース学習では，児童・生徒は，意味ある問題を探究するために小グループで取り組み，問題を解くために何を学ぶ必要があるかを確認し，解決のための方略を生み出す（Barrows, 1996; Hmelo-Silver, 2004）。完全に定式化された教科書の問題ではなく，むしろ解決やそれに至る方法が多様にある現実世界におけるものに近いものとする意味から，プロブレム・ベース学習の問題は，現実的で十分構造化されていない。それに加えて，「良い」問題の特徴を明らかにしようと追究してきた研究では，それらが児童・生徒の経験に共鳴し，論証を促し，フィードバックの機会を高め，くり返し概念に触れることができることが示されている。

☆訳註21

　このアプローチに関する多くの研究は，医学教育と関連したものでなされてきた。

たとえば，研修医は，一連の症状と来歴を含む患者のプロフィールを提示される。そして，小グループの課題として，研究と診断用検査の実施によって考え得る原因を識別するために可能性のある診断と計画を考えることに取り組む。その際，指導者は，典型的にコーチングの役割を担う。それは，問題シナリオを理解し，関連する事実を確認し，仮説を生成し，情報を集め（患者への聞き取り，検査の手配），知識の不足を確認し，外的リソースから学習し，知識を適用し，進捗を評価するという一連の活動を通してグループの進捗を促すことである。そのサイクルにおけるそれぞれの段階は，活動が進むにつれて立ち戻ることになるだろう（たとえば，あらゆるポイントで新たな知識の不足に気づくかもしれないし，それによってさらなる研究が実施されるかもしれない）。医学生の研究に関するメタ分析によって，プロブレム・ベース学習のカリキュラムで学んだ学生は，臨床的問題解決を測定した項目や臨床的パフォーマンスの実際の評定でより高い得点を獲得していることが明らかにされてきた（Albanese & Mitchell, 1993; Vernon & Blake, 1993）。

複雑で多層的な状況について分析することを学び，意思決定を方向づける知識を高めるのを促すために，同様のプロブレム・ベースまた事例ベースのアプローチが，ビジネス，法律，そして教師教育で実践されてきた（たとえば，Lundeberg, Levin, & Harrington, 1999; Savery & Duffy, 1996; S. M. Williams, 1992を参照）。この学習方法は，学習と転移におけるアナロジーの重要な役割に関する私たちの理解によってある程度影響される（Gentner & Markman, 1997; Holyoak & Thagard, 1997; Kolodner, 1997）。複雑な領域において，なじみのある事例からのアナロジーによる推論は，新しい状況を理解するための重要な方略である。

あらゆるプロブレム・ベースのアプローチにおいて，児童・生徒は知識構築に関する積極的な役割を担う。教師は，思考を可視化させる積極的な役割を担い，グループの進行と参加を導き，リフレクションを引き出すような質問を投げかける。その目的は，良い推論の方略をモデル化することであり，児童・生徒がこれらの役割を自らで引き受けるよう促すことにある。同時に，教師は，探究を支援するために，巧みにかつタイミングよく講義や説明といった伝統的な方法でも指導する。メロ-シルバーとバロウズ（Hmelo-Silver & Barrows, 2006）によるプロブレム・ベース学習のエキスパート教師／ファシリテーターに対する事例研究から，グループの発展を生み出す最も重要な手がかりは，学生の注意を焦点化したり，因果の説明を生み出したりするのを促す質問（questioning）を通じてだったことが明らかとなった。くり返し質問することで，患者の状態に関する的確なメンタルモデルを生み出すことや，学生の仮説と患者の症例プロフィールとを結びつけ

☆訳註21　これについて私たちがイメージするには，NHKの番組「総合診療医　ドクターG」が最適である。

ることが促される。医学部の環境で，それぞれのグループがしばしばファシリテーターへ継続的に相談に行っていたことは注目に値する。多くのK-12の学校においては，教師はグループからグループへ移動する方法を見つけなければならないので，このアプローチはいっそう難しくなる。

　プロブレム・ベース学習の効果に関する研究では，他のプロジェクト・ベースのアプローチと同様に，事実に関する学習を促すにあたっては伝統的な教え方と匹敵するか時に優れており，柔軟な問題解決，知識の応用，仮説の生成を支援するにあたっては優れたものとなることが示唆されている（メタ分析として，Dochy, Segers, Van den Bossche, & Gijbels, 2003を参照）。さらなる準実験での研究では，プロブレム・ベースの経験をした対象者はより正確な仮説と一貫した説明を示し（Hmelo, 1998b; Schmidt et al., 1996），十分に根拠づけられた論拠をもった主張を支持することができ（Stepien et al., 1993），科学における概念的理解をより深める（D. C. Williams, Hemstreet, Liu, & Smith, 1998）ことが明らかとなってきた。

　これらや他の成果は，10年以上にわたってヴァンダービルト大学・認知とテクノロジグループ（Cognition and Technology Group at Vanderbilt University）による一連の研究で確認されてきた。たとえば，初期のある研究では，11の学区で700人以上の児童・生徒がジャスパーシリーズを通したプロブレム・ベースのプロジェクトに参加した。ジャスパーシリーズは，提示される問題を解決するにあたって用いられる情報のパッケージを含んだものである。研究者たちは，統制群を上回った5つの地域に関して，その協力者は次の5つすべての測定された項目で統制群の児童・生徒よりも大きな学習成果を挙げていたことを結論づけた。それらは，数学的概念，単語問題，計画する能力，数学に対する肯定的な態度，そして教師のフィードバックである。

デザイン・ベース学習

　第3の指導アプローチについては，児童・生徒が知識の理解と応用を必要とする作品をデザイン・創造するよう求められる時に，彼らは深く学ぶという考えから生み出されてきたものだ。デザイン・ベースのプロジェクトには，技術的な教科内容の知識を発展させるにあたって理想とするいくつかの特徴がある（Newstetter, 2000）。たとえば，デザイン活動は，次のようなプロジェクトが求めるサイクルに従って，修正や反復する問題解決が必要となる。

　　定義→創造→評価→再デザイン

❖コラム❖

明日のエンジニア――ロボットをつくって競争しよう

　毎春，数千名の児童・生徒がある大会にそれぞれのペースで自分たちの作品を持ち寄って地区のイベントにやってくる。その大会とは，他の多くと同じく，チームワーク，問題解決，そして不屈の努力が求められるが，創造性，専門性，成熟度は異なる。毎年のFIRSTロボティクス・コンペティション（FRC）に参加する児童・生徒，そして彼らのメンターは，それをとても楽しんでいる者が多い。

　エンジニアであり主催者であるディーン・カーメンによって創設された，FIRST（For Inspiration and Recognition of Science and Technology）は，児童・生徒が算数・数学，科学，エンジニアリング，そしてテクノロジにかかわるよう，鼓舞し，モチベーションを与えるものだ。毎年，児童・生徒，教師，スポンサー，そしてプロのエンジニアのチームがロボットのデザインと組立というFIRSTの課題に立ち向かっている。

　「受け身で教室に座っているのは，19世紀の形式です」とカーメンは述べ，「今迎えた次の世紀では，クリエイティブであらねばならないか，それともやり遂げられないかのどちらかです」と語っていた。

体験の科学とエンジニアリング

　地区大会，そして最終の全国大会では，生徒は，高校教師やプロのエンジニアと協力しながら，数百のパーツのスタンダードキットからリモコンロボットをデザインし，組み立てるという激しい6週間で最高潮を迎える。ロボットは，特定の課題を完了し，特別にデザインされたコース上を走行できなければならない。そのいずれもが毎年変わる。23か国1300チーム，1万人以上の児童・生徒が，2007年のさまざまなFIRSTコンペティションで競い合った（FRCに加えて，9歳から14歳までの児童・生徒対象のものやより小さく利用しやすいキットを用いた高校生対象のものもある）。

　「メンタリングは，このプロセスが始まる時から重要な役割を果たすのです」とFIRSTのシニア・チーム・コーディネーターであるロリ・ラガスは語っていた。地区大会また全国大会において最初のブレーンストーミング・セッションから最後の競技まで，プロのエンジニアが個々のパーツの機能を説明し，デザインの選択に関するフィードバックを提供し，不完全な部分の修理やデザイン要素の手直しに取り組みながら，高校生と共に作業を行なう。

　エンジニアリングデザイン賞を最近受賞したコロラド州フォート・コリンズ

のプードル高等学校（Poudre High School）では，デザイン課題が公表された後の1週間半，教師でありロボティクスのコーチであるスティーブ・セイヤーズが「純粋な方略」と呼ぶ取り組みにじっくり時間をかける。そこでは，初めての参加者からベテランのチームメンバー，保護者からプロのエンジニアまで，すべての人がデザインのアイディアを述べる。その中の最高のアイディアから基礎デザインを生み出し，続く5週間で実際の競技コースの模型上で改良・組立・テストを行なっていく。

デザインやエンジニアリングに関する多くの作業は毎年くり返されるが，教職に就く前に化学技術者だったセイヤーズは，成功するチームには，多様なスキルと関心をもつ生徒が折衷的に混成されていることが必要なのだと指摘していた。

「もし生徒がチームになりたいと言った時，彼らに問う最初の質問は，『何をするのが楽しい？ 何が得意？』である」とセイヤーズは語っていた。そして，プードル高等学校のロボティクス・チームでは「みんなのための何か」があるとつけ加えていた。コンピュータに関心のある生徒がプログラミング，CADやアニメーションに取り組む。芸術的能力をもつ生徒がチームのTシャツから，ロボットの見た目や感情を示すフライヤーまであらゆるものをデザインする。ライターは，デザインの手引書を執筆する。なすべきことの一覧表はますます増えていく。仕事がないものは誰もいない。セイヤーズはすぐ，何よりも重要なことであると次のようにつけ加えた。

「みんなは，チームの平等な一員なのだ。私たちはみな，私たちが担う異なる役割をお互いに尊重しているのだ」と語っていた。

未来のためのスキル

NASAのロボティクス教育プロジェクトの責任者であるマーク・レオンは，1998年から高等学校のロボティクス・チームと共に仕事を進めてきた（財政的そして全国の学校へのメンターの派遣に関しても）。NASAがロボティクス教育を支援する理由はシンプルである。「私たちはより賢いロボット，NASAと交信が取れなくなっても長時間生き残れるロボットが必要なのです」とレオンは語っていた。「ロボティクスのエンジニアリングで興奮し，生徒が数学やテクノロジに関するキャリアを選択できるようになってもらいたいのです。それによって彼らはこの国に貢献してくれるし，次世代のロボティクスの探究者を育む職場の一員となれるのです」。

しかし，児童・生徒への成果は，どんな仕事に就いたとしても，このプログラムに参加することで得られる科学やエンジニアリングのスキルを超えるもの

である。敬意，協同，そしてチームプレイヤーとなることを学ぶことは，ロボティクス・プログラムを通して児童・生徒が学ぶほんのわずかなライフスキルだ。しかし，それらは，チームメンバーや大人のアドバイザーが認めているが，どんな仕事を選んだとしても必要となるスキルである。

プードル高等学校のチームに2年間在籍したジャネット・ツァイは，次のように語っていた。「私たちは共通のゴールに向かって取り組んでいました。そして，その共通のゴールに到達するために，私たちはみんな，共に作業し，みんなのアイディアを聞く必要がありました。自分だけの小さな計画に留まることはできなかったし，自分以外のみんなも，何を進めていこうとしているのかがわかると信じていました」。

プードル高等学校チームで3年目のベテランになるタイソン・ウォーマスは同じような経験をしていた。「この取り組みとプログラムを通してずっと自信を持てるようになりました。多くの不安を抱えながらも自分のアイディアを伝えられました。そして，他の人のアイディアを聞くことで学んでいったのです」。

ツァイのような生徒は，FIRSTプログラムへの参加を通して，エンジニアとしての人生で最も大切なのは何かを間近で見ることができた。「このプロジェクトへの取り組みで得られた実践経験は驚くほど素晴らしいものでした。生徒がロボットをデザインし組み立てるというのは本当に素晴らしいものでした。自分ができることは何かが本当にわかるようになるのです」。FIRSTへの参加によって，彼女は，進学にあたって，科学やエンジニアリングを専攻しようと考えていると語っていた。

ツァイのような反応は稀ではない。最近のロボティクス・コンペティションの参加者を対象とした調査から，同様の背景と学業経験（算数・数学と理科を含む）をもとにしたFIRSTに参加していない統制群の児童・生徒と比較して，参加者は次のような結果となった。

・フルタイムで大学に出席している割合が遥かに高い（88％ vs. 53％）
・少なくとも修士号までは獲得したいと考えている可能性が高い（77％ vs. 69％）
・大学1年生でアプレンティスシップ[訳註22]，インターンシップ，Co-op[訳註23]の仕事におおよそ10倍参加している割合が違う（27％ vs. 2.7％）

☆訳註22　職場での学習経験を提供するためのプログラムであり，教育機関と密に連携を取りながら展開されている。

☆訳註23　"Co-operative education"の略であり，大学での学習と実践的な職場経験をつなぐプログラムである。

・科学やエンジニアリングの専攻者がおよそ2倍である（55% vs. 28%）

出典：More than Robots: An Evaluation of the FIRST Robotics Competition Participant and Institutional Impacts Prepared by: Alan Melchior, Faye Cohen, Tracy Cutter, and Thomas Leavitt Center for Youth and Communities, Heller School for Social Policy and Management, Brandeis University Waltham, MA (http://www.techfire225.com/uploads/6/3/7/1/6371896/first_study.pdf　2016年6月3日最終確認）

さらなる情報

　2001年のプードル高等学校ロボティクス・チームのビデオは次のURLから見ることができる。

　http://www.edutopia.org/poudre-high-school-robotics-video

　FRCや他のFIRSTコンペティションの情報については次のURLから確認できる。

　http://www.firstinspires.org/

　本コラムは，エデュトピアの以下の記事から引用したものである。"Building a Better Robot: A Robotics Competition Introduces Students to Engineering," by Roberta Furger. Originally published Dec. 3, 2001

作品の複雑さによって協働と分散化された専門知識がしばしば必要となる。最終的には，環境の制約，アイディアの生成，ストーリーボードや他の表現実践を通した試作や計画といった価値ある認知的課題が多様に用いられる。これらはすべて批判的な21世紀型スキルである。

デザイン・ベースのアプローチは，科学，テクノロジ，芸術，エンジニアリング，建築で行なわれている。また，学校を基盤としないプロジェクトとして，FIRSTロボティクス・コンペティション（FIRST robotics competition, www.usfirst.org）☆訳註24 やシンククエスト・コンペティション（Thinkquest competition, www.thinkquest.org）☆訳註25 のようなコンテストが組織されており，テクノロジ・ツールや協働的なプロジェクト活動を通したデザインに重きを置いたものとなっている。たとえば，シンククエストは，9歳から19歳までの児童・生徒のチームが教育のトピックに関する若者向けのウェブサイトを構築する国際的なコンペティションである。3人から6人までのチームには，数か月間のデザインプロセス全体を通して，教師から全般的なガイダンスが与えられるが，創造的・技術的な特定の取り組みについては児童・生徒に委ねられる。チームは，最初の提出にあたってのピアレビューでフィードバックをお互いに与え合い，この情報を活かして自分たちの作品を修正する。現在までに，3万人以上が参加し，オンラインライブラリーで5500以上のサイトを見ることができる（http://www.thinkquest.org/library/）。

FIRSTロボティクスコンペティションのような学校外のプロジェクトは，児童・生徒のチームワークと方略に力点を置く。

・・

☆訳註24　1992年に最初のイベントが開催されたチームでロボットの製作・プログラミング・操作を総合的に行なう競技会である。詳しい内容についてはコラムを参照のこと。日本の「ロボコン」がこのイベントと同様のものである。

☆訳註25　1995年にスタートした教育関連のウェブ教材を開発するコンテストである。オラクル教育財団が支援して運営されていたが，2012年に終了した。そのため，本文中のURLは現在使用されていない。なお，日本においては，ThinkQuest JAPANとして1998年から特定非営利活動法人学校インターネット教育推進協会（JAPIAS）が主催してスタートした。国際コンテストの終了に伴い，「全国中学高校Webコンテスト」の名称に変更されたが，現在も取り組みは続いている。

トピックは，ケアの促進やメンタルヘルスのためのユーモアの活用といった問題に対して芸術，宇宙学，プログラミングと幅広く扱われる。ほぼあらゆるものがフェアなゲームである。

デザインを通して学習を応用することは多様にあるはずだが，リサーチ・ベースのカリキュラム開発と評価の多くは，科学の領域でなされてきた（Harel, 1991; Kafai, 1994; Kafai & Ching, 2001; Lehrer & Romberg, 1996; Penner, Giles, Lehrer, & Schauble, 1997）。たとえば，ミシガン大学のグループは，デザイン・ベース科学（Designed-Based Science）と呼ばれるアプローチを開発してきた（Fortus, Dershimer, Marx, Krajcik, & Mamlok-Naaman, 2004）。4つの高校で行なわれた「デザインによる科学シリーズ（Science by Design series）」では，グローブ，ボート，ビニールハウス，投石器の作成に焦点化された。ジョージア工科大学の別のグループは，「デザインによる学習（Learning by Design）」と名づけたアプローチを開発してきており，これもやはり科学での実践である（Kolodner, 1997; Puntambekar & Kolodner, 2005）。

統制群を用いた比較的小規模の研究として，コロドナーと同僚たちが報告している学習に関する研究（Kolodner, Camp, et al., 2003）では，「デザインによる学習（LBD）」クラスと対照クラスで大きくかつ一貫した差異が表れたことが明らかとなっている。彼らは，指導の前後でパフォーマンス課題を達成できるグループの能力に関して測定を通して評価している。それぞれの課題は3つの部分からなる。(1) 児童・生徒が公平なテストにつながる実験をデザインする。(2) 彼らが，実験を実際に行ない，データを集める（そのデザインは研究者によって指定されている）。(3) 彼らが，そのデータを分析し，それらを用いて提言をまとめる。そして，研究者たちは7つの観点でビデオによる録画からグループでの相互作用を得点化する。それらは，協働中の交渉，作業の分散化，既有知識の意図的な活用，既有知識の正確さ，科学的会話，科学的実践，そして自己モニタリングである。「デザインによる学習」に参加した生徒は，そうでない生徒よりも協働的な相互作用とメタ認知の側面（たとえば，自己モニタリング）で一貫して優れた成果を挙げていることが報告されている。

対照サンプルを含んだ別のデザイン実験として，メロ，ホルトン，コロドナー（Hmelo, Holton & Kolodner, 2000）は，6年生に対して人工肺のセットをデザインし，呼吸器系のワーキングモデルを構築するよう求めた。彼らによると，伝統的な授業で学んでいる児童よりもデザイン条件で学んだ方がより学習成果を挙げることが明らかとなった。また，デザインで学んだ児童は，より体系的に呼吸システムの捉え方を学び，機能より構造を，また因果の行動よりもシステムの機能をより理解していたことも報告されている。彼らは，デザイン活動が児童・生徒が複雑

❖コラム❖

ビルド・サンフランシスコ研究所——生徒を市民教育に没頭させる

　ビルド・サンフランシスコ研究所 (The Build San Francisco Institute) とは，サンフランシスコ建築財団 (Architectural Foundation of San Francisco: AFSF) とサンフランシスコ統合学区 (San Francisco Unified School District: SFUSD) が共同スポンサーとなっている1年間のデザインプログラムであり，算数・数学，歴史，作文といった教科に幅広い文脈を取り入れるというコア原理の1つを有する。それらは，妥当で切実感のある現実世界のプロジェクトを概念化し，理解し，スケッチし，そして構築するための本質的なツールである。「士官学校では，三角法を学びません。そこでは航海術を学びます」とビルドSFの共同設立者であるリチャード・ハンナムは説明した。「航海術のために三角法が必要なので，それを学ぶのです」。

現実世界への橋渡し

　「建築デザインと都市社会学」といったタイトルの認定コースを提供している現在のビルドSFは，30年前にスタートした放課後や夏休みのプログラムの流れを組んだものである。2004年にSFUSDの中等学校改革イニシアティブの一貫として，そのプログラムは，週5日間すべての午後に実施されるものへと拡張された。そのうちの2日間は，都市計画に関与する行政機関と，サンフランシスコにある一流の建築，インテリアデザイン，エンジニアリング，そして請負業者から派遣されたメンターと共に仕事に取り組むことに当てられている。

　そのカリキュラムは，建築に関連した領域に児童・生徒が関心をもつように，そしてもっと根本的には，市民とビジネスの関心とがかみ合うプロセスに彼らを巻き込んでいくようにデザインされている。「それは，小さな建築物を建てるためのものではないのです」とベイエリアにあるデザイン会社の代表であり，AFSFの設立者でもあるハンナムは語っていた。「むしろ，私たちは，コミュニティの文脈なしに，公共プロセスに意識をもったり，声を上げたりする機会を子どもたちに提供するために建築を活用しているのです」。

　教育とビジネスとのつながりを持たせられているのは，サンフランシスコのジョン・オコーネル技術高等学校 (San Francisco's John O'Connell High School of Technology) の校長であるジャネット・シュルツがビルドSFの創設者となっていることによるものだ。彼女によると，そのプログラムは，「アカデミックスキルを現実世界の状況につなげていくのに最も速いやり方」である。

　シュルツは，このプロジェクトに対するサンフランシスコのデザインコミュ

ニティの献身的な努力を賞賛していた。とくにメンターの提供に関しては，「医療や金融のコミュニティも同じような取り組みをしてもらいたいと思っています」とつけ加えた。

「スタジオ」は学習を意味する

　ダウンタウンにあるビルドSFのスタジオは，騒音のレベルが多くの高等学校の教室で許容されるものより遙かに高いものとなっている。財団の執行役員であるアラン・サンドラーは，「この場所は，その唸りででき上がっています。そこは忙しい職場のようなものです」と認めていた。AFSFのプログラム・ディレクターであるウィル・ファウラーは，その環境を「本物の学習の音です。それによって，生徒はお互いに話せるよう刺激を受け，喜びが高まるのです」と特徴づけていた。

　教室という言葉ではなくむしろ**スタジオ**という用語を使うのも偶然ではない。ファウラーは，「私たちは，ビルドSFが学校であるよりもデザインスタジオであることを子どもたちに理解してもらいたいのです」と語っていた。

　ビルドSFの年度初めは教師にとっても生徒にとっても無秩序な状態だといえる。「開始時は常に不満が高まります」とハンナムは語り，「話すために挙手しなければならないという考えを彼らに乗り越えさせるための時間が必要です。私は彼らに伝えるのです。『私たちは教室にいるのではない。私たちは大人だ。言いたいことがあればいえばいい』」と述べていた。ファウラーは，この授業の実感がわき始めるまで6週間はかかると思っている。そして，「1月までには，彼らは円滑に仕事をこなせるようになるでしょう」と語っている。

　子どもたちを大人として扱おうとするビルドSFの主張は，指導面でも当たり前のものとなっている。伝統的な高等学校の環境で数百名の生徒とかかわることに慣れている，ボストン地区難民センターのキャセイ・ブレナンは，2005年にビルドSFで指導を始めた時，不安だったことを認めていた。「私たちは子どもを1人にしておくようなトレーニングを受けていませんから。ファウラーが私に去るように言ってきましたが難しかったです」。

　ファウラーは，「1つだけルールがあります。キャセイが『聞きなさい』と言う時，聞かなければならない」と説明していた。

挑戦を高める

　ビルドSFにおけるもう1つの中心的な教訓は，きわめて競争的でしばしば係争にもなるデザインや建築の世界における現実生活のありのままを参加者にさらけ出すことである。最近のあるプロジェクトは，市が新しく再デザインした

ピア14のために歴史的なテーマをもつ一連のタイトルを生み出すというものにかかわるものだった。生徒は，最初にタイトルをデザインし，それをポート・コミッションにプレゼンテーションし，販売するのである。そのプロセスでは，コミッションが満足するまで何度か突き返しがあったが，不満はほとんどなかった。その後，ビルドSFのチームは，製図，トレース，描画から上塗りと焼きつけ，そして取りつけの監督まで，タイトルを制作する複雑なプロセスを習得しなければならなかった。

そのクラスでもまた実際に，互いのメンバーの才能を評価しなければならなかったし，それに従って課題を課さねばならなかった。アーティストやデザイナーがプロジェクトの進捗を促すことができる組織的スキルの鍵となるチームリーダーとしてやってきた時，生徒によっては達成が十分でない者もいた。「私たちのミドル・マネジメントの形態です」とファウラーは笑いながら言った。

レゴブロックのセットを使って橋をデザインして建てるようなプロジェクトについては，さまざまな学校から来た子どもたちが他者と心地よく取り組めるようになることが意図されていた。AFSFのサンドラーは，「児童・生徒は，近所に住む同じような子どもたちと学校生活をずっと過ごす傾向にあります」と捉え，「ここに来て，自分の手荷物を持ち帰る時，彼らは異なった，大人の人格を引き出すことができるのです」と新しい取り組みを始める目標について語っていた。

午前中の高等学校での授業に出席してからは，午後の間ずっとビルドSFのスタジオを行なったり来たりすることになるが，それは多様なプロジェクトの取り組みに参加したり，指定されたメンターに指導を受けに行ったりするからである。ある者はずっと午後をそこで過ごし，別の者はそれぞれの高等学校の放課後活動に戻る。このオープンエンドさが学校から容易に逃げ出すことができる道になると批判されることもあるだろう。しかし，ビルドSFのチームにとって，それがプログラムの決定的な部分なのである。「おそらく，彼らの学校生活で子どもたちが自分の時間に責任をもつ最初の時間となります」とサンドラーは語っていた。「私たちの重要なモットーは，『子どもたちを信じろ』——プロとして彼らを扱え，です。それで，彼らはお互いにいつでも挑戦を高めるのです」。

さらなる情報

ビルド・サンフランシスコ研究所の情報については，http://www.afsf.org/programs/build-san-francisco-institute/ を参照のこと。

このプログラムの動画については，http://www.edutopia.org/build-sf-learning-design-civic-education-video を参照のこと。

なシステムを理解するのを促すためにはとくに優れていると論じている。なぜなら、そのようなシステムに関して、構造が特定の目的のために適用される統合された全体として提示できるからである（Perkins, 1986）。他の授業に関する研究知見も反映し、デザイン課題は綿密に計画される必要があるとメロと同僚たち（Hmelo, Holton & Kolodner, 2000）は主張している。この事例において、デザイン課題は機能的にデザインされるべきであり、彼らはダイナミックなフィードバックの重要性について強調している。それは、児童・生徒が何度もデザインを見直せるようにし、教室での活動システム全体で適切な時間を与える

デザインプログラムは、教育とビジネスの世界との橋渡しとなる。

ことによるものだ。とくに、彼らは、デザインプロジェクトに携わる教師の仕事として次のような点に注意を払うよう提案している。

・児童・生徒がデザイン活動の取り組みに携わらせることと彼らが何を学んでいるのかを省察させることとの間のバランスを見いだすこと。そうすれば、教師は彼らの進捗を促すことができる。
・児童・生徒に非生産的な接点をもたらす学習と関連のない面でクラスを困らせないように現実世界の知識をいかに統合するかを学ぶこと。
・完成よりも原理の理解が重要だと強調するよう、エンゲージメントをいかに広げるかを決めること。

デザイン・ベースのプロジェクトによる学習に関する多くの研究は、実験的なものはあまりなく、より記述的になされてきた。それらは、1つの事例で事前・事後の研究デザインをとるか長期間のデザイン実験を行なうものかのいずれかであった。後者について、学習プロセスと成果の詳細な観察は、カリキュラムの変化やその実施へのサポートの追加も伴う。たとえば、フォータスと同僚たち（Fortus, Dershimer, Marx, Krajcik & Mamlok-Naaman, 2004）は、3つのデザイン・ベース科学単元に関する学習を経験した92人の生徒を対象とした研究を実施した。その単元には、極地の構造のデザイン、環境に配慮したバッテリーのデザイン、より安全な携帯電話のデザインが含まれていた。それぞれの単元には、複雑なデザインと学習サイクルが盛り込まれていた。研究チームは、高い成績・低い

デザインプロジェクトにおいて，児童・生徒は，教育が自分たちのものだという意識を持ち，彼らにとってそれがより意味あるものとなる。

成績いずれの生徒にも目標とした科学概念の学習における上昇の確かなエビデンスが見いだされ，自分たちのデザイン活動にそれらの概念を上手く応用していたことを明らかにしている。彼らは，個人レベル・グループレベルのいずれにおいても，モチベーションやデザインに関する所有権の意識に対する肯定的な影響にも言及していた。残念なことに，統制群を設定していなかったため，伝統的なアプローチと比較してこのアプローチに有意な効果があったのかについて確かな主張を行なうことは困難である。

ヴァンダービルト大学・認知とテクノロジグループは，建築とデザインを通して幾何学の基礎原理を教えることを目的とした5週間のプロジェクトに参加した児童が得た明確な学習成果についても報告している（Barron et al., 1998）。児童は，遊び場のデザインを求められた後，専門家に対して行なう公開プレゼンテーションで説明するプレイハウスに関する2次元・3次元の作品を創り上げた。あらゆる能力レベルの児童・生徒が，設計図における縮尺・測定の概念の活用能力，そして尺度，体積，周囲の長さ，他の幾何学の概念に関する伝統的なテスト項目での解答能力について有意な成果が認められた。提出された37のデザインのうち，84％が建築に必要な正確さがあると判断され，結果として高い到達割合に至ったと考察された（プロジェクトの詳細とその支援のあり方については，ケース「デザイン原理によって導かれる探究的な学習の成功例」を参照）。

探究的な学習アプローチの課題

プロジェクト・ベース学習，プロブレム・ベース学習，そしてデザイン・ベース学習の運営に関して多くの課題が確認されてきた。なぜなら，これらのアプローチを行なうにあたって必要とされる指導法は，教科書や講義を通しての教師による直接的な知識の伝達よりはるかに複雑だからである。実際，探究的な学習アプローチは，それらを実践しようとする教師の知識とスキルにきわめて依存することがたびたび明らかにされてきた（Good & Brophy, 1986）。これらのアプローチを十分に理解できていない場合，教師はしばしば，実践中に広範な足場かけや継

続的な評価と再度の指示が必要であると認識するよりも，むしろ探究や他の児童・生徒中心アプローチを「構造化されていないもの」と捉えている。

　これらのアプローチに関する研究から，これまでの児童・生徒の経験や学習プロセスの特定の観点にかかわるモデリングが十分でない場合，多くの明らかな課題が生じることが示されている。学問的理解に関して，児童・生徒は，有意義な問いを考えることやそれらが調査内容を保証しているかを理解するための質問を評価することに課題を抱えている（Krajcik et al., 1998）。そして，彼らは，探究を理解するために必要となる背景知識を欠いているのかもしれない（Edelson, Gordon, & Pea, 1999）。一般的なアカデミックスキルの観点では，児童・生徒は，論理的な議論や主張を裏づけるエビデンスの構築に課題を抱えている（Krajcik et al., 1998）。取り組みを進めていく中で，児童・生徒はしばしば，共同作業のやり方の理解，時間や取り組みの複雑さの管理，そして停滞や混乱に直面した際のモチベーションの維持が難しいとわかるようになる（Achilles & Hoover, 1996; Edelson et al., 1999）。

　教師も次のようなさまざまな課題に直面するだろう。探究を広げることで必要となる時間のやりくり，学級経営に関する新しいアプローチの学習，鍵となる教科内容概念を明らかにする探究のデザインと支援，直接的な情報の必要性と探究の機会とのバランス，多くの児童・生徒それぞれに対する学習の足場かけ，一人ひとりに対する十分な（しかし多すぎない）モデリングとフィードバックの提供，多様なグループ間での学習のファシリテーション，学習プロセスを導く評価の開発と活用（Blumenfeld, et al., 1991; Marx et al., 1994, 1997; Rosenfeld & Rosenfeld, 1998; Sage, 1996），である。

　これらの複雑なスキルを学習する支援がなかったら，教師は，最善の状態で探究的な学習アプローチを活用することはできないだろう。その場合，児童・生徒は「活動」に取り組むが，高いレベルの転移をもたらす学問的な学習になるとは限らないのである。

いかに教師は生産的な探究を支援できるのか？

　明白なことだが，探究ベースのアプローチが成果を挙げるには，協働に対する計画と考え抜かれたアプローチ，教室での相互作用，そして評価が必要である。とくにこれらのアプローチを上手く支援する方法について焦点を当てた研究もある。たとえば，パンタムベカーとコロドナー（Puntambekar & Kolodner, 2005）は，デザインプロジェクトにおいて児童・生徒が内容を学ぶために必要とする支援に関する理解を深めることを目指した2つの研究について報告している。彼らは，先行研究（Gertzman & Kolodner, 1996）から，豊富なリソースや興味深い問題（た

とえば，節足動物の特性をもった家庭用ロボットのデザイン）を単に与えるだけでは十分でないことがわかっていた。児童・生徒には，問題の理解，科学的知識の応用，デザインの評価，失敗の説明，そして修正への関与に対する支援が必要だった。そして，児童・生徒は，明確に伝えられていなかったのでしばしば情報リソースの活用を無視していた。

　これらの問題を踏まえて，研究者たちは，デザインプロセスの考えを紹介すると共に，デザイン活動の4つの段階（課題の理解,情報の収集,解決の提案,解決の評価）を支援することを明確に意図したデザインダイアリーを導入した。第8学年で行なわれた3週間にわたるカリキュラムのゴールは，海岸浸食に関する生徒の学習を促すことにあった。生徒には，ジョージア州の海岸にある島についてこの問題を解決するためのデザイン課題が与えられた。解決に関する実験として，流水モデル実験器のみならず，ビデオテープやインターネットの情報リソースも活用できた。実験日誌に加えて，生徒の学習に対する注意深い評価と教室での相互作用の観察を行なった。この最初の研究では，学習成果はがっかりするものだった。しかし，生徒の支援の仕方についての研究者たちの洞察が生み出された。たとえば，彼らは，教師が学習を進める多くの機会を見逃していることに気づいた。なぜなら，教師は，すべての小グループのディスカッションを聞くことはできなかったし，全体のグループディスカッションを行なわないことを決めていたからである。また，彼らは，生徒がデザインの決定を正当化できるようもっと明確なヒントが必要だったことにも気づいた。

　その後の研究では，彼らはより幅広いツールとプロセスのシステムをデザインして実践したが，それによって学習成果は大きく改善した。とくに，デザインの理論的根拠と説明を求めるより構造化されたダイアリーによるヒントと協議時間にクラス全体のディスカッションを取り入れたことによるものだった。さらに，彼らは，そのプロセスに，生徒がデザインの正しさを大っぴらに主張することを求める新たな活動構造も取り入れた。彼らは，「ピンナップ・セッション」と名づけたが，建築スタジオの学習から着想を得たものであった。このセッションでは，生徒は自分のデザイン計画を描いたものをポスターとして壁に貼りつけ，自分のアイディアをプレゼンテーションする。フィードバックを得るためにクラスに対してそれを説明するのである。それぞれのアイディアに対して，生徒は自分たちが収集した情報リソースや実験のエビデンスから正当化の根拠を示すことが求められる（Kolodoner et al., 2003; Puntambekar & Kolodoner, 2005）。生徒が自分の考えを意識し続け，主張できるのを促すこれらのプロセスはとても役立つものだった。それに加えて，いくつかの支援形態によって提供される学習機会の**重複**（redundancy）は，概念を学習し，デザインワークとそれらをつなげることに生

第1章　意味ある学習のために私たちはいかに教えることができるか　55

徒が焦点化するのを促す鍵となった。

　先に述べた遊び場のデザインプロジェクト（Barron et al., 1998）は，プロブレム・ベース，プロジェクト・ベース，デザイン・ベースの学習アプローチを複合的に用いたものだったが，次のようなデザイン原理を新たに生み出していた。

・深い理解へと導く学習に相応しいゴールを定義しなさい
・児童・生徒の学習と教師の学習のいずれも支援する足場かけを提供しなさい
・形成的な自己評価と修正のための多様な機会を保障しなさい
・参加を促し，エイジェンシー☆訳註26を自覚できる社会的組織をデザインしなさい

　これらの原理を適用したものが，ケース「デザイン原理によって導かれる探究的な学習の成功例」で述べられている。

◉ケース◉

デザイン原理によって導かれる探究的な学習の成功例

　5年生の数学的な問題解決能力，具象的資質，そして面積や縮尺といった概念の理解を高めるための多様な活動を特徴とするカリキュラムプロジェクトが認知とテクノロジグループによって開発された。まず，ジャスパーシリーズのビデオを通して課題が提示されるところから一連の活動が始められた。このシリーズでは，15分間のビデオがディスクに収められており，物語は映像の中に埋め込まれたデータを扱う**問題解決課題**が提示されて終わるのが特徴だった。このデザインでは，児童は問題を定式化し，関連するデータを発見し，問題解決のための量的手法を生み出すことが求められた（CTGV, 1997）。それに加えて，15分間の物語には，教師と児童の知識構築を支援する問題へのアプローチの仕方にアイディアをもたらす説明が埋め込まれていた。このように綿密にデザインされたビデオベースの問題は，探究のモデルとなり，鍵となる教科内容に関する知識の発達を促した。それらは，児童が学習を深め，自分たちのモチベー

☆訳註26　キャンベル（Campbell, 2012）によると，それは「個人が（時に集合的に）自由に独立して選択でき，自律的な行動に関与でき，他者・個人の関心に沿って判断を下すことができる」状態のことを指す言葉である。また，「他者を代表して行動できる資質がある人」のことも意味する。

ションを高め，手がかりとして取り組むテーマとして関連した，現実世界のプロジェクトへとつながっていった。

　この流れからつながる1つの例として，児童に対する目標が，測定，縮図を描くこと，そして建築可能な設計図をどのように生み出すか，というものがあった。まず，「成功への設計図（Blueprint for Success）」で提示された課題を解決することからスタートした。「成功への設計図」の中で，2人の児童，クリスティナとマーカスが登場し，職場体験として建築事務所を訪れる。その物語は，ある友達が道で遊んでいて，車にはねられるという衝撃的なシーンから始まる。事故は深刻なものではなく，その友達は回復することになるが，その事故によって，地域の開発業者に対して土地の寄付が進んだ。クリスティナとマーカスが訪問中にその開発業者が建築事務所にやってきた。クリスティナとマーカスは，子どもが遊べる楽しい場所ができるよう，寄付された土地に遊び場をつくってほしいと提案する。その開発業者は，この提案に賛同し，遊具や公園のレイアウトのデザインと必要となる設計図の完成を子どもたちに依頼する。地元業界から寄付されてきた物の一覧，子どもたちが教室で計画を立てる際の課題を示して物語は終わる。とくに，次の点が課題となっている。

・建築業者に対して遊び場のデザインとモデルを提案しましょう
・敷地，遊び場，それぞれの遊具に関する場所の計画を立てましょう
・関連する角度，長さ，深さを示した遊具の正面図と側面図を描きましょう

　物語の終わりを読むと，コミュニティの役員会と地元業界との間で次のような建築資材が寄付されることが合意されていることがわかる。280フィートのフェンス，32立方フィートの砂，すべり台用の滑り板，敷地を覆うあらゆる種類の木と砂利である。児童は，自分たちが必要とする木，砂利，滑り板がいくらになるか明細書に記入するよう求められる。それに加え，彼らには，適切な角度幅，必要とされる砂利の深さ，遊具間に必要とされる距離が記された安全要求事項のリストが与えられる。これらの資材と安全要求事項は，児童が自分たちのデザインを完成させるにあたって意識しなければならない制約となる。

　最初のデザイン原理を反映したものだが，学習目標と活動は密接に結びついている。この課題をクリアするためには，児童は，領域を最大化する方法や周囲の長さに関する与えられた制約といった，縮図を描くことが何を意味するかのような問題を解決できなければならない。そして，彼らは，関連したあらゆる寸法の測定をもとにした遊具の設計図をいかに作成するかについて理解しなければならない。彼らが描く縮図は数回のサイクルを経て，評価・修正される。

そして，教科内容の学習は，縮尺，面積，体積といった特定の概念につながるよう工夫された多様なマルチメディアリソースを通して支援される。

　グループメンバー一人ひとりが遊び場のデザインを通してこれらの概念を習得したことが確認できた後にのみ，デザイン活動が実際の成果物となる次の段階に進むことが許される。プロジェクト・ベースの構成要素として，児童は，地域のコミュニティセンターのために遊具をデザインするよう求められる。プロブレム・ベースの取り組みの初めから，自分たちの「設計図」の取り組みが近所のコミュニティセンターに実際に建築・寄付されるかもしれない幼児のためのプレイハウスをデザインするための準備であることに気づく。彼らは，建ててもらうチャンスを得るためのデザインとして，正確な設計図と縮尺モデルをつくらなければならないこともわかる。プレイハウスに関する具体的なデザインの制約が以下のように提示される。

・4歳か5歳の子どもが中に入って遊ぶ。
・4×8フィートの2枚の板だけがプレイハウスづくりに使うことができる。また，壁，屋根，飾りはすべてこの中からつくらねばならない。デザインにあたっては2枚の板をできるだけ無駄なく使うべきである。
・プレイハウスには，3面の壁と平面の屋根がなければならない。
・プレイハウスの床スペースは，10から20平方フィートの間でなければならない。
・あらゆるドアと窓の開閉は安全でなければならない。それらは，頭を入れて抜けなくならないように7インチ以上もしくは4インチ以下でなければならない。V字型の穴はどこにもあってはならない。

　最後に，児童は，自分たちが作成した設計図と縮尺モデルを説明したものを録画するよう伝えられる。それによって問題の制約に関する正確さと一貫性が評価される。本事例の評価者は，教師ではなく「ジャスパーセントラル」として知られる外部評価者である。この組織があることで，教師は児童・生徒と共に参加し，コーチの役割を果たせるようになる。最終プレゼンテーションは，このプロジェクトにとって重要な側面を持っている。自らの考えを説明することにどのような意味があるかやいかに計画の正確さを他者に納得させるかのみならず，何がプレゼンテーションを魅力的なものにするかといった問題を振り返る機会を与えることになる。プレゼンテーションのガイドラインは次のとおりである。

・プレゼンテーションの間，グループメンバー全員が話さなければならない。
・プレゼンテーションは，5－10分間で終わらなければならない。
・あなたたちは，次の点でジャスパーセントラルを納得させなければならない。
　・そのデザインには，木の板をできる限り無駄なく使いますが，使えるものを超えてはなりません。プレイハウスは，4・5歳の子どもたちが使えるよう安全にできていますか。プレイハウスは中に入って遊ぶものです。あなたたちの想像力を活かして，創造的に取り組んで下さい。

　児童は，プレイハウスのデザイン，設計図の準備，プレゼンテーションの作成に約1週間取り組んだ。プレゼンテーションは，正確さ，安全性，一貫性，そして重要なデザインの特徴についていかに上手くコミュニケーションを図れたかによって評価される。ここであるグループのプレゼンテーションの例を紹介しよう。

プレイハウスのデザインモデルの最終プレゼンテーション

3人のプレゼンターが一斉に：おはようございます。みなさん。
　1人目のプレゼンター：僕はロバートです。今から設計図について話します。最初に，言いたいことは，僕たちは，4×8の合板のピースをつくることから始めました。それぞれは4×4，横4フィート縦4フィートです。〔設計図の目盛りを指さしながら〕私たちの目盛りは，1ブロックあたり6インチです。まず，正面からお話しします。窓は，横幅9インチ，高さ1フィートです。だから，それは，1.5ブロック横に，2ブロック下に進むことを意味します。それとこれは同じものです。続いて，ドアについてお話しします。ドアは3フィートの高さで，それは6ブロック上，3ブロック横となるべきです。そして，側面に移ります。両側面とも2つの窓があり，1フィート横，1フィート上に進みます。それでは，余った木についてお話しします。囲みの中にある余った木は，いくつそこにあるかを意味します。まずここですが,それらは窓から出てきたものです。このように，窓から4つ出てきます。もう1つがここです。〔2つの窓のスペースを指さしながら〕そして，こことここから2つ出てきます。それから，このように大きなスペースもありますが，これはドアです。それはこれらの1つを表し，その番号で，あなたは余った木のパーツがどこにあるか見つけたい時にすぐわかるようになります。さあ，ここで「重要なこと」を確認します。私はシャッターをつくります。3インチずつです。さあ,建築家さんわかりますか。あ,

どのくらいで塗れますか，あ，どのくらいで描けますか，あ，ありがとうございました。

　2人目のプレゼンター：こんにちは，僕はサーカーです。僕は，みなさんに正面と上面についてお話しします。まず窓からお話しします。僕たちの窓は，2つとも9インチの幅，1フィートの高さであることがわかると思います。なぜ9インチでとったのかと言うと，子どもたちの顔が出せるようにするためで，外が見え，窓の外を見られます。だから窓には頭が引っかからないようにしています。もう1つの理由は，要求書に，あらゆる開口部が7インチより広くならなければならないと書いてあるからです。さあ，ドアを見てみましょう。私たちのドアは，幅2フィート高さ3フィートです。幅2フィートにとった理由は，子どもたちがゆったりと入れるようにするためです。そして，3フィートの高さをとった理由は，頭を下げず入れるようにするためです。さあ，上から見た図を見るとちょうど4×4になっています〔3次元の縮尺モデルを取り出し，聴衆に対して上部を指している〕。芝生，鉛筆，学校，旗があるのが見えると思います。余った木のピースをとってくるやり方は，7つ穴を開けるところからです。1，2，3，4，5，6，7〔数える度に聴衆に音楽が流れる〕。余りの合板からそれらのピースを取り出します。芝生，鉛筆，学校の名前，そして旗をつくります。ありがとうございました。

　3人目のプレゼンター：こんにちは，私はダンカンです。みなさんとは今日すでに会っていますよね。まず私たちのスクールハウスの左側面，そして右側面についてお話しします。まず緑の芝生があり，窓があります。そして，私たちはシャッターを余り，余った木からつくりました〔設計図を指す〕。続いて，左側面についてお話しします。ここにも緑の草があります。ここで余りの木を使います〔余った木が設計図のどこにあるかを指す〕。窓があります。私たちが，スクールハウスをつくったのは，4・5歳の子どもたちのためです。子どもたちは，学校で遊び，学び，他のあらゆることもできるのです。ありがとうございました。

　全員で：これでおしまいです！

　ここで示された活動，評価，リソースのシステムは，4つのデザイン原理を反映している。まず，深い理解につながる学習に相応しい目標が定義されていた。プロブレム・ベースとプロジェクト・ベースいずれの活動も特定の数学的概念を必要とし，支援するものだった。2つ目に，児童と教師の学習を支援する多様なタイプの足場かけが「成功のための設計図」に埋め込まれた授業の流れと，縮尺，体積，そして関連した概念を示した追加のリソースを通して提供されていたこと

である。3つ目に，形成的な自己評価と個人またグループによる修正の機会が多様にあったことである。児童・生徒の作品は得点化され，正確さのスタンダードに達するまでそれらは修正される。4つ目に，モチベーション，エイジェンシーの自覚，持続的なエンゲージメントが，協働的な構造，実際に形になる何かをデザインできる機会，そして外部の聴衆に対してプレゼンテーションする機会によって促されていた。

　このプロジェクト・ベース学習のプランナーが，効果的なプロジェクトを創造するための教師の努力を支えていた。そのガイドは，ケベック州に拠点を置く非営利教育財団LEARN☆訳註27から派遣されていた。

評価の決定的な重要性

　これまでの議論が示唆するように，協働的で探究的な学習アプローチは，教室での活動，カリキュラム，評価それぞれの独立した側面が柔軟な知識の発達を促す環境にとって重要であるシステムと見なすことが求められる。実際，私たちが評価する能力──形成的・総括的のいずれも──は，何を教えるか，そしていかに効率的かに多大な影響がある。少なくとも評価の3つの要素は，これまで述べてきた意味ある学習にとってとくに重要なものである。

- **知的で野心的なパフォーマンス評価**をデザインすること。望ましい概念とスキルを真正かつ学問的な方法で児童・生徒が学び，応用できるようなやり方で取り組む課題を定義することである。
- **評価ツール**という形で児童・生徒の努力を促す指導を生み出すこと。何が良い取り組み（そして効果的な協働）かを定義する課題のガイドラインやルーブリックといったものである。
- 頻繁に**形成的評価**を用いること。プロセス全体を通して，児童・生徒や教師の意思決定にフィードバックを与えるためである。

　評価の本質は，児童・生徒が求められる取り組みの認知的要求を形成するのに重要な役割を果たすことである。綿密に構造化されたパフォーマンス評価が授業の質についての改善を促すこと，課題を定義し，何を学んできたかを適切に評価するための評価を必要とすることが研究によって示されている（Black &

☆訳註27　ケベック州のNPO「英語教育とリソースのリーディングネットワーク（The Leading English Education and Resource Network）」である。教育関係者，児童・生徒，保護者，地域の協力者に対してさまざまな形で教育に関する支援を行なっている（http://www.learnquebec.ca/en/index.html参照）。

第1章　いかに意味ある学習のために私たちは教えることができるか

PBLプロジェクトのプランナー

自ら問う……	答え
ビジョンの段階： 1. 何が教科／学習目標なのか？ 2. 何が学際的な教科そして能力なのか？ 3. どんな探究の問い／調査が1. か2. と合致しているか？	1. 2. 3.
探究の段階： 1. 探究の質問を通していかに児童・生徒の興味を捉え，きっかけを生み出すか？　どのようなシナリオを用いようか？ 2. クラスのブレーンストーミング・セッションからどのような情報がもたらされると期待するか？　どのような誤概念と遭遇すると考えるか？ 3. どのようなルーブリックを用いようか？　それを自分自身でデザインするか，それとも児童・生徒と共にデザインするか？	1. 2. 3.
構築の段階： 1. いかにブレーンストーミング・セッションを組織しようか？　いかに思いついた情報をカテゴライズし，分類しようか？ 2. どのようなチームがこのプロジェクトでは最も上手くいくのか？（例：メンバーの人数，役割，責任） 3. これらの課題を達成するためにどのような情報やコンピュータテクノロジが必要か？　これらのスキルについて復習したり指導したりする必要があるか？ 4. どのような調査技法が必要だろうか？　それについて復習したり指導したりする必要があるか？ 5. どのような最終成果がこのタイプの調査に相応しいだろうか？ 6. どの段階で成果を最新のものにするよう求めるか？　どのようなフォーマットにそれらを記載してもらうか？（日誌，口頭のプレゼンテーション等）	1. 2. 3. 4. 5. 6.
発表の段階： どのような発表が児童・生徒の知識獲得を発揮するのに最も適しているか？（博物館での展示，PowerPointでのプレゼンテーション，聴衆を前にした劇等）	1.
移行の段階： 児童・生徒に口頭でのリフレクションを行なうよう求めようか，それとも自分たちの学習やプロジェクトで考えたことを書いてリフレクションするよう求めようか？	1.

出典：LEARN, www.learnquebec.ca

William, 1998b)。教える実践に関してパフォーマンス評価が有益な影響を与えること (Chapman, 1991; Firestone et al., 1998; Herman, Klein, Heath, & Wakai, 1995; Lane et al., 2000; Stecher et al., 1998) に加えて，他の同僚と共にパフォーマンス評価を得点化することや児童・生徒の取り組みについて議論することに携わった教師は，より問題志向的でより診断的になるよう実践を変革するのに役立つ経験だったと明言していたことも研究から明らかにされてきた（たとえば，Darling-Hammond & Ancess, 1994; Falk & Ort, 1997; Goldberg & Rosewell, 2000; Murnane & Levy, 1996)。

多くの研究では，パフォーマンス評価をいつも行なうことが特色となっている問題志向型のカリキュラムを実践する教室では，伝統的な標準テストも児童・生徒のパフォーマンス得点も上昇することが明らかにされてきた。たとえば，23校2000名以上の児童・生徒を対象とした研究で，ニューマン，マークス，ガモラン (Newmann, Marks & Gamoran, 1995) が「真正の教育学」と命名したものを経験した児童・生徒は複雑なパフォーマンス課題に関してはるかに優れた到達度に至ったことを明らかにしている。「真正の教育学」とは，高次の思考，代替案の考察，広範囲にわたる執筆，児童・生徒の取り組みを見る聴衆を求める現実世界の文脈における能動的な学習に焦点を当てたものである。

真正の評価が学習に寄与する方法はさまざまである。たとえば，展示，プロジェクト，ポートフォリオは，洗練されたパフォーマンスを目指しての振り返りと修正の機会となる。これらの機会を通じて，児童・生徒は，いかに学習し，いかに自分たちのパフォーマンスをよりよいものとできるかについて吟味するよう促される。児童・生徒は，彼らの見かけの習熟が本物かどうかを確かめるために，自分たちの取り組みを聴衆——教師のグループ，訪問者，保護者，そして他の児童・生徒——に対してプレゼンテーションすることがしばしば期待される。取り組みをプレゼンテーションすることは，自分たちの取り組みが公的な学習資料となり，称賛されるのに相応しい重要なものだと児童・生徒に示すことにもなる。それらは，学習共同体における他者が児童・生徒の取り組みを確かめたり，評価したり，学んだりする機会となる。パフォーマンスは，学校の目標やスタンダードの生きた表現となる。だからこそ，それらは生き生きと活力を与えるものであり続け，重要なライフスキルを伸ばすものとなる。それに関して，アン・ブラウン (Brown, 1994) は，次のように述べている。「聴衆が一貫性を求め，高いレベルの理解を推し進め，満足のいく説明を求め，曖昧なポイントを明確にするよう要求する。(中略) 期限と規律，そして最も重要なのは，リフレクションとパフォーマンスがあることである。計画，準備，実践，そして他者に教えるという一連のサイクルがある。期限までに実行するためには，優先順位の設定が生じてくる——何を知

ことが重要なのか？」(p.8)。

　計画,優先順位の設定,個人とグループの取り組みの組織化,学問への取り組み,聴衆といかに上手くコミュニケーションを図るかを考えること，他者の質問に答えられるよう十分にアイディアを理解すること……これらすべては，人生や仕事のように学校外でも人々がかかわる課題である。優れたパフォーマンスは,知的・身体的・社会的な複雑な課題である。それらは，児童・生徒の思考や計画能力を豊かにし，自分たちの適性や興味によって能力が引き出されるスプリングボードとして働かせることにもつながるのである。

　知的に成果を挙げる課題のデザインに加えて，教師は，意図した取り組みや質の高い相互作用に至るように児童・生徒を導く必要がある。先だって明確な規準を与えることの意義が，多くの研究で示されてきた（たとえば，Barron et al., 1998）。E. G. コーエンと同僚たちは，明確な評価規準が，児童・生徒の会話の中身を改善することで彼らの学習の改善につながるかを検討している（Cohen, Lotan, Abram, Scarloss, & Schultz, 2002）。評価規準を導入することで，それが与えられなかったグループよりも内容や課題について議論し，自分たちの成果について評価する時間が増えたことが明らかとなった。また，個々人の学習得点が評価や課題に焦点化した会話量の増加と有意な相関が見られることも明らかにした。

　パフォーマンスを評価するために用いられる評価規準は，単一の評点よりむしろ課題の多様な側面を表した多元的なものであるべきである。それは，内容中心の試験の習わしにおいて秘密にされるべきとされていたが，学習共同体において児童・生徒や他者に対してむしろ目に見えるよう表現されるべきものである（Wiggins, 1989）。たとえば，研究報告書は，エビデンスの使用，情報の正確さ，対立する論点の評価，明確な議論の展開，そして書式への留意から評価されるべきだろう。作品がくり返し評価される時，評価規準によって教授・学習が促される――教師はコーチとなる一方で，児童・生徒は制作者や自己評価者となる。主な目標は，児童・生徒がスタンダードに対して自分自身の作品を評価できる資質を育むこと，自身の手で進捗を促すような自発性を発揮しながら彼らのエネルギーを変更・修正・方向転換することを促すことである。これは，さまざまな場面，とりわけ多くの職場で求められるようになりつつある，有能な人に求められる自発的な取り組みや自主的な改善の一面なのである。

　そして，パフォーマンス課題を用いることも重要である。なぜなら，私たちは学習や知識の応用のためのプロブレム・ベースやプロジェクト・ベースのアプローチの成果を適切に評価できるからである。たとえば，ブランスフォードとシュワルツ（Bransford & Schwartz, 1999）やシュワルツとマーティン（Schwartz & Martin, 2004）によると，異なる教育条件の成果は,「世間から隔絶した問題解決課題

(sequestered problem solving tasks)」においては同じように見えたとしても，児童・生徒の「将来の学習への準備」を判断する評価に関してはずっと下回ることが示されてきた。将来の学習への準備を目指した課題では，児童・生徒は，学習する機会を含んで構成された新しい教材を理解することが求められた。この種の課題に関して，最初に問題への解決を考案することを求められる学習環境にいた児童・生徒は，説明・例示・実践で構成される伝統的な教育の下で学んできた者よりも新しい教材から学ぶ可能性が高いことが明らかとなった。

巻末資料の表2において，私たちは長期の探究的アプローチで活用できる評価のタイプを要約している。その表が示すとおり，評価方法は，制作物に適用されるルーブリック，クラス全体のディスカッション，中間のデザインレビュー，パフォーマンス評価，そして新しい転移問題を含むように幅広く構成され得る。最善のプロジェクト・ベースのアプローチでは，インフォーマルな実践中の形成的評価と，高いスタンダードを目指すと共に，プロジェクト活動の多様な次元を教師が判断する手助けともなるプロジェクトのルーブリックとを組み合わせて用いられる。ルーブリックが有益となるためには，評価規準を明示した得点ガイドが含まれなければならないが，理想的には教師と児童・生徒双方のために書かれるものである。そのような評価のデザインと活用に関する研究がさらに必要である。

最後に，形成的評価は，一般的に学習においては決定的な要素であり，とくに長期の協働的な取り組みにおいては重要である。形成的評価は，児童・生徒にフィードバックを提供するためにデザインされる。だからこそ，形成的評価によって，彼らの理解や取り組みを修正できるのである。それはまた，授業に影響を与えるためにも用いられ，児童・生徒のニーズに合わせて翻案できる。学習における形成的評価の有用性は，古典的なレビュー論文で論じられてきた（Black & William, 1998a）。それによると，実質的な学習成果は，学習へのフィードバックが頻繁に与えられることによるものであり，とくにフィードバックが現在の成果への指針となる明確なコメントを含む場合なのである。

実践中の評価の重要な側面は，児童・生徒が自分の取り組みを評価できる資質の開発であるので，児童・生徒はスタンダードを内面化し，自らの学習に関して考えていることをメタ認知できるようになる。これらのアプローチの効果は，これまで多くの研究で明らかにされてきた（たとえば，Black & William, 1998; Magnusson & Palincsar, 2004; Palincsar & Brown, 1984; Paris, Cross & Lipson, 1984; Schoenfeld, 1992）。それに関する有益な説明が，ミドルスクール12校で実践された探究ベースの理科の授業において，生徒の学習に関する自己評価の効果を評価した対照グループ実験で見られる。その授業は，生徒が実験とコンピュータシミュレーションを通して力と運動の概念を調査する探究のサイクルを特徴とした

ものであった。実験群では，認知的目標やプロセスの自己評価・相互評価を促すためのディスカッションに半分の時間を用いたのに対して，統制群では，その時間を概念についての一般的なディスカッションに当てた。この研究によって，自己評価を行なった児童・生徒の方が，概念的な物理のテストとプロジェクトのスコア双方が有意に高かったこと，プレテストの点数が低かった児童・生徒があらゆる成果測定において最も成果を挙げたことが明らかとなっている（Frederiksen & White, 1997）。オーストラリアとイングランドにおけるフォーマル・インフォーマルな自己評価プロセスの分析（Klenowski, 1995）では，自己評価の総合的な実践によって，児童・生徒が自分自身の学習に関するより大きな責任を担うようになり，結果として内的動機づけや自己統制を促すことが明らかとなっている。

　形成的評価の研究では，フィードバックが成果よりも児童・生徒のプロセスに焦点化され，対象者の質（自己関連）よりも課題の質（課題関連）が重視され，評定の代わりにコメントが伝えられる時に，フィードバックがより生産的になることが示唆されてきた（Black & William, 1998a; Bulter, 1988; Deci & Ryan, 1985）。シェパード（Shepard, 2000）は，プロセスと課題に焦点化することで，児童・生徒が認知的な力量が固定的な個人特性ではなく，取り組んでいる課題における努力次第で変化していくダイナミックな状態だとわかることを示している（その他, Black & William, 1998a, 1998b も参照）。これによって，自ら学習する能力に関する自信を保つことになり，モチベーションを維持することにつながるのである。

　これは，児童・生徒のエンゲージメントや学習へのアプローチに関して，学習者としての彼らのアイデンティティの影響を強調する近年の研究と一致している。活動や学問との関係性において彼らが自分自身をどう捉えているかが，取り組む目標や追究する方略に影響を与え得る（Boaler & Greeno, 2000; Gee, 2003; Gresalfi & Cobb, 2006; Nasir & Kirshner, 2003）。児童・生徒が複雑な成果の生産者，長期間のプロジェクトの主催者として関与するようになると，自らを著者，デザイナー，批判的消費者，そしてアナリストとして見なすことにつながる資質を認識するようになり始めるとの仮説が出されてきた（Barron, 2006a, 2006b; Mercier, Barron & O'Connor, 2006）。これらのアイデンティティや可能性のある自己（Markus & Nurius, 1986）によって，継続したエンゲージメントの支えとなる学習目標の発展へとつながっていく（Nasir, 2005）。探究ベースのアプローチのもつきわめて魅力な本質がしばしば言及されてきた。もしこれらのアプローチが形成的評価や相互評価，フィードバックや修正の機会によって支援されるならば，肯定的なアイデンティティの形成が強化され，目先の知識獲得と同様に長期的な学習成果にとって重要となるだろう（Barron, 2006a, 2006b; Hidi & Renninger, 2006）。

私たちがこれまで述べてきた活動における一連の関連した実践の重要性に留意することも重要である。すなわち，指導と評価の一体化，リフレクションと活動の反復プロセスの体系的な活用，実践中に児童・生徒が取り組みを改善できる機会の設定である。それらの実践は，発達的なものとして学習を捉える概念，あらゆる児童・生徒が生まれつきの能力に制約されるよりむしろ経験やフィードバックから学ぶという信念に根ざしたものである。ブラックとウィリアム（Black & Wiliam, 1998a）は，レビューした研究の1つから次のように強調している。

　　新しい提案では，既存の授業にいくつかの評価実践を単に加える以上のものを必要とする。この事例における，2つのはっきりとした要素は，自己評価への焦点化と構成主義的な教室でこの評価を実践したことにある。前者に関して，これらの特徴のいずれか，また2つの組み合わせがその成果の要因である。後者に関して，教室での指導をラディカルに変えることなしに形成的評価を導入することは不可能であるといえる。なぜなら，それが，教授プロセスの本質的な構成要素だからである。(p.9)

　たとえ形成的評価が「教室における指導のラディカルな変化」の一部として導入されたとしても，それは効果的に教える教師の能力における根本的な変化も生み出す。ダーリン-ハモンド，アンセス，フォーク（Darling-Hammond, Ancess & Falk, 1995）は，高い質の学習を促そうとパフォーマンス評価を活用した5つの学校における研究から次の点を捉えていた。「評価と学習をダイナミックに〔教師が〕活用することで，児童・生徒の応答をより深く理解できる資質を高めることになる。これは，学習機会を増やす構造を組み込んだことによるものである」（p.131）。

結　論

　この章では，持続的な探究と協働的な取り組みを支援する教室でのアプローチを紹介してきた。そのようなアプローチが，児童・生徒が将来の学習へ向けて備えるにあたって決定的であることは明らかである。これまでの研究から，探究ベースのアプローチが生産的で，コミュニケーション，協働，そして深い思考を育むための重要な方法であることが示唆されている。しかし，それを実践することには課題もある。これらのカリキュラムを実践するにあたっての主なハードルは，カリキュラム，指導，評価実践を同時に変化させることが必要となることである。しかも，その変化は，教師にとっても児童・生徒にとってもしばしばなじみのないものである（Barron et al., 1998; Blumenfeld, Soloway, Marx, Keajcik, Guzdial,

& Palincsar, 1991)。教師は，持続的なプロジェクト活動を組織できる資質を育むための時間——そしてコミュニティ——が必要である。「なすためになす（doing for the sake of doing）」よりもむしろ「理解してなす（doing with understanding）」ことへの焦点化を続けるために，教室で発展的なプロジェクトを運営していくにはきわめて教育的な巧みさが求められる（Barron et al., 1998）。この後の章では，これらの原理から導き出される意味ある学習が，リテラシー，算数・数学，そして理科の領域でいかに追究されるかを検討していく。

第2章 理解を目指した読解とは

P. デイビッド・ピアソン
ジナ N. セルベッティ
ジェニファー L. ティルソン

　学習は，私たちがこれまで述べてきたように，しばしば異なるアプローチを必要とする多数の目標を有している。他の種類の学習やパフォーマンスのように，読解は，デコーディング[訳註1]のプロセスという機械的なものから分析的プロセスという最もクリティカルなものまで，複数の方法により経験され得る。時々——実際にはあまりにもしばしば——，読解の指導は，より単純なものからより複雑な思考課題へと至るという，ある概念化された発達の系統に基づいているように思われる。**まず**，児童・生徒は，音素（phonemic）への気づきと活字という概念を発達させる。**それから**，彼らはフォニックス（phonics）[訳註2]とデコーディングのスキルの段階に至る。**その後**，いったん正しい言葉を手に入れると，彼らは書かれた文章（か，あるいはより低レベルのそれ）を理解することができる。そして最終的に，児童・生徒は正確に事実を把握するようになると，彼らはテキストに対して，いっそう解釈的，分析的，あるいは批判的なスタンスをとれるようになっていく。

　研究と理論を踏まえて，私たちは，読解の発達と指導について，異なるアプローチをとる。読者が活字を目にした最初の日から——実際，彼らは親あるいは教師が声を出してテキストを読むのを聞いているけれども——，彼らは印刷されたページに対して多くのアプローチやスタンスの間から活動を組織すると，私たちは主張する。時々，単語がわかりにくい時には，あたかも文字を音に変換するための「コードの解読」が重要なことのすべてであるかのように振る舞うだろう。

☆訳註1　単語や文章の意味を読み解くこと。
☆訳註2　綴り字と発音との間の規則性を明示することで，正しい読み方を習得させる学習方法である。

別の時には，読者は，自身がテキストから受けとっているメッセージと，彼らの記憶に蓄積されている経験や知識との間につながりを見いだすことに焦点を置くだろう。その場合，私たちは，読者が「意味生成者」のスタンスをとっていると言うことができる。さらに別の場合，しばしば教師にそうするように促されると，たとえば，詩作がなぜ私たちの美的精神を「惹きつける」のか，あるいは，説明文に写真や図といった視覚的イメージが添えられているとより理解しやすくなるのかといった問題について読者は論じることができる。その時，彼らは，「テキスト利用者」のスタンスに焦点を絞っており，テキストの形式がその伝達機能と一致してほしいと思う。そして最終的に，読者は，年少者であっても，テキストに対する批判的なスタンスをとるよう勧められる。すなわち，著者がなぜ特定の方法で登場人物や問題を描写するのか，そしてそれらの描写が読者にどのような影響を与えるかについて質問を投げかける「テキスト批判者」となるのである。

　この読解の柔軟な概念化は，フリーボディとルーク（Freebody & Luke, 1990）の研究を転用させたものである。それが，この章を方向づけるものであり，私たちのモデルである**マインドフル・エンゲージメント**に取り入れられている。児童・生徒が読者としてこれらの異なる立場や役割を担おうとするのを促す時，彼らが深い理解と学習を促すやり方で深くそして徹底的にテキストにかかわれるようになることを主張したい。

テキストと相互作用する際に読者が果たす役割

　テキストの読解にあたって読者が果たし得る役割の範囲を最も明確に説明したものは，4つのリソースモデル（Freebody, 1992; Freebody & Luke, 1990）である。それらは，4つの「必要ではあるが十分ではない役割」に読者がどのように辿り着くかを説明したものである。4つの役割とは，コード解読者（code breaker），意味生成者（meaning maker），テキスト利用者（text user），テキスト批判者（text critic）である。

コード解読者

　読者は，基本的な特徴と構造，主にアルファベット，単語の音，綴りのパターン，そして構造的な型を認識したり使用したりすることによって書き言葉の**コードを解読する**。

意味生成者

　他の文化的なディスコース，テキスト，そして意味体系に関する自身の利用可

能な知識と経験に関して，読者は，テキストの内部のそれぞれの意味体系を考慮に入れながら，意味ある記述テキスト，視覚的テキスト，音声テキストの**理解や構築に関与する**。

テキスト利用者
　読者は，労働や彼らを取り巻く社会的な関係を超えたり，交渉したりすることによって，**機能的にテキストを利用する**。つまり，読者が，学校や職場，社会状況において，さまざまなテキストが果たす文化的・社会的な機能を知ったり，それに基づいて行動してみたりすることである。そして，読者は，それらの機能によって，いかにテキストが構造化されるか，それらの口調，形式にこだわる度合いや構成要素の配列を決めるかを理解するということである。

テキスト批判者
　テキストがイデオロギー的に不自然であるか，あるいは中立であるかの知識をもとに判断することで，読者は，**テキストを批判的に分析したり，変換したりする**。彼らは，他者が沈黙していたとしても，特定の見地を述べる。彼らも，人々の考えに影響を与え，彼らのデザインやディスコースは批判され，新たなそしてハイブリッドな方法で修正され得る（Luke & Freebody, 1999, n.p.；強調は筆者らによるものである）。

　これらの役割は，教室でのリテラシープログラムの重要な目標を表現するものとして捉えることができる。それらは，少なくともオーストラリアの1つの州であるクィーンズランドにおける公認のカリキュラムを方向づけた（Luke & Freebody, 1999参照）。その目標のすべては重要である。このモデルの見地からは，有能な読者とは，あらゆる状況において活用するリソースや役割を1つに定めた人物ではなく，状況に応じてあるリソースを中心的に活用しながら他のものは側面支援の役割を担うと認識している人物ということになる。コードの解読は，テキストとの出会いの一部をなすだろう。しかし，もしコードがわかりにくい（それが本当になじみの薄い単語やパターンである場合）ならば，あるいはもし知識が乏しい（読者が単語の意味の類似さえコードを通して把握するのに苦戦するくらい）ならば，コードの解読が主要な役割を果たす。児童・生徒がテキストの権威について尋問する教師によって指導されている場合や，読者が紙面に持ち込む対立や憤慨を引き起こす個人的な価値に筆者が疑問を持っている場合には，批判的なリソースは，全くかかわらないだろう。これらの役割4つ全てが奨励され，児童・生徒が4つの間をいかに行き来するかを決めるガイダンスを受けられるカリキュ

ラムを提供できなければ、私たちは彼らや私たちの社会に損害を与えることになる。

マインドフル・エンゲージメントの発達

　これらの目的のための読解は、一連のアカデミックスキルだけではなく、児童・生徒の興味や動機づけ、そして読解の文脈によって変わる。したがって、私たちは、教授・学習の動機づけ及び認知的な側面のいずれも、そして読解の個人的及び社会的な側面を必要とする、理解のための読解を吟味するためのあるフレームワークを用いる。私たちは、これを**マインドフル・エンゲージメント**と呼んでいる。

　このフレームワークは、学習に対する私たちの一般的な理解だけでなく、とりわけ読解の学習を土台としている。ブランスフォード、ブラウン、コッキング（Bransford, Brown, & Cocking, 1999）は、『人はいかに学ぶか』において、学習は次の3点で決まると言及している。それらは、(1) いかに既有知識が新たな知識の構築に組み込まれるか、(2) いかに知識は組織されるか、そして (3) いかに優れた学習者は自己の学習をモニターし省察しているか、である。これらの重要な考えは、ガスリーの読解力獲得におけるエンゲージメントに関する研究（Guthrie & Wigfield, 2000）、そしてテイラーとピアソンらによる認知的エンゲージメントのための授業に関する研究（Taylor, Pearson, Peterson, & Rodriguez, 2003）において拡張されている。ガスリーとテイラーのいずれもが、マインドフル・エンゲージメントの概念を補強している。すなわち、テキストを意味あるものとし、新たな理解を既存の知識構造と統合し、その知識を構築・維持するために求められるあらゆるプロセスやルーチンをモニターするために必要なことを全て行なう者こそが、能動的で意図的な読者なのである。

　このマインドフル・エンゲージメントの「**マインドフル**」とは、読解の認知的・省察的な側面を呼び起こすことを意図している。私たちが読解について学んできたことの中で、知識は理解の原因でもあり結果でもあるというものがある。つまり、既有知識が、読者が与えられたテキストをどのぐらい理解できるかに影響を与える。しかし、まさにそのテキストがいったん理解されると、読者の知識基盤を変え、次にその人が同じものを目にしてももっと多くの考えが理解できるようになるのである。端的にいえば、テキストは、実際に知識構造を変える可能性を持っている。さらに、理解にあたっては、既存の知識との一貫性を評価するための継続したモニタリングを伴うので、読者は、わからなくなってくると、それを解決するための特定の方略を引き出すことができる。マインドフル・エンゲージ

メントは，理解，つながり，批評を支える戦略的な行動とモニタリングにかかわるものである（Afflerbach, Pearson, & Paris, in press; Duke & Pearson, 2002）。

マインドフル・エンゲージメントの「**エンゲージメント**」からは，理解するという行為によって，興味やモチベーション，そして個人的投資を形成したり形成されたりすることが想起させる（Guthrie & Wigfield, 2000）。もし私たちが本当に情報を知りたいと望めば，私たちは，非常にわかりにくいトピックでも戦略的に上手く対処できる。時

仲間と本についてディスカッションすることで，テキストと児童・生徒のつながりが深まる。

折，私たちが上手くテキストの断片を解決したと気づくことで，（特別かもしれないが）難解な資料と向き合うときでさえ，それを読む意志とスタミナが与えられる。またある時には，私たちがテキストを理解するための課題に共に取り組んでいるという認識によって，やり通すモチベーションが与えられる。そして，ある公共の目的に対する私たちの貢献を評価する仲間からのフィードバックによって，私たちはその課題に取り組み，学習共同体の一員であり続けることができる（Afflerbach et al., 印刷中）。

この章では，私たちは，「もし理解を目指した読解を，マインドフル・エンゲージメントの視点から見ることができるのであれば，私たちはこの種類のかかわりを支援する指導の文脈について何を知っているか？」という質問に答えてみようと思う。理解と学習との間の関係についての先行研究のレビューによれば，(1) 読解のエンゲージメントに関するモチベーションの側面は，ある瞬間の短期的な関心を引き起こす「即座の」文脈（たとえば，グループの一員になりたい）のみならず，アイディア，目標，そして課題への刺激を通じて持続的に関与することによっても促される。そして，(2) マインドフル・エンゲージメントの認知的側面は，知識と経験，そしてテキストの間に深いつながりをつくるための戦略的な行動や意図が求められる文脈によって促される。

ここで，私たちは，3つの重要な読解研究の系譜について検討を進める。

・児童・生徒が**テキストに関する豊かな話し合い**にかかわることで，理解と学習を改善しようと試みる研究
・直接的また意図的に認知的・メタ認知的**方略を教えよう**と試みる研究

・理科や社会科といった学問領域における**探究や知識の発達を高めるためのツールとして読解が用いられている**研究

テキストに関する豊かな話し合い

　リテラシーの指導に対する多くのアプローチは，意味を読みとることを学ぶための重要な側面として，テキストをめぐる会話に焦点を絞っている。言語による社会的相互作用が高いスキルを有する読者の認知的習慣を形成するにあたって決定的であるという信念は，ある程度ヴィゴツキーの概念（Vygotsky, 1978）に従うものである。それは，個々人が社会的文脈から生じる実践を自分のものとし，それらを個人的なレパートリーの一部にするというものである。ヴィゴツキーの学習に関する理論の鍵となる要素は，「すべてのより高次の機能が，個人間の実際の関係性に由来する」（1978, p.57）ということである。換言すれば，もし彼らが自身の思考のレパートリーにそれらを取り入れなければならないのであれば，人々は考えをめぐって意思疎通をしなければならない。ヴィゴツキーの研究は，実際に思考について話すことが，人々が彼らの思考を組織化・明確化し，さらなる学習を可能にする概念的フレームワークを発達させるのを促すという概念も具体化する。

　仲間とのディスカッションは，児童・生徒の認知的なスキルを磨き，かかわりあいを深める討論の場と，読解のエンゲージメントに対するモチベーションに寄与する。このように，私たちが**マインドフル・エンゲージメント**と名づけるある種の能動的な読解の促進にあたって，もう1つの重要な要素は，テキストをめぐって行なわれる仲間との意味ある社会的相互作用の存在である。これらのアプローチを区別するものは，児童・生徒が表現したり暮らしていたりする彼らの生活，私たちの社会，そして多様な文化集団にとって重要な考えを反映している豊かなテキストをめぐって行なわれる，真正な児童・生徒同士での話し合いに対する焦点化である。

　読解の学業達成に関して，思慮深く認知的にやりがいのあるディスカッションによる肯定的な効果は，エスノグラフィーの記述（たとえば，Gambrell & Morrow, 1996; Kong & Pearson, 2003; Raphael & McMahon, 1994）から自然科学の実験（Nystrand, Gamoran, Kachur, & Prendergast, 1997; Taylor et al., 2003）までの多様な方法を用いた研究で報告されてきた。テイラーと同僚たちは，児童・生徒のエンゲージメントを調整する際に，教師が果たす中心的な役割について報告している。彼らは，貧困率の高い教室でより高い学業達成をもたらす決定的要素が，次のような教師であることを見いだした（Taylor et al., 2003）。(1) 指導のスタン

スとしてコーチングやモデリング，ファシリテートを取り入れている。(2) 学習に対する児童・生徒の責任にかなりの力点を置き，児童・生徒が教師よりもたくさん話している。(3) テキストについてレベルの高い質問をする。(4) 児童・生徒の能動的な反応——聞くことよりも，読むこと，書くこと，そして活動すること——をより引き出している。質的な準実験でのエビデンスに基づいて，ガンブレルとモロー（Gambrell & Morrow, 1996）は，モチベーションと認知発達を促す要因として，仲間との協働を別の要素として加えている。

　児童・生徒の学習への責任と仲間との協働が重要であることは，私たちが以前に広くレビューしてきた探究的な読解アプローチを思い出させる。リテラシーの発達という文脈において，意味ある読解を行なうための鍵となる特徴として，研究者たちは，テキストについてのディスカッションに引き込むのを促すための多くの具体的な教育的アプローチの有用性を報告してきた。これらのアプローチの中で，ブッククラブ／ブッククラブプラス（Book Club/Book Club Plus），共有探究（Shared Inquiry），教育会話（Instructional Coversation）という指導方略についてこれ以降さらに議論していく。これらは，対話的相互作用を基盤とする読解へのアプローチであり，いずれも教師が多様なテキストに関する高次の会話を促すのを柔軟に利用できるものである（この取り組みのレビューについては，Wilkinson, 2005; Wilkinson, Murphy, & Soter, 2005; Wilkinson & Reninger, 2005を参照）。後に論じる協働的推論（Collaborative Reasoning）と協働的作文（Collaborative Writing）は，仲間がかかわる会話や書かれた成果物について原則に沿った論証の要素を加えるという関連したアプローチである。

　これらすべてのフレームワークにおいて，児童・生徒が次第に彼ら自身の学習についてのある程度コントロールできるようになること，意図的なリフレクションを通して，仲間との会話を改善しようと取り組むようになることが期待されている。また，これらのアプローチの多くは，児童・生徒が用いるテキストが，重要な考えと全体にかかわるテーマを概念的に関係づけられることを推奨している点にも留意すべきである。それらは，テキストに関連した高次の会話——すなわち，テキストの文字どおりの意味を超え，分析・批判・評価に児童・生徒がかかわるディスカッション——がエンゲージメントを高めるのを促進するにあたって重要だとの信念を共有している。これによって，ある状況における特定のテキストだけに留まらず，児童・生徒自身が今後出会っていくテキストにおいてもより良い理解をもたらすようになっていく。要するに，テキストをめぐる真正な会話を促すための綿密に組織された環境によって，児童・生徒が認知的にやりがいのある考えに取り組むよう促すことができるのである。

リサーチベースのプログラム
ブッククラブ

　文学テキストについての会話に熱心にかかわるプロトタイプがブッククラブである（Raphael, Florio-Ruane, & George, 2001; Raphael & McMahon, 1994）。ブッククラブとその後継にあたるブッククラブプラスとは，さまざまなレベルの読解能力をもつ児童・生徒にテキストをめぐる会話や作文に取り組む機会を与えるために，教師がリテラシー活動や指導を組織できる「概念的フレームワーク」（2001, p.1）である。そのフレームワークは，研究者と教師によって共同開発されたものであり，職能開発ネットワークを通して実践される。それは，リテラシー学習の重要な側面から引き出された構造を教育者に提供する目的で考案され，多様な学習者と目標のニーズに合わせられるよう状況に合わせて改変できるようになっている。その鍵となる原理は，思考は公に生み出され，テキストをめぐる対話的相互作用を基盤に形成されるというものである。さらに，その究極の目標は，児童・生徒が多くの文化的な実践にかかわる社会集団の一員としての自己理解を得られるようにすることである。児童・生徒は，文学に関する読解と会話，とりわけ，人間の経験に関する重要なテーマ——友情，裏切り，人生，死，幸福，悲しみ，葛藤，そして（自然と人間の双方の）調和——について取り上げた文学作品を通じて自己と他者について学ぶ。

　ブッククラブのフレームワークは，教師の指導，読解，作文，作品の議論，そしてグループでのリフレクションと共有を含むものである。重要な要素として，児童・生徒が，主に混成の小グループの中で，自分自身の活動に取り組むことが挙げられる。文学作品の議論に関する要素，すなわち「ブッククラブ」と命名された点は，児童・生徒が主導するグループである。そこでは，児童・生徒が，テキストを読んだり読書日記を書いたりして生じた考えについて議論し，困惑した点を互いに明確するために質問し合うのみならずテキストのテーマについて議論し，テキストと自分の生活との間の繋がりをつけていく。これらの要素は，もともとは別々に行なわるものであるが，読書を通じて考えたことを記録したり表現したりすることで，児童・生徒が更に自信を持てるようになることから，ブレンドされる傾向にある（Raphael & McMahon, 1994）。主題に関連した学習ユニットが進むにつれ，児童・生徒は，彼らが読んできたテキスト間のつながりを見いだすように奨励される。ブッククラブプラスは，ブッククラブのモデルを拡張したものであり，ガイド読解アプローチ☆訳註3（Guided Reading Approach）（Fountas & Pinnell, 1996）による共通のテキストに基づく教師主導の指導時間を加えたものである。それによって，児童・生徒は，ブッククラブでの読解やディスカッションにおいて応用できる方略の指導に教師主導で明確に焦点を絞ることができる。

ある年度のコースを通じて児童が書いた文章の分析のみならず，ブッククラブを行なっている教室で起こった会話の事例研究を通して，ラファエルと同僚たち（Raphael, Florio-Ruane, & George, 2001）は，児童がこれらのテキストをめぐる会話に関与する時に生じる批判的思考に成長が見られたことを示している。たとえば，苦戦していたある児童が1年間に書いた文章のサンプルをいくつか取り上げ，教師たちが匿名で採点したところ，全員が多くの観点で顕著な変化があったことを認めた。ブッククラブにおける会話のトランスクリプトから，筆者らは児童に重要な変化があったと記している。読解におけるエンゲージメントの高まりの指標として，テキストを踏まえたディスカッションの程度，児童が投げかけた質問のタイプ，テキストに関する困惑を認めたり明確な説明を求めたりしようとする意志，に変化が認められた。

共有探究

　共有探究のディスカッションは，ジュニアグレートブックス財団（Junior Great Books Foundation）☆訳註4と密接に連想されるが，児童・生徒たちが文学をめぐる議論に取り組む際のもう1つのモデルだ。このプログラムでは，児童・生徒が，読解への能動的な探究アプローチに従事し，テキストについて他者を説得し，高次の推論的質問を含むディスカッションに取り組むことに力点が置かれる。このアプローチでは，児童・生徒は，互いの反応や質問，そして読むにつれて困惑したポイントを記録しながら，共有されたテキストを読む。それから，教師あるいは他の児童・生徒が，解釈の主題である真に曖昧なポイントを質問する。そして，児童・生徒は，自らの主張を支持するためのエビデンスをもとにテキストについて議論する。最終的に，児童・生徒は，テキストへの回答を書いてまとめる。多くの他のアプローチと同様に，共有探究は，推論，質問，そして児童・生徒同士の

☆訳註3　教師が指導を行ないながら読解を進めるアプローチである。具体的には，次の3つの手順で進める。(1) 特定の児童・生徒のグループ（通常は同等の読解能力）に適したテキストを選択する。(2) 彼らがすでに経験しているかもしれない関連する事柄について児童・生徒に話し，そのテキストを紹介する。(3) 児童・生徒がテキストを通して「意図的に話し，読んで，彼らのことを考える」ための繊細なサポートを提供する。（"The Guided Reading Approach", http://learning.gov.wales/docs/learningwales/publications/130718-guided-reaching-approach-en.pdf参照：2017年2月10日最終確認）

☆訳註4　グレートブックス財団の子ども向けプログラムを指す。グレートブックス財団は，1947年にシカゴ大学のハッチンスとアドラーによって設立された。彼らは，高等教育におけるリベラルアーツ教育の軽視と専門性の細分化に対し，民主主義における市民を育てるリベラルアーツの確立に取り組んだ。「グレートブックス」として古典を取り上げ，それを基にした話し合いの会が図書館，家庭，教会等で開催されている。ジュニア・グレートブックス・プログラムは，1962年からスタートしたものである。（http://www.greatbooks.org/参照。2017年2月10日最終確認）

会話を強調する。それには，テキストについての考えを組織し，推進する手段として書くことの役割も含んでいる。

共有探究アプローチの有効性は，シカゴの公立学校制度における2つの準実験において報告されている（Kerbow, 1997）。研究者は，ジュニアグレートブックスのテキストを用いた共有探究の議論に参加した第5及び第8学年の児童・生徒は，統制群の児童・生徒より，批判的思考と文章読解のテストにおいて，高い成果を挙げたと示している（Kerbow, 1997）。これらの結果から，意味を読み取る児童・生徒の読解力を向上させる重要な要因として，テキストにおける重要な考えをめぐる仲間との高いレベルでのディスカッションの効果が示唆されている。

教育会話

会話的アプローチにおいて最も多く報告されているものの1つである教育会話は，私たちが推進したいディスカッションとして，ソクラテスの時代から存在したものだと確認しておく（Goldenberg, 1993; Rueda, Goldenberg, & Gallimore, 1992; Tharp & Gallimore, 1991）。教育会話（ICs）は，「児童・生徒の概念及び言語の発達のために，豊かに織り込まれた機会の創造を目指したディスカッションベースの授業」である（Goldenberg, 1993, p.317）。その授業は，どのようなテキストでも実践可能である。これらの会話の目的は，考えを明るみに出し，それらを協働的に熟考していくことで洗練していく討論の場として，教室でのディスカッションを行なうことにある。

これらの議論は，観察者にとってきわめて自然であるように見えるかもしれない。だが，実際には教師による非常に注意深い計画と組織化がなされており，適切な考えあるいは概念，焦点化，児童・生徒のインプットに対する素早い反応が認められ，高いレベルでの参加を促進するものとなる（Goldenberg, 1991）。ICs は，教師が質問を投げかけ，児童・生徒が返答し，それが教師によって評価され，また教師が次の質問サイクルを始めるというディスカッションの暗唱モデルに対して，全く対照的な立場にある（Cazden, 1988）。その代わりに，ICs は，児童・生徒が知っていることから始め，児童・生徒が協働的に知識を構築することを奨励する。共有探究のディスカッションと同様に，教師の役割は，答えを提供することではない。その代わりに，会話と関連した側面をより深く考えるために，会話を明確化し，必要な時に順序交代を仲介し，児童・生徒を把握することで，アカデミックなディスカッションに関する言語モデルを提供することである。

IC の技法を用いている教室における研究によると，とりわけ数多くの英語学習者のいる教室では期待が持てる。ディスコース分析を通じて，会話における高いレベルの焦点化，児童・生徒のエンゲージメント，彼らの背景知識の活用，そ

して典型的なICセッションにおける反応について報告されてきた（Goldenberg, 1991; Rueda, Goldenberg, & Gallimore,1992）。1999年の調査で，サンダースとゴールデンバーグは，教育会話に取り組んでいた第4及び第5学年の児童が，物語の文章読解に関するテストで，統制群より優れた成果を挙げたことを示した。記述された文献ログの利用と合わせると，この条件では英語に熟達した児童にとっては有意な加算はなかったものの，ICsは英語学習者にはいっそう優れた効果があったことが示された。

協働的推論と協働的作文

別のアプローチとして，協働的推論（Clark, Anderson, Archodidou, Nguyen-Jahiel, Kuo, & Kim, 2003を参照）は，2つの点で注目に値する。1点目については，どちらが「よい」かを決めなければならない問題で登場人物が直面している選択（典型的には物語）によって促される道徳的もしくは倫理的に重要な問題に対して，児童・生徒が「どちらかの側に立つ」ことを勧めるという，フォーマルなディベートにおける「対立」のモチーフを得ていることである（たとえば，生命を救うために助けを求めて自転車を盗むこと，あるいは食べるためのお金がない誰かに与えるために何かを盗むこと）。児童・生徒は，主要な問題について学級のディベートで用いる論拠（主張と根拠）を発展させるために協働的に取り組む。文章読解，流暢な記述と構成，そして推論を測定するために，エビデンスによると，従来の方法で同じテキストを論じるアプローチより，協働的推論（CR）が成果を挙げている。

CRの研究者は，児童・生徒が議論に参加することで，彼らの修辞的なスキルが磨かれ（Anderson et al., 2001），それらの理解が彼らの作文に転移可能だと明らかにしてきた。レズニツカヤ，アンダーソン，マクヌリエン，ングエン-ジャヒエル，アーコディドウ，キム（Reznitskaya, Anderson, McNurlen, Nguyen-Jahiel, Archodidou, & Kim, 2001）は，協働的推論に参加した3つの学級と，参加しなかった3つの学級を対象に，5週間後の学習成果を比較した。協働的推論の教室で学んだ児童・生徒は，適切な論拠，反論，反駁，正式な論拠の手がかり，そしてテキストベースの情報を含む説得力のあるエッセイを書いていた。

すべての参加者が考えを真剣に受けとめられるならば，物議を醸す考えをめぐるディスカッションを際立たせることによって，児童・生徒が取り組む推論と文章の質は高まるであろう。別の協働的作文に関する研究として，デール（Dale, 1994）は，グループでの相互作用におけるいかなる要因が作文グループの成功に影響を与えるかを吟味した。第9学年の生徒（共同執筆した3人組）に与えられた作文の課題は，彼らの生活と密接な関係があり，そして認知的不協和を引き起こすようデザインされた。それらは，強制的な自習時間に賛成か反対か，若者の産

児制限について賛成か反対か，についてであった。まず，学級の教師と共に共同執筆の明確なモデリングと生徒が用いる作文のジャンルに関する具体的な授業を行なった。そして，デールは，より成果を挙げたグループでは，互いの考えを十分なものにするように——精巧さ，明確さ，評価，グループレポートのために可能な方向性を探るディスカッションにおける代替案の追求——，またさらなる認知的対立を引き起こすようにかかわりあっていたことを見いだした。これによってさらに視点を広げることができたのだが，コミュニケーションを通してグループメンバーの認知的プロセスを「見る」という意味で，より優れた学習をもたらしたのである（Damon, 1984）。

テキストに関する豊かな会話とマインドフル・エンゲージメント

　これらすべての指導アプローチは，テキストについての仲間との豊かで知的な会話を通して読む（そして，ある場合には書く）ことによって，マインドフル・エンゲージメントを促す。テキストをめぐるこの種の社会的相互作用は，読解にモチベーションを与え，マインドフル・エンゲージメントがどのようなものかを知る場となる。本書を構成する3つの重大な観念（big ideas）から見ると，この種の議論は，次のように分類される。(1) 既有知識を説明し，利用する。(2) 読解中に出会った考え，そしてディスカッションや作文の中でさらに発展した考えの知識フレームワークを一貫したものへ促進する。(3) 児童・生徒が利用できる2つの重要なリソースを用いることで自らの読解をモニタリングできるよう促す。その2つとは，読解したテキスト内の考えとその課題に対して彼らが持ち込んだ知識である。

コーチングとしての授業

　レビューした4つのアプローチのすべてにおいて，教師は，知恵や知識の分配者としての伝統的な役割に抵抗しながら，支援的な役割——モデル，コーチ，ファシリテーター——を広範囲に担っている。たとえば，教育会話では，教師は，児童・生徒がいかにテキストを十分理解したかを捉える意図で質問を投げかけるよりも，むしろ彼らが重要な概念や考えの多様な側面について内省的に慎重に考えられるよう導く。児童・生徒は，自分たちが何を読んだかを深く考え，慎重にテーマを識別・熟慮することでグループに対して説明できる。挑戦的な考えをめぐるこの種の社会的相互作用は，意味を読み解くことへの意識を高め，読者間の考えを共同構築することに学級の焦点を移していく。

思考を公開し，テキストの理解を共同構築する

　レビューした4つのアプローチのすべてで，児童・生徒は，理解していない時

にそれに気づき，説明を求めることが重要であるということを学び，言語を用いながら彼らの思考を公開することによってテキストの理解を構築している。たとえば，教室における相互作用の伝統的な暗唱モデルと共有探究のディスカッションとを区別する要素の1つは，教師，そして同様に児童・生徒が投げかける質問において，純粋な驚きが存在しているかどうかにある。児童・生徒は，共有探究アプローチでは読解に引きこまれる。なぜならば，重要な考えを解決し，多様な説明が可能である登場人物の行動の動機を探し出すために，テキストに立ち戻ることが強調されているためである。彼らの読解に対する理解を共同構築する真の機会があることで，児童・生徒は，読解に関するディスカッションにより能動的に参加するようになってくる。

テーマに関連したテキストにおける重要な考えについてディスカッションする

　読者のコミュニティの中で，児童・生徒は，社会的・文化的に重要なテキストについて他者とディスカッションする。これらの実践に取り組むあらゆる教室の根底にある児童・生徒へのメッセージは，世界についてより深く理解できるようになるために，テキストが，重要なテーマ，概念，そして他者の考えを考察する手段となることである。たとえば，ブッククラブのフレームワークによれば，テキストに関する純粋な質問の価値を認め，推奨する会話を通して仲間と相互作用する機会を児童・生徒に与えるだけではなく，自分たちが読んでいる作品における主題の理解を深めるためにテーマに関連したテキストを用いる。

マインドフル・エンゲージメントのためのテキストをめぐる会話の価値を例示する

　マインドフル・エンゲージメントを促すためのテキストをめぐる社会的相互作用の力を例証するために，ダミコとリドル（Damico & Riddle, 2004）の論説からある場面を取り上げる。これは，社会正義[訳註5]に関する複雑なトピックに関する真正のディスカッションに児童が取り組むという指導をデザインすることでリドルが学んだ経験を詳しく述べたものである。以下の場面で，児童は，関連テキストにおける重要なテーマについて，彼らの疑問や考えを声に出している。そのディスカッションは，リドルが担当する第5学年の教室でなされたものだ。この研究ユニットでは，自由と奴隷の問題を中心とした13冊の関連テキスト（伝記，絵本，映画，そして歌）を注意深く選択した。リドルは，児童が重大な観念をつかむのを支援するために，テーマと関連する図書を用いるという原則を実践していた。

☆訳註5　社会的に公正な世界を実現するための運動や実践を指す。具体的には，社会階級，人種，ジェンダー，障害，貧困などについて個人や社会が抱える問題の改善を目指すことである。

これらのうちの2冊を読み終えた時，ある児童が手を挙げて，活発なディスカッションを広げる疑問を提起した。

 アーロン：みんな本当に自由が何を意味するか知っているの？
  ［……］
 教師：わかった。アーロン。あなたはなぜその質問をしているの？
 アーロン：僕がこの質問をしている理由は，みんな，1人残らず同じこと言ったからだよ。僕は，ほとんど同じことを言っているのを聞いているよ。
  ［……］
 教師：そうね。本当にそれは素晴らしいと思うから，君の質問を書いておくよ。だから少し待ってね。誰か本当に自由の定義を知っていますか？ そしてそれは本当ですか？ アーロンの質問に答えることができる人は，誰かいますか？

 アーロンの質問は，彼のクラスメートがディスカッションにおいて述べた意見と，手元にあるテキスト，そして中心的なテーマとの間につながりを見いだしていることを示していた。関連テキストにおける重大な観念を振り返ることで，アーロンがこの質問を出せる文脈が整った。それに加えて，この最初のやりとりにおいて教師が果たした役割は，教師然としたものではない。彼女は，テキストをめぐって児童が意味を構築できるようにコーチングに近い役割を果たしてきた。アーロンの質問に対する彼女の対応，質問の記録，そしてディスカッションをいかに児童に返したかを見れば，このことは明白である。教師は，児童がアーロンの提起した疑問をめぐって相互作用するよう促している。彼女は発話順序の交替を何度か調整しているが，児童は，会話に対する概念的なコントロールを手にしている。

 ディスカッションが続くにつれて，他の児童がさらなる意見をもって貢献していた。

 ニール：そうだね。アーロンの質問に答えると，自由は辞書で定義されているよ。でも，辞書に載っているのは，それが唯一の定義って意味じゃない。たくさんの人々が，異なった意見を持っている。ただ**ウェブスター**☆訳註6には，自由が何かを意味するか載っているし，それが本当かもしれないし，違うかもしれない。僕たちは自分たちの意見を持っているからね。それで，自由のよう

☆訳註6　"Merriam-Webster"という辞典の名称

な……僕たちがベストだと思うようには，実際，誰も自由を定義できないんじゃないかな。だって，僕たちはまだ自分たちの人生の中で完全に自由になるという所まで，誰も辿りついていないからね。

アーロン：それが，僕がやりたいと思っていることなんだ。

教師：それじゃあ，次の人は誰？　アリシア？

アリシア：自由のいろんな定義があるというのが私の意見です。それは，誰に話をしているかによって変わる。もしあなたが，あなたより自由でない誰かに話をするなら，それはあなたより自由な誰かと，彼らとでは自由が違った意味を持っているかもしれないじゃない。

ディスカッションのこの部分で，明らかに児童は，教師はもちろん児童同士で互いに相互作用している。彼らは，自らの考えを説明し，**自由**の概念に意味の重要さを加えることによって，それらの考えを全体のものにしている。ダミコとリドルが記しているように，ニールは，ソースとしての辞書を疑い，テキストに自分自身の経験を関連づけることの重要性を説明している。同様に，アリシアは，社会的文脈の重要性を指摘し，自由には多様な結果が存在し得ることを指摘している。彼らの考えを共有することを通して，児童は，テキストについての理解を共同構築し始めている。これらの理解は，テキストを反映しつつ，それを超えるものでもある。

方略指導 ☆訳註7

認知革命の早期（およそ1975年から1980年）における基礎的な読解プロセスに関する研究から浮かび上がった重要な理解の1つが，優れた読者は，テキストの読解や理解が得意なだけではなく，読解する際に状況に応じて意図的・戦略的にマインドフルになるということである。「方略指導（strategy instruction）」と呼ばれる膨大な教育学の取り組みは，優れた読者がただ「読んでいる」のではなく，上手くいかない時に理解を見直す計画を立てるように，自らの理解（あるいは理解の欠如）について意識的であるとの理解から登場してきた。

読解カリキュラムにおける方略指導がここ最近影響力を持っているのは，少なくとも部分的には，全米読解委員会（National Reading Panel）の報告書におけるこのアプローチに関する研究に対する肯定的なレビューによるものだ。そこでは，実験的なエビデンスによって，いくつかの効果的な方略の指導が十分価値

☆訳註7　1950年代に始まった認知科学に関する研究の進展のことを指す。計算機や人工知能の研究をもとに人間の心のプロセスを解明しようとさまざまな研究が取り組まれた。

あるものだと結論づけられていた。実際に，過去30年間，エビデンスの増加によって，認知的（いかにXをするか）及びメタ認知的（Xが理解を促したかどうかをいかにモニターするか）方略を明確に指導することは，それらの効果が多数の独立したレビューにおいて徹底して報告されてきたことから支持されてきた（Dole, Duffy, Roehler, & Pearson, 1991; Duke & Pearson, 2001; Pressley, 2000; Rosenshine & Meister, 1994）。さまざまな認知的及びメタ認知的方略に収斂したエビデンスが，読解（Almasai, 2003; Person & Gallagher, 1983参照），作文（Graham & Perin, 2007），算数・数学（Schoenfeld, 本書の第3章），理科（Zimmerman & Stage, 本書の第4章），認知心理学（Paris, Lipson, & Wixson, 1983, 1994参照），そして特別支援教育（Deshler & Shumaker, 1986; Graham & Harris, 2005a, 2005b参照）で明らかになってきた。

　この研究の読解における応用は，2つの関連した問いによって引き出されてきた。

　　熟達した読者は，とりわけ「油断ならない（tricky）」状況だと気付いた時（たとえば，難解で理解できないテキスト，あるいは理解が困難な課題），テキストの意味を理解するためにどのような方略を用いているか？
　　もし，あなたがあまり熟達していない読者にそれらとまさに同じ方略を教えるならば，彼らの理解は改善されるだろうか？

　読解に関する認知的及びメタ認知的方略の形態は，リサーチ・シンセサス（research synthesis）によってわずかに異なるが，それらの取り組みに関する一群の類似性は強い。全米読解委員会（NRP, 2000）の報告のリストでは，その「一群」の主要なものが以下のとおり記されている。

　理解のモニタリング
　協同学習
　グラフィック・オーガナイザー☆訳註8
　ストーリー構造
　質問への回答
　問いの生成
　要約
　いくつかの要素を結びつけた方略の「セット」

☆訳註8　日本では，近年シンキング・ツールと呼ばれ，活用されてきている。

確かに，NRPのリストにおける項目のいくつかは，すべて同じ種類というわけでもない。たとえば，協同学習は，テキスト理解の方略よりも指導方法の形式に見えるし，理解のモニタリングは，認知的よりメタ認知的に見える。だから，広く適用可能なのである。これらのあら探しを通じて，さまざまなリスト間の違いは実態よりもスタイルや好みの問題に近いことがわかる（Duke & Peterson, 2002; Peterson, Rohler, Dole, & Duffy, 1992; Pressley, 1998参照）。端的にいえば，何を方略指導の点から教えるべきかについての高いコンセンサスが得られているのである。もっと重要なことは，単一の方略指導に関する実証的なエビデンス（Duke & Peterson, 2002; National Reading Panel, 2000）は，実質的で一貫したものだ。特定の方略を学んだ児童・生徒は，それらを応用できるので，新たな文の理解へ応用したり転移したりするテキストの理解が結果として高まる。

　主要な方略の「セット」には，複数の方略を一貫したアプローチへと組み合わせた相互教授法（Reciprocal Teaching）（Palinscar & Brown, 1984; Rosenshine & Meister, 1994）や交流方略指導（Transactional Strategies Instruction）（Brown, Pressley, Van Meter, & Schuder, 1996）がある。これらのセットや手順の目標は一貫しており，それらを使う児童・生徒が（1）その手順が適用されるテキストのよりよい理解，（2）今後出会うテキスト，とくに自分たちで乗り越えなければならないテキストで役立つプロセスの基盤の発達に至ること，である（Duke & Peterson, 2002, p.225）。相互教授法は，テキストから意味を構築するのに役立つ一連の方略として，予測，質問，明確化の追究，そして要約を含んだ手順の指導を必要としている。交流方略指導（TSI）には，数多くの認知的方略と解釈的方略が含まれている。それらは，シンクアラウド☆訳註9（think-aloud），イメージの構築，テーマの創造，物語の文法やテキスト構造の予測・明確化・分析，関連づけ，要約，質問，テーマやプロットといった文学的要素を見分けるための読解，である。そして，TSIは，児童・生徒が現在の状況に合った方略を選択するツールキットのメタファを強調する（Duke & Pearson, 2002に詳述）。

　相互教授法と交流方略指導のいずれにも社会的側面がある。相互教授法では，教師はできるだけ早くディスカッションを実施し，それらの質と焦点をモニターする責任を児童・生徒に引き継ぐ。TSIでは，教師と児童・生徒が協力して，与えられたテキストへの方略を選択・実行する。したがって，いずれのアプローチにおいても意味を生み出すことはコミュニティのプロセスなのである。

　相互教授法とTSIに関する実証的エビデンスは非常に励みとなる。ローゼンシャインとマイスター（Rosenshine & Meister, 1994）は，16の研究をレビューし

☆訳註9　自分の考えていることを声に出して伝えることである。

た結果，相互教授法がテキストの理解を改善するのに効果的であると結論づけた。その効果は，標準テストと実験者が開発した理解テストで設定されたより広い範囲のいずれもで明らかであった。P.J. ムーア（Moore, 1988）も多くの研究をレビューして同様の結論に達した。交流方略指導（Pressley, 1998参照）も，質的研究および準実験研究のいずれにおいて効果的であると報告されてきた。

　方略の教え方に関する問題について，個々の方略と「セット」のバラエティの両方に関する研究のスコアをレビューした後，デュークとピアソンは，明示的な方略指導で典型的に起こる一連のステップを抽象化した。

・方略を命名・記述する——なぜ，いつ，いかにそれが用いられるべきか
・行動における方略をモデリングする——教師か，児童・生徒か，それともいずれもか
・協働的に方略を活用する——グループのシンクアラウドの一種
・次第に責任を委ねながら方略を用いた実践を指導する
・方略を独立して用いる——教師の指導なしに，個人または小グループで実践する

メタ認知的方略
　もう1つの重要な側面は，メタ認知に関する研究，すなわち自分自身の学習を改善するためにそれについて考え，モニターする能力である。ベイカー（Baker, 2002）は次のように述べている。「他者調整から自己調整への一連の発展がある。この概念は，その目標として児童・生徒が自分の学習に責任を持つことができるのを可能にする実質的にすべての教育プログラムのフレームワークを提供する」(p.78)。ベイカーは，モチベーションと社会的相互作用が他の種類の学習に与えるのと同じように，メタ認知にも影響を与えることを強調する。さらに，メタ認知的方略は，特定の認知的方略を学習することによって児童・生徒が達成できるものを広げる上で「意志」に「スキル」を加える（Paris, Lipson, & Wixson, 1983; Paris, Wasik, & Turner, 1991参照）。

　メタ認知的方略の明示的な指導によっていかに多様な児童・生徒の学習を改善できるかについては，多くの研究が報告されてきた。この研究では，しばしば専門家の思考プロセスを研究し，その仕事に携わる初心者に教えるためにそれらを組織化してきた。リテラシー学習分野の一例は，メタ認知的方略がいかに研究され適用されるか，そしてそれらがいかに児童・生徒の学習改善に役立つかのいずれも示している。その理論的根拠は，ヴィゴツキー（Vygotsky, 1978）から始まるが，心の中もしくは口頭で物事を語ることは，人々が思考プロセスを組織・処理する

のを促すことで，人々の学習を実際に支援する。実際，著作家の研究によって，読み手，目的，形式，内容について自分自身と語る（時に声に出して呟くこともある）内的な対話を行なっていることが明らかとなってきた。彼らは，誰のためになぜ書いているのか，自分たちは何を知っているのか，そして計画・下書き・編集・改訂に従っていかにアイディアを整理するかを自分自身に問いかけ，答えている。これらが意図的に書くのを促すメタ認知的方略をもった思考へと導く。

　この基礎研究は，初心者の著作家が類似のプロセスを経てこの種の自己対話や自己モニタリングに取り組む方法を学ぶ手助けとなる作文授業の方略につながってきた。ある研究では，第4学年と第5学年の学習障害の児童とそうでない児童を受け持つ教師が，1年間かけてテキストの分析，作文プロセスのモデル化，児童に対する作文の指導，そして児童が1人で書く機会の保障という教室でのこれらの方略の取り組み方を学んだ（Englert, Raphael, & Anderson, 1992）。分析は，介入群と広範な調査研究に参加している都市部7校の児童のプールから選ばれた統制群に対して実施された。それぞれのグループでは，半数の児童に学習障害があり，半数はそうでなかった。この研究によって，特別なトレーニングを受けた教師のグループは，自己制御的なメタ認知的方略により取り組んでおり，彼らの作文プロセスについてより説明できることが明らかとなった。この能力は，読解と作文における学業成果に肯定的かつ有意に関連していた。統制群における学習障害の児童とそうでない児童の作文に関する知識には有意差があったが，特別なトレーニングを受けた教師のクラスにいる学習障害の児童は，統制群の通常教育の児童と同様に記述し，自分たちのレポートを適切に整理・評価・改訂する能力といった作文方略を用いることができた。時に，この方略指導を受けた児童は，通常教育の児童より高い得点を挙げることさえあった。

方略指導とマインドフル・エンゲージメント

　学習のモニタリングに焦点化することで，方略指導は，より深い理解を達成するための短期的かつより永続的な動機に対する二重のコミットメントにおいて，マインドフル・エンゲージメントを支援する。知識－経験－テキストのつながりは，このプロセスで強化される。児童・生徒は，知識のスタンダードとそれが合格かどうかを確認する経験に反して，テキストの意味を読み解くことを学習する。読解しながら，またテキストを理解したり解釈したりするのを仲間と取り組む中で，自分の問題を解決することができることを学ぶと児童・生徒のモチベーションは向上する。

　方略指導は，私たちが始めた3つの学習原則——既有知識の活用，知識の組織化，学習のモニタリング——をいくつかの点で反映している。最もはっきりとつ

❖コラム❖

リテラシーへの焦点化

　J.E.B.スチュアート高等学校は，バージニア州のフォールズ・チャーチの郊外にあり，かつて州の試験で最下位の学区に格づけされたこともあった。今日，リテラシーへの焦点化が，スチュアートを国際的に認知された学業達成モデルへと変革するのにつながってきた。本校は，教育におけるリーダーシップのための国際センター☆訳註10（International Center for Leadership in Education），エデュケーション・トラスト☆訳註11（The Education Trust），ビル＆メリンダ・ゲイツ財団，そして他の機関から表彰されてきた。

　最近の受賞は，全米中等学校校長会（National Association of Secondary School Principals）から受けたものだが，2006年のプリンシパル・オブ・ザ・イヤーとしてスチュアートの校長メル・リディルが選ばれ，2003年にはスチュアートがブレイクスルー・ハイスクールと命名された。

　さらに重要なのは，バージニア州学習スタンダードにおける本校の読解能力スコアは，1998年の64％から2004年には94％に上昇していた。

基本に精力を向ける

　スチュアートに在籍する約500名の半数を超える生徒が低所得家庭から来ており，3分の2が第二言語として英語を話す。スペイン語，ベトナム語，ソマリ語，中国語，ウルドゥー語，そして他の言語がスチュアートの廊下で英語と共に聞こえてくる。生徒の実態はきわめて多様である。ヒスパニックが41％，白人が25％，アジア人が21％，黒人が10％，「その他」が3％となっており，『ナショナルジオグラフィック』は，スチュアートを変化するアメリカ社会のミクロコスモスだと特徴づけた。

　1997年，リディルが本校に赴任した時，教師たちは，著しい長期欠席と読解スキルの不足が生徒の学業達成に最も大きな障害となっていると特定していた。生徒は毎年平均23日欠席し，4分の3の生徒は少なくとも2学年下のレベルでしか読めなかった。2003年までに，警戒を強化し，午前6時のモーニングコー

☆訳註10　ウィラード・ダジェットが1991年に設立した団体である。彼がニューヨーク州教育局に在任中に21世紀の学習に向けたプロジェクトを展開しており，それを国際的に組織化したものである。（http://www.leadered.com/ 参照。2017年2月10日最終確認）

☆訳註11　米国のNPOであり，あらゆる児童・生徒が高い学業達成に至るのを目指すための取り組みを進めている。特に有色人種や低所得の児童・生徒への支援を行なっている。（https://edtrust.org/ 参照。2017年2月10日最終確認）

ルを自動化したことによって，平均欠席率が7日間に低下した。しかし，読解レベルの改善については，すべての教師が読解を教えるべきだというリディルの主張によって推進された文化的な変化を必要とした。

リディルは，リテラシーコーチを雇い，データを蓄積することから着手した。毎年春，専門家はスチュアートの初等フィーダースクールの8年生に対してゲイツーマクギンティの読解テストを行なう。スコアの低い人も個別のスクリーニングを受ける。すべての新入生は，オンラインで個別化された指導を含む必修のリテラシーコースを受講するが，苦戦している生徒は，歴史，理科，および他のコア科目のリメディアル指導のために，リテラシーの専門家が指導する追加のコースを受講する。さらなる支援を必要とする生徒は個別指導も受ける。スチュアートのA／Bスケジュールは，難しい科目には十分な時間を与えてくれる。クラスは毎日交代し，ほとんどのクラスブロックはちょうど90分を超える。

教師の成長

生徒の進捗は，学校全体を通して緻密にモニターされている。学業における成功は，「私たちの生徒の能力に関するものではなく，彼らを指導する私たちの能力に関するものです」とリディルは信じている。元社会科教師として，彼は，職員が自分自身を読解インストラクターとして見なすことへの最初の抵抗を理解していた。リディルは，「新しい州のスタンダードがあり，カバーすべき内容がありましたが，読解の教え方を教えた者は誰もいませんでした」と語っていた。しかし，データから，生徒の学習スタイルに適応する必要があると確信できた。

専門性を高める取り組みは，大学のコースから始まり学校で継続される。リテラシーコーチは，教室で教師を観察し，方略をモデリングし，慎重なフォローアップ提案を提供する。また，スチュアートを始めとするあらゆる教師を対象に四半期ごとに現職研修を行なっているので，教師は，テキスト理解のエクササイズであるKWL（知る，望む，学ぶ）といったコア方略を学んでいる。KWLは，読解前に教科について知っていること，彼らが読んでディスカッションしている間に知りたいこと，そして最後に彼らが学んだことやあるいはまだ学びたいことをメモするよう生徒に求めるものである。

教師によっては，新しい方略を試してみることに最初躊躇していることを認める者もいるが，生徒の概念把握に関する肯定的な結果が表れる。「リテラシーと数学の間には強い相関があることがわかっています」と数学主任のスチュワート・シンガーは述べている。「私たちは数字だけで時間を過ごすわけではありません」。

毎月の職員会議は，数多くのリテラシーに関する研修が特色となっている。音楽部門は，ダイナミックマーキング，すなわち楽譜上の表現を示すイタリア語に基づくシンボルに関するプログラムを指導した。職員会議では，上位レベルのESLクラスを教えるコリン・マクダニエルが，平和部隊（Peace Corp）☆訳註12で学んだネパールにおける内容領域の授業を実践した。それによって，同僚は英語学習者が直面する課題を経験することができた。

　何年もの間，スチュアートでは共通の指導言語が浮かび上がってきた。「これが生徒に構造を与えてくれます」である。リテラシーコーチのルイス・ウィニーは，それが気乗りしない読者に対して一貫性を持ち本質的なものでもあるとつけ加えていた。

　コーチは教師と同様に指導を受ける。学区では，少なくとも5年間に遡り，強化されたシステム全体のリテラシーの焦点化の一環として，すべての学年レベルでリテラシークラスの教師のためのトレーニングを予定している。

手を差し伸べる

　連携を強化するため，スチュアートはフィーダースクールと共に取り組んでいる。たとえば，ESLインストラクターのナンシー・スヴェンドセンは，月1回，約45人の生徒ボランティアを近くのベイリー小学校に引率して，幼稚園児に読み聞かせをしている。1週間前に，グループのメンバーは絵本を選び，指導法を磨く。レイハン・アラム君に『3びきのくま』を読んでいると，トニー・トゥーロン君が割り込んできて，イラストを指しながら，「どちらが小さな熊なの？ 次のページで誰が出てくると思う？」と聞いてきた。ハンは，「ゴルディロックスかもしれないね？」と応えた。

　質問することの認知的方略は，「この本からその子どもへの橋を架ける」のに役立つとスヴェンドセンは語っていた。このプログラムを始めることで生徒の読解力，会話力，リーダーシップスキルが向上につながったそうである。

　大規模なPTSAの下部組織であるヒスパニック系PTSA（Hispanic Parent Teacher Student Association）の連絡役であるネリー・サマニエゴは，「私たちは非常に幸運です。なぜなら優れたプログラムがあり，生徒に大きな期待を寄せる先生がいるからです」と語っていた。

　親も関与している。非営利のJ.E.B.スチュアート奨学金財団は，PTSAから独立し，500ドルから2,000ドルを年間最高35人の生徒に授与している。キャ

☆訳註12　アメリカ合衆国の連邦政府が運営するボランティア組織であり，3か月の訓練の後，2年間主に発展途上国で活動を行なう。

リアスペシャリストであるキャロル・ケリーは,「中には不法滞在の子どももいるので,行政から援助を得ることはできません」,また「適法居住の子どもでさえ学校に通う余裕がありません」と説明していた。しかし,スチュアートの卒業生の少なくとも90％は現在,中等教育以降の教育を受けている。

さらなる情報

ラスベガスにおけるリテラシー方略のビデオは次のURLから見ることができる。www.edutopia.org/las-vegas-c-p-squires-elementary

本コラムは,エデュトピアの以下の記事を改編したものである。"Reading Rules: The Word of the Day Is 'Literacy.'" by Carol Guensburg. Originally published Feb. 2006

ながっているのは，児童・生徒が自分の理解度をモニターするのを教えることである。児童・生徒は，テキストに関して構築してきた現在の意味がいつでもテキストと自分の知識の両方の制約に直面することを確認し，より深い理解に至ろうとする彼らの継続的な試みを導くことを学ぶ。実際，他の教育的アプローチでこの取り組みほど明白に打ち込んだものはない。加えて，多くの方略は，彼らが読んでいる際の既有知識にアクセスする方法を明示的に教える。読者は，知識の記憶ではなくテキストの意味についての現在の意識を絶えず吟味するように教えられる。最後に，児童・生徒がテキストの理解や生成の**仕方**のモデルを示すので，方略は読み書きの行為についての知識を組織化する。たとえば，後に続くステップを明確にすること，読み書きのプロセスを導く質問，ストーリー構造のガイド，グラフィック・オーガナイザーの作成プロセスによってであるが，そのすべては，テキストに関する知識とそれらがいかに創造・解釈されるかを暗黙的または明示的に組織化するものだ。

　相互教授法のセッションは約30分かかることを想定しており，各セッションでは複数の児童・生徒が教師の役割を担う。典型的に小グループで実施されるが，相互教授法は，1対1および全グループ形式で行なわれてきた。このアプローチは，よくできる読者と困難を抱える読者いずれにも用いられてきた。次の相互教授法における対話は，そのテクニックに関して児童が苦戦している場合である。

教師：「なぜ」という言葉から始まるクサリヘビ（pit vipers）についての良い
　　　質問は何でしょうか？
児童：（無反応）
教師：それじゃあ，「なぜそのヘビはクサリヘビと呼ばれていますか？」
　　　　　　　　　　　　（中略）
児童：どのようにクモの仲間はもっと小さいのですか？ それを言おうと思っ
　　　たけどどうですか？
教師：それに時間をかけていいよ。君はクモの仲間について質問したいんだ。
　　　だから，君のやっているのは，「どのように」から始まる言葉なんだ。
児童：座っている多くの時間をどのように過ごしていますか？
教師：とても近いですね。その質問は「クモの仲間は多くの時間をどのように
　　　費やしていますか」という質問になるね。今聞こうとしたのは。
　　　　　　　　　　　　（中略）
教師：ケン，良く頑張ったね。でも，要約に加えるものがあるかもしれない。
　　　私たちが含める必要があると思うもっとたくさんの情報があります。この段
　　　落は主に何について書かれていますか？

児童：人工的な蒸発についての第3の方法。
　　　（Palincsar & Brown, 1984; Rosenshine & Meister, 1994でも引用されたもの）

この次の対話は，相互教授法を採用した第1学年の教室のものだ。

児童1：私の質問は，「アクアノート［水中基地で生活する潜水技術者］が水中に入ったときには何が必要ですか？」です。
児童2：時計。
児童3：足ひれ。
児童4：ベルト。
児童1：全部良い答えです。
教師：素晴らしい！　私も質問していいかな。なぜアクアノートはベルトを着用しているの？　それは特別なものなの？
児童3：それは重いベルトで，再び浮上するのを防ぐものです。
教師：いいですね。
児童1：要約してみます。この段落は，水面下に潜る時，アクアノートが何を持っていく必要があるかについてのものでした。
児童5：それと，なぜそれらのものが必要なのかについても。
児童3：**道具**をはっきりさせる必要があると思います。
児童6：それは彼らが必要とする特別なものです。
教師：この物語では，道具と別な言葉に装備があるね。アクアノートが仕事をするのをもっと容易にできる装備のことね。
児童1：私は予測できないと思う。
教師：えっと，物語の中で「多くの奇妙で素晴らしい生物」とあるけど，それはアクアノートが自分たちの仕事をしながら見ているものなんだ。私の予測では，彼らはこれらの生き物のいくつかを描こうとしていると思う。あなたたちが今でも知っている海に住む奇妙な生き物は何ですか？
児童6：タコ。
児童3：クジラ？
児童5：サメ！
教師：聞いて見つけましょう。誰が先生になるの？
　　　　　　　　　　　　　　　　　　　　　（Palincsar & Brown, 1986）

ガイドとしての教師の重要な役割は，この対話を通して明らかである。ここで表現されたモデリングと足場かけに加えて，教師はこれらの方略がなぜ重要

❖コラム❖

ジオ・リテラシー——没入型で横断的な学習

　カリフォルニア州フェアフィールドにあるトレナス小学校では，ここ最近，3年生のクラスが，デジタル写真，ビデオ映像，音声および書面のインタビューを活用する構成で，地域の歴史，地質，地理を表現するウェブサイトを作成していた。この相当な作業に取り組む中で，児童は，エバ・ラ・マル先生が「ジオ・リテラシー」と呼んでいる感覚を発達させた。彼女はこの言葉を「地質，地理，そして地域の歴史についての深い理解，また『リテラシー』を構築するために視覚的学習とコミュニケーションツールを使うこと」と定義している。

マスタープランの作成

　クラス・プロジェクトの主題であるラッシュ・ランチは，サンフランシスコのベイエリアに位置している。そこは，大半が低湿地であり，かつてネイティブ・アメリカンの村があったが，後には現在も営業中の大牧場となった。ソラノ郡ファームランドとオープンスペース財団が現在所有しているが，ラッシュ・ランチの残りの建物はインフォメーション・センターと鉄工所に変わってきた。

　ジオ・リテラシー・プロジェクトが成功するかはプランニングにかかっている。プロジェクトを開始する前に，ラ・マルは，インタビューや他の調査を通じて明らかとなる本質的な問いを生み出すのに児童と共に取り組んだ。なぜラッシュ・ランチの保存は重要なのか？

　授業では，牧場を調べるために書籍やウェブサイトを活用した。これらの情報源から，彼らはとくにその場所の3つの側面を研究することで，本質的な問いに答えられるかもしれないと判断した。それらは，その土地に住んでいたネイティブ・アメリカン，その所有地に立つ鉄工所，低湿地に住む植物や動物である。これらの科目にかかわる学問分野は，クロスカリキュラムの学習も促進するだろう。

　グループで取り組み，本質的な質問を心に留めながら（ボード上でも），児童は答えたいと思った問いを生み出し，デジタルカメラで撮影したいと思う項目を書き留めた。彼らは，探している情報を確実に得るために牧場を訪問する前に計画シートに記入した。

文脈を設定する

　ラ・マルによれば，ジオ・リテラシーは地域の歴史に焦点を絞るが，排他的ではない。理想的には，このタイプの学習は，米国史や世界史といった伝統的なカリキュラムのより大きなテーマのより深い理解につながる。

ラ・マルは，その極意とは，「橋」を見つけることであると語っていた。それは児童が国内の出来事と地域の歴史の一部とを結びつけやすくするのに用いられる既有知識のピースである。ラッシュ・ランチ・プロジェクトのために，彼女は，児童が自分の家族の歴史について学び，それらをタイムラインに組み込むように求めた。それからクラスで，バイエルンの移民であったリーバイ・ストラウスと他のゴールドラッシュ入植者の本を読んだ。彼らは，入植者がカリフォルニアに移住した理由について，ソラノ郡に自分の家族がやってきた理由と比較しながらディスカッションした。

　児童の既有知識を見つけることは，その状況を理解することを意味する。児童の多くは自分たちのコミュニティの外を旅したことはなかった。だからこそ，プロジェクトが始まる前からより大きな世界についての知識を構築するために，地図，映画，書籍，インターネット調査を利用することが重要だと，ラ・マルは語っていた。

学問同士を結びつける

　ラッシュ・ランチ・プロジェクトには，地質学，地理学，植物や動物の研究といった理科もかかわってくる。情報のプレゼンテーションにあたって，児童は研究スキルと作文スキルも同様に磨いた。「私たちの児童は作家，写真家，ビデオ撮影者，地域の歴史家になりました」とラ・マルは語った。人間の移住パターンと地理との相互関係性を示すにあたって，彼らは生態や科学や地質学の他の要素を吟味することを学んだ。

　児童は，新しく見いだした知識を共有した後，それぞれがアルファスマートのポータブルキーボード☆訳註13を使って調査結果を入力した（ラ・マルの学校では教師が教室にキーボードのセットを貸し出すことができる）。次に，児童は，自分のデバイスを部屋の5台のデスクトップコンピュータの1つに交替で接続し，Microsoft Word文書の画面上で書いたものを見ていた。これらの文書が，児童のウェブでの執筆の基礎を形成した。ウェブサイトを作成する作業は，3年生の能力を超えたものだったとラ・マルは語っていた。そのギャップを埋めるために，彼女は，パノラマ撮影とビデオ映像を撮る際にアーミジョ高等学校のウーマン・イン・テクノロジ（Women in Technology: WIT）プログラムからの支援を得た。フェアフィールド高等学校のマルチメディア・プログラムの生徒がクイックタイム・バーチャルリアリティ（QTVR）ソフトウェアを使用して，オブジェクトの回転を支援するために教室にやってきた。このテクノロジにより，ウェブサイトでは，ブラックベアの頭蓋骨といったオブジェクトをさ

☆訳註13　キーボードに液晶がついた文字入力デバイスのこと。

まざまな角度から見せることができ，ユーザーはより完全な体験ができる。フェアフィールドのマルチメディア教師のキャシー・リンクとマイク・キースリングは，WITプログラムを率いているが，将来の就職，大学入学，そして奨学金のために，技能実習とボランティア体験の面で生徒にこの仕事の利点を強調していた。

遙かに超える

　生徒の取り組みを評価するために，ラ・マルは彼らと共にプロジェクトのためのルーブリックを作成した。さらに，彼女は，スタンダードを強化するため，プロジェクトにミニレッスンを取り入れた。スタンダードへの焦点化を推進する動きの大部分は，保護者から生まれるものだ。彼らは，創造性の高いカリキュラムを高く評価しているが，子どもたちが州や国のスタンダードを満たし続けているかを確認したいと思っている（2001年にトレナス小学校は，学業成績指数に関してカリフォルニアの目標スコア1000点のうち800点を達成したソラノ北部の4校のうちの1つになった）。

　この最初のプロジェクト以来，ラ・マルの授業は，同様のことに取り組んできた。彼女のジオ・リテラシー概念の重要な特徴は，その複製可能な性質である。ラ・マルは，参加したい学校に「特定の地域を選ぶのです。おそらく古い建物，古い校舎，または公園があります。そこから始め，毎年積み重ねていくのです」とアドバイスしている。

　彼女は，伝統的で「歴史的」な場所に限られるものではないとつけ加えた。ソラノ郡に行った時，最初に「そこの歴史はなんですか？」と思ったのです。しかし，いったん調べ始めて，地域の歴史家と話すと，そのストーリーの一部が見つかります。古い歩道を探してください。地理を調べてください。（中略）あなたの土地にはいくつの採石場がありますか？ これらの採石場からの岩はどこに行きましたか？ この地域にはどのような記念碑がありますか，あるいはどのような地質学的側面がありますか？ ［あなたの地域の］歴史について学び始めましょう。それは非常に魅力的なのです」。

さらなる情報

　このプロジェクトのビデオを見るには次のエデュトピアのページへ。www.edutopia.org/geo-literacy-project

　本コラムは，エデュトピアの以下の記事を改編したものである。"Geo-Literacy: Using Technology to Forge New Ground," by Ashley Ball. Originally pubslished June 2, 2003

であるか，そしていかにそれらが児童・生徒の読解に役立つかを日常的に児童・生徒に思い起こさせる。理解を目指した指導に関する3つの基本原則のうちの2つは非常にはっきりとしている。どちらのシナリオでも，教師は古い知識と新しい情報との関係を強調し，学習のモニタリングを奨励するために多くのことを行なっている。あまりはっきりとしないのは，新しい情報を統合された知識フレームワークに組織化すること

総合的なカリキュラムはワクワクするような方法でリテラシーの発達を強化し，知識を高める。

への焦点化である。それを強調する第3の文脈である総合的な指導（integrated instruction）がより関連している。

総合的な指導

　リテラシーにおけるマインドフル・エンゲージメントを目指す文脈のデザインに関する第3のアプローチは，教科内容の学習に読解と作文を統合することに焦点化している。理科や社会科といった教科領域にリテラシーの指導を埋め込むことで，リテラシー学習への魅力的で真正な文脈を生み出し，読解と作文に意味ある形でかかわることにつなげられる。教科内容の領域が分離した読解方略と作文方略の応用を実践できる状況を生み出すだけでなく，世界を学ぶのに利用できるこれらの方略を洗練されたダイナミックな形で実現できる機会も促進するのである。

　学習目標が他の学問知識やスキルの獲得を強調する文脈における読解アプローチは，リテラシーのより機能的な見方に進む傾向があるだろう。それは，人々が他の領域で知識を獲得するのに用いる一連のツールやプロセスとして読解，作文，そしてディスコースを取り入れることである。逆に，リテラシー実践を動機づけたり証明したりする機会として教科内容の領域を扱うこともあるだろう。教科領域の読解と作文は，知識を構築し，その学問の特徴となるある種の調査に参加するための手段として教え，適用され得る。それに加えて，語彙や世界の知識は，リテラシーのさらなる発達を促す。

　総合的な指導に関する文献では，指導の研究が増えている（たとえば，Guthrie & Ozgungor, 2002, そして Hapgood, Magnusson, & Palincsar, 2004）。この研究は，総合的なカリキュラムの有効性に関する理論（Gavelek, Raphael, Biondo, & Danhua,

1999; Yore et al., 2004を参照）と，きわめて最良の教師によるきわめて最善の実践の分析によって具体化された専門職としての知恵の実体（Pressley, Wharton-McDonald, Rankin, Mistretta, Yokoi, & Ettenberger, 1996）に基づくものである。ここでは，教科内容とリテラシー発達を統合する可能性を明らかにした指導に関する研究の注目すべき道筋に焦点を当てている。

研究ベースのプログラム
概念指向の読解指導（Concept-Oriented Reading Instruction: CORI）

　ガスリーと同僚たちは，概念指向の読解指導（CORI）に関する研究を通じて，内容領域に焦点化することが，読解と作文における意味ある関与を促すことを示してきた（Guthrie, Anderson, Alao, &Rinehart, 1999; Guthrie&Ozgungor, 2002）。CORIは，理科と社会科の幅広いテーマに沿った一連の活動に児童・生徒が参加する指導のフレームワークである。CORIの目標は，児童・生徒の内的動機づけや持続的で方略的な読解のエンゲージメントを高めることにある。CORIは，理科または社会科における知識目標を中心に構成されている。その目標の下，直接経験，読解，方略指導，仲間との協働の機会をサポートする。CORIは，質問，背景知識の活性化，要約といった読解方略の直接な指導を推し進める。そこには，児童・生徒が深い知識を身につけ，内容領域のトピックに関するエキスパートとなるのを可能にする文脈がある。ガスリーとオズガンガー（Guthrie & Ozgungor, 2002）によると，読解方略の学習は，児童・生徒が知識の蓄えを豊かにすることで支えられていることが示唆されている。内容の文脈は，「読解のエンゲージメントの認知的側面およびモチベーションの側面いずれも」を支援する（Guthrie &Ozgungor, 2002, p.280）。CORIの重要な特徴は，児童・生徒が経験と読解，方略と内容，リテラシーと科学的なテキストを結びつけられるように，一貫性を持たせたり，活動と内容を結びつけたりすることにある。

　ガスリーと同僚たち（Guthrie et al., 1999）は，CORIの児童と伝統的に編成された教室の児童とを比較した第3学年および第5学年の5つの教室における1年間にわたる調査を報告した。彼らは，CORIプログラムが児童の方略の活用，概念の学習，テキストの理解度を向上させることを明らかにした。関連する研究として，ガスリーと同僚たち（Guthrie et al., 2006）は，読解のモチベーションに関する直接経験を含む総合的なカリキュラムの影響を調査した。この研究では，第3学年の4つの教室に在籍していた88人の児童が参加し，そのすべての教室でCORIモデルを活用し，読解方略の指導が行なわれた。2人の教師は刺激的な課題をたくさん生み出した（体験の科学）。その結果から，自分たちの関心に基づく読解のエピソードを経験する児童は，興味深い読解のエピソードをあまり経験し

ていない児童よりも読解の理解度がより高くなるという研究者の仮説は支持された。しかし，経験の量だけが重要なのではない。研究者たちは，「モチベーションと理解度に永続的な影響を及ぼす刺激的な課題となるには，経験がさらなる知識と概念的に関連づけられなければならない」と示唆している（Guthrie et al., 2006, p.234）。

多様なリテラシーを支援するガイド探究
（Guided Inquiry Supporting Multiple Literacies: GIsML）

　パリンスカーとマグナソン（Palincsar & Magnusson, 2001）は，理科における間接的またはテキストベースの経験に関する研究プログラムに取り組んでいる。この研究では，間接的な（テキストベース）調査が，科学的概念の理解を促進したり，科学的に推論できる児童・生徒の能力を支援したりするために，一般的な探究をいかに促すことができるかに関心が寄せられてきた。パリンスカーとマグナソンの研究の文脈は，専門性を高める取り組みのプログラムとしての多様なリテラシーを支援するガイド探究（GIsML）である。GIsMLにおいて，教師は，探究のコミュニティを確立し，特定の質問から導かれる調査サイクルに児童・生徒を従事させる。GIsMLは，とくに架空の科学者のノートを活用して，直接体験と間接体験を組み合わせている。このノートは，科学的な問いの提示をモデル化し，架空の科学者の調査を記述し，科学者が収集したデータを報告している。このノートは，児童・生徒がインタラクティブに使用できるように設計されている。児童・生徒は自らの調査結果と科学者の結果とを比較し，科学者と共にデータを解釈する（Palincsar & Duke, 2004）。テキストはまた，間接的な資料を使い，批判的に読み，データを解釈し，結論を導くことで科学者をモデル化している。児童・生徒が科学的な問いを調査した後，彼らは他者の解釈を学ぶためにテキストを参照する。

　GIsMLを用いる教室で光について学ぶ4年生の学習成果を比較する準実験の研究では，教室で児童が理解しやすい説明的なテキスト（より平易に理解できるようデザインされたもの）を活用していたが，テキストのジャンルによって，児童が読解から発達させた知識に影響することが示唆された（Palincsar & Magnusson, 2001）。児童は，理解しやすい説明的なテキストを読む時よりも，科学者のノートテキストを用いたGIsMLの指導で多くのことを学んでいた（彼らはより多くの情報を思い出し，テキストに基づく推論をより行なうことができた）。パリンスカーとマグナソンは，ノートが探究のプロセスを反映した教室での会話を促し，児童が光についての理解を共同構築していくことに取り組める機会を促進することを見いだした。

理科におけるヴァレ・インペリアル・プロジェクト
（Valle Imperial Project in Science: VIPS）

これらのアプローチは，英語学習者にとっても生産的である。たとえば，カリフォルニア州の農村部の学区における4年間の教育プロジェクトである「理科におけるヴァレ・インペリアル・プロジェクト」では，理科ノートを用いた作文へ焦点化し，キットを用いた探究志向の科学プログラムからモジュールを組み合わせた。児童は，可能な限り英語を用いて，探究ユニットのためにデータを収集，記録，分析，報告するのにノートを使用した。ノートの使用は，理科の内容知識を高め，英語のライティングスキルを向上させることを目的としていた。研究者たちは，EL児童がプログラムに参加した年数（0から4年）と，英語で実施された理科，読解，作文，そして数学の標準評価の結果との間に一貫した肯定的な関係性が見られることを明らかにした（Amaral, Garrison, & Klentschy, 2002）。

理科の深く拡張された応用（In-Depth Expanded Applications of Science: IDEAS）

ロマンスとヴィターレ（Romance & Vitale, 1992, 2001）は総合的な理科と国語（language arts）☆訳註14のIDEASモデルを開発した。IDEASは，伝統的なリテラシー指導に割り当てられた時間を，読解と国語のスキルに注意を払った2時間続きの理科の指導に置き換えた。理科の指導は，夢中になるような概念に焦点化された直接経験と，ディスカッション，読解，コンセプト・マッピング，そして日誌の執筆といった科学的プロセスのスキルへ注意を払ったものだった。典型的に，IDEASを実践している教師は，「児童・生徒がより意図的な批判的読解をするのに必要な学習経験が得られる」のを保障するために，実習後に読書活動に従事させていた（Romance & Vitale, 1992, p.547）。

ロマンスとヴィターレは，長期間の研究を通して，IDEASの児童・生徒が，全米の平均的な標準測定（the Metropolitan Achievement Test-Science, Iowa Test of Basic Skills-Reading, and Stanford Achievement Tests-Reading）において，一般的な国語と理科のプログラムを受けた児童・生徒よりも優れていることを示してきた。また，IDEASの児童・生徒は一貫して理科と読解のいずれに対してもより肯定的な態度と自信を有意に示している。ロマンスとヴィターレは次のように示唆しているが，私たちも同意する。基本的な読解教材が重視していることで再考すべきなのは，構造的な概念的知識に触れさせないことであり，学問領域における概念を理解するために結局しなければならないある種の読解に備えるものでもないからだ。

☆訳註14　多くの辞書でこの訳語が当てられている。

歴史的推論と討論型作文（Historical Reasoning and Argumentative Writing）

本章の前半で，児童・生徒の読解力と作文能力を育成するために議論に焦点化した協働的推論と協働的作文の力について述べた。これらの原則は，社会科の文脈におけるリテラシー発達を基盤にした方略まで広がる。たとえば，デ・ラ・パズ（De La Paz, 2005）は，歴史的な理解と討論型の作文スキルを高めるためにデザインされた総合的な社会科と国語ユニットに参加した第8学年の70人の生徒を対象とした研究について報告している。実験群の生徒は，社会科の授業で歴史的推論を学ぶと同時に，英語の授業で討論型の小論文の構想と構成に関する方略を指導された。歴史的な推論活動には，複雑な歴史的事象を理解するための一次資料および二次資料の読み込みとそれらの一致作業が含まれていた。統制群と比較して，作文方略と歴史的推論方略を習得した実験群の生徒は，当初の学習プロフィールに関係なく，有意により優れたエッセイを生み出すことができた。すなわち，それらは，より歴史的に正確で，より説得力があり，より長く，より多くの論証を伴ったものであった。

鉄工所の訪問といった教科内容のつながりと直接経験が読解力を向上させる。

総合的な指導とマインドフル・エンゲージメント

これらのプログラムはすべて，教科内容の知識とスキルの取得を支援するために読解や作文を用いることに重点を置いており，ほとんどの取り組みは，リテラシーと内容領域の学習いずれに対しても肯定的な影響を示してきた。総合すると，それらは，理解を目指した読解，そしてリテラシーツールが他の分野の学習のために用いられる時に何が効果的であるかの問題を浮き彫りにする。とりわけ，これらの効果的なアプローチは，マインドフル・エンゲージメントを支持する数多くの実践の重要性を指摘している。

理解を促進するための知識の構築と語彙

背景知識と理解力との関連性は十分に確立されたものである。私たちは，意味を構築する上で，「読者がテキストにもたらす知識が最も重要である」と長い間認識してきた（Dole et al., 1991）。私たちは，背景知識が理解を向上させ（McKeown, Beck, Sinatra, & Loxterman, 1992），情報の記憶に影響する（Stahl, Hare, Sinatra, &

本からであれ経験からであれ今日獲得した新しい知識は,明日の別の活動にもたらされる既有知識となる。

Gregory, 1991) ことも理解している。背景知識や既有知識は,具体的なものから一般的なものまで多くの形でもたらされ,言葉の知識を含むものであるので,読解力にも確実に結びついてきたのである。研究では,語彙が豊富な児童・生徒が良き理解者になる傾向があるだけでなく,語彙の指導が理解の向上につながることも示されてきた(Beck, Perfetti, &McKeown, 1982)。

内容領域にリテラシー指導を埋め込むことは,理解に影響を与える豊かな世界認識を構築する1つの方法となる。それは,児童・生徒が生成的で,アカデミックな言葉の幅広いネットワークを発達させるのにも役立つ。ここで述べられているいくつかの研究プログラム——とくにCORIとGIsML——は,関連するテキストの理解に影響を与えるために,児童・生徒がもたらす世界についての知識を構築できるよう教科領域での経験を用いている。GIsMLプロジェクトでは,児童・生徒の知識を深め,彼らが自分たちの理解を深めたり,磨きをかけたり,明確にしたりするのを促すために,いかに読解と作文が用いられるかを示している。ヴァレラスとパパス(Varelas & Pappas, 2006) は,直接体験と関連するテキストについてのディスコースに関与した児童・生徒が,科学的概念の理解を深めていたことも示した。

学問的知識が利用できる読解と作文の活用

CORIプロジェクトは,読解と作文を内容領域の専門知識とつなげることで,児童・生徒が関与でき,方略的で教養ある行動を支援できるという強力なエビデンスをもたらしている。CORIの研究者は,教科内容のつながりと直接体験が,より意欲的で方略的なリテラシー行動や読解力の向上をもたらすことをくり返し実証してきた。IDEASプロジェクトは,重要な科学トピックの専門知識の開発と,読解,作文,科学的活動のつながりを生み出すことを重視している。また,綿密な読解とコンセプト・マッピングによる科学テキストの理解を目指した体系的なアプローチも強調している。IDEASの研究者は,総合的なプログラムが,理科とリテラシーにおける児童・生徒の到達度を向上させるだけでなく,いずれの分野における態度と自信も向上させることを明らかにしてきた(Romance & Vitale, 2001参照)。

高次の意味生成を求める状況に児童・生徒を引き込むコンテンツの活用

　いくつかの研究プログラムでは，他の目的のために活用するのに十分な材料の理解を目指すという真正の目的のために，児童・生徒が本物のテキストを読むことにかかわっている時に読解力の向上が加速するという説得力のあるエビデンスが提示されてきた。他の目的とは，議論したり，あるやり方で概念を応用したりすることである（Kaypp, 1995; Taylor, Peterson, Pearson, & Rodriguez, 2002; Taylor et al., 2003）。これらの研究によって，読解と作文がより統合されればされるほど，読んでいるものを議論する児童・生徒が増えれば増えるほど，教師がテキストの文字どおりの理解よりも深い理解を強調すればするほど，文脈とは関係のない読解ではなく意味のある読解の文脈で教えられる別個のスキルが増えれば増えるほど，到達度が高くなることが明らかにされてきた。リテラシーと教科内容の学習とを統合することによって，テキストの深い処理，テキスト間の概念のつながり，そして作文を通しての情報の意味づけの機会が促進される。

　「粘着性のある糊」プロジェクトに関する描写（p.104ケース「読解，作文，そして科学への総合的なアプローチ」参照）は，内容領域の活動，読解，および作文の間の相乗的な関係によってマインドフル・エンゲージメントをいかに刺激できるかを示している。この描写では，科学的な活動が真正で魅力的な読解と作文の機会を提示すると同時に，読解と作文が児童の科学的知識とスキルの獲得を促した。児童は，デザイン課題を完成させるために，直接経験とテキストからの情報を収集・調整しながら，テキストと経験との間を往還していく。児童自身の食材についての経験と参考文献の読解は，エビデンスの多様なピースとタイプである。それらは一致させなければならないものであり，児童の中核的な科学的概念（成分の特性と混合物との関係）の理解を拡張するものであり，参考文献における情報を発見するための方略を学習・実践できる真正の機会を構成するものである。

　児童はまた，テキストを調査や作文のためのモデルとして活用する。男性用ヘアジェルに関する物語的な説明とハンドブックの説明のいずれもが，他のクラスメンバーや他のクラスに対して，調査報告書をいかに構成するかを示すモデルである。科学的な調査によって，将来の読解力を支える深く一貫した知識を生み出すことができることを覚えておくことは重要である。私たちは，本からであれ経験からであれ，児童・生徒が今日生み出した新しい知識は，明日の別の科学的活動や別のテキストにもたらされる既有知識となることを時々忘れてしまう。

　最後に，この描写に示されているように，科学的活動とテキストの間にこのような完璧な一致を生み出すことが常に期待できるとは限らないが，私たちは，児童・生徒が内容領域の学習に関与できるよう促すテキストを選択し，彼らがさまざまな方法でテキストと相互作用する機会を促進する内容領域の活動を選択する

◉ケース◉

読解，作文，そして科学への総合的なアプローチ

ルーシー・ダンカンの第2学年と第3学年の教室では，児童は，原料のセット（コーンスターチ，小麦粉，塩等）と，接着剤として使用できる混合物をつくるデザイン課題が与えられた。この課題は，混合物と溶解に関する理科の単元の一部であった。

児童は，粘着性のある糊となる混合物をつくるという目標をもって，デザイン課題に着手した。ダンカンはまず，利用可能な原料についての情報を自分の目で見て収集するように求めるところから始めた。児童は，最初は乾燥した状態で，次に水と混合した状態にして原料を観察した。そして，原料の特性についてより学び，粘着性のある糊をつくるのに役立つものを選択し始めた。原料を観察することに加えて，児童は各原料の粘着性の検査を行なった。児童は，各原料を水と混合し，その混合物を用いて18粒の豆をインデックスカードに貼りつけた。翌日，児童はカードを垂直に持ち，貼りついている豆の数を記録した。この授業では，調査結果を伝えるために以下の表を作成した。

分類表1：豆の粘着性テスト

原料	粘着テストでのエビデンス （くっついた豆の数）
小麦粉	18
コーンスターチ	12
塩	15

その後，児童には，参考文献が紹介された。そこには，それらがどこから来たのか，何のために使われるのか，それらの特性といった原料に関する情報が含まれている。児童は，目次と索引を活用して，原料や特性に関する情報を検索した。彼らは，テスト結果の隣にテキストのエビデンスを記録するために分類表を次のように拡張した。

分類表2：豆の粘着性テストと本からのエビデンス

原料	粘着テストでのエビデンス （くっついた豆の数）	本からのエビデンス
小麦粉	18	p.19: 乾燥している時は固い
コーンスターチ	12	p.13: クレヨンを巻いている紙の糊に使われている
塩	15	p.25: 湿った時に粘着性がある

児童は，糊の混合物に何を最初に入れるかについて決定するにあたって，直接（実験）および間接（テキスト検索）の調査からのエビデンスを考慮に入れた。児童は，これらの混合物をつくってテストし，自分たちが取り組んだ糊のつくり方を記録した。

　それからダンカンは，ヘアジェルをつくりたい男の子についての本を児童に読ませた。本に登場する少年は，ヘアジェルになりそうな原料をテストしながら，ヘアジェルに必要な特性を決めていた。ヘアジェルで髪を固めたいだけでなく，無色無臭であってもほしかったのだ。この本は，含まれる成分について選択するためにこれらの望ましい特性を活かしている通り，デザインプロセスをモデル化している。この本は，データの記録と手続き文の作成（すなわちレシピ）についてもモデル化している。ダンカンは，児童が本を読む前に，目標設定の理解に関する方略を実践するのを支援した。すなわち，ヘアジェルをつくる少年についての本を読んでデザインプロセスについて学ぶことに集中させたのだ。本を読んだ後，児童は，この本で用いられたデザインプロセス，そして自分たちが糊の混合物を精製するためにいかにこれと同じ特性のデザインプロセスを活用するかについて熟考した。

　その後，児童は，追加の原料の試験を行なって，新しい特性に焦点を絞った。児童は，粘着性があるだけでなく強力さも合わせ持つ糊をつくり出すことに決めた。児童は，どの原料が最も強力かを実験しながらエビデンスを収集した。今回は折り曲げたクリップをインデックスカードに貼りつけ，保持できる金属ワッシャーの数を数えた。そして，彼らは，原料についての情報を集めるために参考文献を読み直した。児童は，強力さのデータを集めるためにグループで取り組み，グループの結果を新しい分類表に記録した。

分類表3：クリップ／ワッシャーテスト

原料	強さのテストからのエビデンス （クリップで留められたワッシャーの数）
小麦粉	10, 10, 11, 12, 13
ゼラチン	9, 8, 11, 9, 7
コーンシロップ	7, 9, 9, 10, 8

　2つの異なる実際の調査と2つの異なるテキスト調査から収集したエビデンスに基づいた強力な糊のつくり方を書くことで，この活動は終了した。

ことができる。この事例のような科学的調査の文脈では，児童・生徒が自然現象の研究に没頭できるので，それを明らかにしたいとの心からの願いに根ざしたテキストから学ぶ多くの機会を生み出すことになる。

結　論

　私たちは，3つの一般的な文脈——テキストをめぐる社会的相互作用，方略指導，そして総合的な指導——を描き出したが，児童・生徒が読解に心から関与できる教室環境の創造に期待が持てることを証明してきた。これらのフレームワークのすべては，『人はいかに学ぶか』で説明された3つの特性を共有している。それらは，児童・生徒の既有知識をもとにして，児童・生徒が新しい学習と仲間の学習とを結びつけるのを支援する（たとえば，仲間とのテキストに関する質問を児童・生徒に奨励すること）。それらは，豊かな学習の文脈を設定し，重要なアイディアとプロセスを明示的に結びつけること（たとえば，科学的調査の文脈に読解の指導を埋め込むこと）による知識の組織化を強調する。これらのフレームワークはすべて，児童・生徒が学習を熟考し，その意味を理解するために十分な機会を促進する（たとえば，テキストを理解するために活用する読解方略について熟考するよう児童・生徒に求めること）。これらのフレームワークはすべて，読解が孤立・断絶された活動ではなく，能動的な学習者が世界を知り，調査し，意味を理解するために使用するツールであることを保障するための歩みを進めるものである。

# 第3章
理解を目指した算数・数学 ☆訳註1

アラン H. シェーンフェルド

　本書全体を通して，学習の概念によって私たちにとって興味深い指導へのいくつかのアプローチが補強されるという考えにここまでのところで帰着してきた。前章では，私たちは，読解の目的と読者の役割について議論してきた。算数・数学も同様に多くの見方で捉えることができる。

・問題や方程式を解くためのルールと手続きの集合
・公理から厳密に定理を導いていくといったフォーマルな論理の体系
・規則性を定式化および探究する「パターンの科学」
・私たちの身の回りの世界での規則性を表現する「科学の言語」，など★原註1

　おそらく最も重要なのは，それは，2つの大きく異なる方法で経験され得るということであろう。数学者にとって，そして，運よく数学を数学者が考えるように授業中に経験することができた児童・生徒にとってみれば，算数・数学とは，意味を理解する1つの形であり，結果としてパターン，ルールと手続き，そして結果が，意味ある方法ですべて首尾一貫するのである。それは，探究することが

☆訳註1　原語の"mathematics"に関して，諸外国では初等教育と中等教育でそれぞれ「算数」と「数学」と分けられてはいない。本章では，訳出上，教科に関する部分では，小学校を「算数」，中等学校を「数学」とし，両者を含むものは「算数・数学」としている。それ以外の内容やスキル等に関してはすべて「数学」と表記している。
★原註1　算数・数学のこれらの側面に関するきわめて読みやすい議論としては，デイヴィスとハーシュ（Davis & Hersh, 1981），スティーン（Steen, 1988），ウィグナー（Wigner, 1960）を参照のこと。

できたり，発見し，検証したりすることができた人たちの中での原理（discipline）である。しかしながら，多くの人たちにとって，算数・数学は，暗記して適用されるやや恣意的なルールや手続きの集合として経験されている。そういうわけで，本章の議論は，学校の中で算数・数学とはどうあり得るかというイメージをもつことから始める。その後，より大きい問題について論じていく。すなわち，理解を目指した指導の目標は何を含むべきか，そのような目標は達成可能であるというエビデンス，そのような目標を狙わない指導を行なった結果のエビデンス，目標を達成するために必要ないくつかの条件について議論する。

あるイメージ

　偶数と奇数の性質を探究している小学校3年生のクラスをイメージしてみよう。このクラスでは，さまざまな観察をしてきた。偶数は，2つずつ数えていくと得られる数である。偶数と奇数は交互に現れる，つまり，奇数とその次の奇数の間に偶数があり，偶数とその次の偶数の間に奇数がある。

　教師は，偶数と奇数とはどのようなものかと児童に投げかける。最終的に，児童は，次のような定義を思いつく――「ものの個数が偶数個であるとは，1度に2個ずつのペアでまとめあげて（あるいはそれらを数えて），すべてやり終わったとき，何も残っていないこと。」

　「ものが奇数個であるとは，同じように1度に2個ずつのペアにまとめようとするけれど，最後までやり終わったときに，1個が残ってしまうこと」。このようにみると，10個のものの集まりは偶数とみることができるが，11個のものの集まりは奇数とみることができる（p.108の図参照）。

　　10は偶数です。なぜなら，10個の集まりは，一度に2つずつ丸で囲んでいくと，最後は何も残らないからです。

　　11は奇数です。なぜなら，一度に2つずつ丸で囲んでいくと，1つ残るからです。

教師は児童に，奇数同士や偶数同士を足すように求め，何か気づくことはあるかと問いかけた。とりわけ，児童は2つの奇数を足すといつでも，その和は偶数になることに気づいていた。クラスが直面した問題はこうである。これはいつでも正しいのか？　これをいかに児童が理解していくのだろうか。

　ここで真剣な議論が起きる。何人かの児童は，それをやってみると毎回そうなるから，真に違いないと論じる。他の児童は，「でも，まだやったことのない数ではどうなの？　もしかしたら加えると奇数になるような2つの奇数はあるかもしれなくて，わたしたちがまだそれを見つけていないだけかもしれない」と言う。さらに，他の児童は，それが確実にいえることを知ることは決してできないと論じる。というのも，奇数は限りなく続くので，和がいつでも偶数になるかを示すことを，すべてのペアについて試すことは実際できない。このような会話を経て，問題は，**なぜ**合計は偶数になるのかに転じていく。p.109-110に掲載した図中の表現を用いて，ある児童はなぜ7+9は偶数になるのかを示している。

　7をこのようにかくことができます。

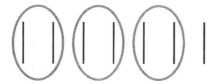

　そして，9をこのように。

　そして，このように，9を反対からかけば，

　すると，7と9を，「あまり」どうしが互いに隣同士になるよう並べてこのようにかけるよ。

ほら，2つのあまりをいっしょに丸で囲める。

こうやってみると，7＋9の和には何のあまりも残らない。だから，7+9は偶数だよ。

　面白いことに，7+9が偶数になるにちがいないと説明したこの児童は，特殊な場合を用いて，クラスへのプレゼンテーションを始めた。しかしながら，彼女が終えるまでに，自分の主張が一般的に成り立つことを彼女は認識していて，クラスに対してそのように説明を続けている。説明に用いる2つの奇数が何であれ，最初の奇数には，残ったものが1つあるはずである。そして，2つ目もそうであるはずである。そして，これらの2つの残ったものを一緒に丸で囲めば，合計したすべての数を丸で囲むことができる！ しばらくの議論の後，2つの奇数の和は常に偶数になるであろうという結果が一般的に成り立つと，クラスで合意した。フォーマルな数学用語で表現されていないけれども，児童によって行なわれた議論は，2つの奇数の和はいつでも偶数になることの証明としての「数学的な審判（court）」に通用し得るものだったことは注目に値する。

　この例から多くのことが引き出されるが，それらは真実である（たとえば，Ball & Bass, 2000; Stylianides, 2005）。まず，児童が意味を理解する，すなわち数学的な構造について探究するという，本物の行動に携わっていることである。そして，彼らは，確実にいえそうなことが起こっている**のかどうか**，もしそうだとすると**なぜ**なのかを議論していて，活動のまさに本質を映し出していた（彼らは，数学的な言葉では以下のように尋ねたことになる：ある対象の有限な部分集合のみを確かめただけで，無限に要素をもつ対象に対して証明することが可能だろうか？ これは，際だって洗練された質問であり，それを肯定的に解決した！）。その児童の最後の議論は，3年生の言葉で表現されているものの，数学的に一分の隙もない証明になっている。このように，児童が行なった探究は，「パターンの科学」としての数学の規

範に正当に従っており，やろうと思えば厳密な証明として形式化されうるものである。

この数学に対するアプローチ（対象となる集合にはどのような性質があるのか？ それらには一貫した性質が現れているのか？ もし，そうだとすると，どうしてそのような一貫性が成り立つのか？ 事象は常にそのようになっているか？ どのように証明すればよいのか？）は，数学を考える際の核心にあたり，それは，代数や数論（今示した例が属する数学の領域），幾何（多くの大人が高校で初め

教室における生産的な数学的な相互作用は，強力な意味理解と深い理解を促す。

て推論と証明に出会った），確率や統計であってもそうである——そして，それは純粋数学であろうが，応用数学であろうが根底にあるものである。数学的な事象について理解することは，数学者が**行なっている**ことである。この例が示すように，児童・生徒はそのようにできるようになる。このような意味理解によって，深い理解に至ることができ，それは指導目標なのである。

意味理解を目指した指導には，伝統的な「説明と練習」型の指導形態とは異なり，内容とのある種の相互作用が求められる。たとえば，数学教育のデボラ・ボール教授は，小学生を対象とした研究を行なっており，小学校3年生に対して，明示的に「推論」と「証明」についての語彙を指導し，それらを用いて思考を進める習慣をつけていった。彼女は，児童が，確固たる数学的基盤に基づいて，説明を比較したり対比したりする学級の雰囲気をつくり上げた（Schoenfeld，印刷中）。ランパート（Lampert, 2001）は，授業で生産的な数学的相互作用が創発される指導の計画や組織化について詳しく述べている。割合といった概念を構成してみよう。5年生の児童は，自動車が時速55マイルで移動するということが何を意味しているのかをいかに理解するだろうか。15分間のうちにその自動車がどれだけの距離を進むかを児童はいかに考えるのだろうか。そして，(1) 児童のより確固たる理解を育み，(2) そのような問題を通して注意深く考えることを好むようになるために，私たちはこれらのディスカッションをいかに練り上げていけばよいのだろうか。ランパートは，意味理解のための手段として，問題を用いて指導する価値を詳述した。ボアラー（Boaler, 2002）は，高校レベルでの同様な実践についての特徴を示した。全米数学教師協議会（The National Council Teachers of Mathematics）（NCTM, 1991）は，やりがいのある数学の課題，生産的なディスコー

スの構造，そして，児童・生徒の理解の分析を教室での指導に取り入れる方法の必要性を示した。

このように，児童・生徒にとっての数学的の目標の豊かな集まりには，内容とプロセスのいずれもが含まれる。内容の面では，K-12カリキュラムは，数と計算，測定，規則性，関数——つまり代数，幾何，確率・統計に関係した適切な内容を網羅すべきであると広くコンセンサスが得られている。一方，プロセスの面では，児童・生徒は，幅広い問題解決スキル，とくに，一貫した推論のつながり（正式には証明）に取り組む力，話したり書いたりしながら数学的なコミュニケーションを図る力，数学的に関連をつなげる力，（特定の数学的な表現を含んだ）やりとりにおいて流暢に数学的な道具を用いる力を育むべきである。さらにいえば，児童・生徒は，適切な数学に対する心構えを育むべきである。すなわち，算数・数学は，理解できるもの，そして，理解すべきものと見なされるべきであるし，ここで紹介した例の趣旨を踏まえれば，児童・生徒はそれがわかるよう期待すべきである。

この節でまとめてきたことは，全米数学教師協議会（NCTM, 2000）による400ページを超える『学校数学のための原則とスタンダード（*Principles and Standard for School Mathematics*）』の要点であり，それは，算数・数学指導の幅広い目標を正確に描くものである。これは，算数・数学の指導に関するスタンダードとアプローチを概括した近年出されたいくつかの文書の1つであり，すべては算数・数学における学習と効果的な指導実践に関する研究に基づいている。こういった報告書の起源についての論議，なぜそれらが必要であって，それが示すビジョンが達成し得るものなのかというエビデンスをこれから見ていく。

小史————機械的学習がもたらすものと改革の背景

簡明に記されたあらゆる歴史的な論議に関しては，幅広い真実を示す一般性があるものの，みなの経験とは限らない。とくに，算数・数学は，筆者にとって大好きな学校の教科であった。意味を理解していたので，大いに算数・数学を楽しんだ。私は規則性を見つけることができたし，なぜある物事がうまく機能するのかをしばしば明らかにすることができた。私が見るところでは，算数・数学は，（私がとった他のコースと違って）暗記をするところはきわめて限られており，物事はうまくかみ合い，私がすべきことは重大な観念を理解することだけだった。そして，私は数学者の道へ進んだ。

ところが，私の経験はありふれたものではなかった。私のクラスメイトのほとんどは，算数・数学の意味を理解しなかった。それは，暗記して適用するルール

と手続きの集合だった（［分数の割り算］「なぜかなど問うべきではありません。ただひっくり返して掛けるのです」）。

　児童・生徒が数学的な意味を理解せず，数学を単に適用されうるルールの集合とみなしたときに，何が起こるかをということについてよく知られた例を示そう。問題は，1983年に全米学力調査（National Assessment of Educational Progress: NAEP, Carpenter, Lindquist, Matthew, & Silver, 1983を参照）で出題された次の問題である。

　　　陸軍のバスはどれも36人乗りです。1128人の兵士を演習場にバスで運ぶのに，何台のバスが必要ですか。

　NAEPのデータは，テストを受けた70%の児童は，36を31回かけて1128になり，12が残ると正しく計算できたことを示している。しかし，彼らがこの問題にいかに解答したかを以下に示す。

・29%は，必要なバスの数は「31あまり12」と答えた。
・18%は，必要なバスの数は「31」と答えた。
・23%は，必要なバスの数は「32」と正しく答えた。
・30%は，計算を間違えた。

（Carpenter, Lindquist, Matthews, & Silver, 1983, p.655）

　児童のうちの多くが「バスの台数」に対して余りを含む答えを選択した事実は，その児童がどんなことをしていたとしても，状況をわかって**いなかった**ことを示唆している。むしろ，児童は，自分自身の経験から，文章題は算数のための「つくり話」であるということを学んでしまっていた。児童が文章題でやっていることは，数や，そこに適した演算を特定し，演算を行ない，答えを書きだすことである（Schoenfeld, 1992）。23%の児童だけが，式を正しく計算し，どういう状況かを理解することができたという事実から，なぜ米国における数学教育が相当深刻な状態となったのかの理由が本当に求められ，それをいかに変えるべきかという多くの報告がなされるに至った。

　ランパートは，（誤）理解の原因を以下のようにまとめた。

　共通して，算数・数学は，ある確信と結びついている。つまり，算数・数学を知ることとは，すばやく正しい答えを得られることである（Ball, 1988; Schoenfeld, 1985; Stodolsky, 1985）。これらの文化ともいえる仮定は，学校での

経験によって形成されるが，算数・数学に取り組むとは次のようなことを意味している。算数・数学をするということは，教師によって規定された決まりに従うことを意味し，算数・数学を知るということは，教師が発問したときに，正しい決まりを思い出し，適用することを意味する。さらに，数学的な真実は，答えを教師が裁決することによって決定づけられる。学校の中で，算数・数学の考え方やそれを学ぶことの意味とは何なのかという信念は，数年にわたる，見ること，聞くこと，実践することの中で獲得されている。

(Lampert, 1990, p.31)

しばしば機械的な暗記によってなされる事実と手続きの**習得**（mastered）を実体とした算数・数学のこの経験は，長年にわたって損失をもたらした。算数・数学は，学校の教科の中で最も愛されることはなく，実際，日常の言葉の中で不快（「数学への不安（math anxiety）」）を表す言葉が加えられるという点で，教科の中では無類のものである。この損失は，数学選択の拒否という形で現れる。すなわち，数学をとるのをやめることができる状況になったらすぐにやめてしまうのだ。たとえば，全米研究評議会（National Research Council）によって，（多くの州では数学が選択科目になる学年だが）第9学年以降，数学におけるドロップアウトの割合が約50%であることが報告された（Madison & Hart, 1990; National Research Council, 1989）。第9学年で数学をとっている生徒の半数だけが，第10学年で数学をとり，そのさらに半数が第11学年の数学に進むといった具合である（Madison & Hart, 1990）。米国では十分な数学者や科学者を輩出してきたが，そういったことを続けるパイプラインとしての能力は疑問であった。

注目すべきことは，1980年代初頭の米国のK-12カリキュラムは，事実と手続きの習得に主に焦点化されていたことである。第3回国際数学・理科教育調査（TIMSS）のような国際調査において，アメリカよりも遙かに優れた成果を挙げた他の国では，数学の概念的な基礎にかなり焦点化されていた。たとえば，日本の小学校の授業では，1つか2つの注意深く練られた概念的な問題に取り組むことに1時間まるまる費やしていることがどれだけ一般的なのかを研究者たちが報告してきた（最近の詳細な記述としては，Fernandez & Yoshida, 2004; Stigler & Hiebert, 1999を参照）。このより深いアプローチが他の高い成果を収めた国では典型的に見られ，米国の典型よりも，それぞれの学年段階でずっと少ない内容を扱い，よりいっそう深い意味に焦点化している（McKnight et al., 1987; Schimidt, Houang, & Cogan, 2002）。これらのより深い探究は，算数・数学が意味あるものとなるように，より真正な状況に数学を根づかせることもねらっている。たとえば，オランダ等で取り組まれている「リアリスティック数学（*realistic mathematics*）」
☆訳註2

の研究では，児童・生徒は，理解を促進するためにデザインされた文脈の中で，意味ある数学の応用に出会う。これらのアプローチのいくつかは，米国市場においてスタンダードに基づいた教材のデザインとして採用されてきた。多くの新しいカリキュラムは「プロブレム・ベースアプローチ」をとっており，オランダは，新しいカリキュラムの1つである「文脈における数学（Mathematics in Context）」を生み出すのに協働していた。

　これらの圧力等に対応する形で，1989年に全米数学教師協議会（NCTM）は，『学校数学のためのカリキュラムと評価のスタンダード（*Curriculum and Evaluation Standards for School Mathematics*）』☆訳註3を発刊したが，これは『スタンダード』として知られている。これらは，2000年に，NCTMによる『学校数学のための原則とスタンダード（*NCTM's Principles and Standards for School Mathematics*）』☆訳註4（以下『原則とスタンダード』）として修正・改訂された。そこにはすでに幅広い目標群が記述されてきた。あらゆる児童・生徒に対してパワフルな数学に関して意味あるエンゲージメントを目指し，問題解決，推論，意味理解に焦点化し，コミュニケーションとつながりを強調していた。（職場と教養ある市民いずれのための）一般的な数量に関するリテラシーなのか，数学にかかわるキャリアを意図したものかにかかわらず，その主な目標は，算数・数学を学んだ人々の基盤を広げようとすることであった。

　『原則とスタンダード』が出版されて以降，1990年代の「2000年の目標（Goals 2000 Act）」☆訳註5や2002年の「どの子も置き去りにしない法（No Child Left Behind Act）」の影響の下で，多くの州が独自の新しいスタンダードを打ち出してきた。カリフォルニア州のようないくつかの例では，それぞれの学年段階において，40以上のスタンダードが謳われている。そのような多くのリストがあれば，カリキュラムの中では「重大な観念」が失われてしまいがちになる。このようにして，2006年に『原則とスタンダード』の後継版として，NCTMは『就学前から

☆訳註2　算数・数学を机上で学ぶのではなく，算数・数学が応用される場面等と結びつけながら学習するという数学教育の考え方である。

☆訳註3　NTCMの「学校数学スタンダード委員会」が算数・数学教育の改革に必要な方向性をまとめたものである。その内容は，社会の変化に伴い必要となる「数学的リテラシー」に関する一貫したビジョンを構築し，それに基づくカリキュラムと評価のあり方として「スタンダード」に整理したものである。

☆訳註4　質の高い数学教育を達成するための基本的な原則として，「公平」「カリキュラム」「指導」「学習」「評価」「テクノロジ」の6つを示した上で，この原則の下，「内容スタンダード」と「プロセス・スタンダード」を共通の項目として設定している。

☆訳註5　クリントン政権下で制定されたものであり，児童・生徒が高いレベルの到達度に至るようアウトカムベースの教育を目指すために1994年度に1億ドル以上の予算を投じた。これによって，各教科において全米共通の教育内容の基準となるナショナル・スタンダードが作成されていった。

第8学年までの数学のためのカリキュラムの焦点（*Curriculum Focal Points for Prekindergarten Through Grade 8 Mathematics*）』（以下『焦点』）を発表した。『焦点』は，政策立案者（そして，教師）がカリキュラムに浸透させるべき主要な概念に焦点化し続けられるよう支援することを意図したものだった。

新しいカリキュラム，新しい問題，新しい結果

　1989年の初頭，全米研究評議会は，「すべての人に数学を（*Everybody Counts*）」☆訳註6 を発表したが，数学教育の現在の状況と変化の必要性が記された公文書として幅広く知られた。その年の後半，先に述べたように，NCTMは，『スタンダード』を発表し，その中で宣言された方向に向かって動き始めた。教師の組織であるNCTMは，「『スタンダード』を目指して指導すること」とはどんな意味なのかをメンバーが理解できるよう支援するのに焦点を絞った。しかしながら，重大な問題がそこにあった。利用できる教材が伝統的な暗記学習の教科書しかなく，『スタンダード』に沿った方法で指導することがきわめて困難だったのだ。商業出版社は，新しい教材を制作することに興味を示さなかった。市場は未開拓であり，新しい教科書のシリーズを出版すること（K-8における教科書シリーズは，K-4や5-8といったまとまりで販売されており，それぞれの学年別の本としてはなかった）は，高価でリスクがある試みであった。

　『スタンダード』に準拠した数学教材の開発を促進するため，全米科学財団（NSF）は，『スタンダード』に基づくカリキュラム開発に対する提案を募集した。1990年代の初頭，約12のチームに対して，小学校，中学校，高校のいずれかの段階でのカリキュラム開発のために資金が助成された。概して，アルファ版（試作版）の開発や新しいカリキュラムへの改訂に5年間を費やし，ベータ版（先行実施し修正したもの）が日の目を見るには，さらに数年がかかった。このようにして，試験済みのカリキュラムをすべて学んだ児童の最初の集団が2000年頃に現れ始めた。NSFカリキュラムに関するカリキュラム評価をまとめた最初の本★原註2 は，2003年に出版された。

・・
☆訳註6　幼稚園から大学院までの数学教育をシステムとして捉え，そのシステムの構成要素として，カリキュラム，指導，評価からヒューマンリソースや国のニーズまでを押さえた上で，数学教育の道筋を描き出そうとするものであった。
★原註2　この時系列を明らかにする価値がある。なぜなら「数学戦争（math wars）」の最も熱烈な戦いは1990年代の後半にあったからである。それらは，新しい『スタンダード』ベースのカリキュラムのインパクトに関する真のデータが利用できる前に戦われていたのである。〔補足：数学戦争とは，『スタンダード』発売後に起こった数学教育に関する論争のことを指す。〕

データが物語るもの

　研究者たちは，カリキュラムの効果が常に文脈によって決まることを数年かけて見いだしてきた。教師やカリキュラムの目標を支持する文脈もあれば，しばしばそれらの土台を崩す文脈もある中で，カリキュラムは，幅広く多様な背景を持つ教師によって実践される（Borko, Eisenhart, Brown, Underhill, Jones, & Agard, 1992参照）。したがって，理解を目指した指導の試みを評価する際には，カリキュラムの目標，教師の知識，教室の利用可能な教材，取り巻く文脈といった特定の変数の効果を見いだすのは難しい。それでもやはり，一般的なある

数学はより真正の状況に基づかなければならない。そうすれば，数学は児童・生徒にとってよりいっそう意味あるものとなる。

傾向とある特徴的な結果があるので，それをここでまとめる。最も広範なレベルでは，ある条件の下，すべての学区で，真の理解を問うテストに関する児童・生徒の成績が改善し，さらに人種間の成績差が低減しつつあるというエビデンスが出てきている。

　ピッツバーグ市のエビデンス（Briars, 2000, 2001; Briars & Resnick, 2000; Schoenfeld, 2002）は，新しいスタンダード・プロジェクトを指導したピッツバーグ大学の研究者との協働であった。その条件が一貫した改善に合致していると，何が起こるかについて次のように報告された。

・指導に対して綿密にデザインされ，数学的に豊かなスタンダード群
・スタンダードに準拠した綿密にデザインされたカリキュラム
・スタンダードに準拠した綿密にデザインされた評価
・スタンダードに準拠した綿密にデザインされた専門性を高める取り組み
・上記のすべてを継続させるための，システム内での十分な時間と安定性の確保

　この特別なケースでは，スタンダードと結びついた綿密にデザインされたカリキュラムと評価を除くあらゆる条件は，長い間準備が整えられてきていた。ピッツバーグ市には，幅広い専門性を高める取り組みも含めて1980年代後半から1990年代にかけて安定した文脈があり，（おおざっぱにいえば）『スタンダード』のプロセスと内容的な目標と一致していたのだ。しかしながら，カリキュラムの

●ケース●

異なるパフォーマンスレベルにある児童・生徒のニーズを合わせる

　　すべての教師が直面する課題は，数学的に豊かでありながら，教室内のさまざまな児童・生徒に適した活動をいかに開発するかということである。ここで次のような活動を紹介する。これは，かろうじて数えられる児童から比例の推論に関する洗練されたセンスを持つ児童まで，能力の面で幅広い児童がいる2年生のクラスの教師によって開発された活動である。

　　活動では，下記の4点の教材を準備する。
　　・レンズ豆の袋
　　・ポップ種の袋 ☆訳註7
　　・ユニフィックス・キューブ，1辺が約1センチメートルで，面が1つないもの（上蓋がない立方体の箱のようなもの）
　　・35mmのフィルムケース

ここで活動のためのワークシートを紹介する。

1. ポップ種をユニフィックス・キューブ一杯にします。いくつの種がキューブに入りますか？
　　_____

2. ポップ種をフィルムケース一杯にします。いくつの種がフィルムケースに入りますか？
　　_____

3. あなたはレンズ豆をユニフィックス・キューブ一杯にしようとしています。ユニフィックス・キューブにはポップ種よりも多くのレンズ豆が入ると思いますか，それともレンズ豆よりも多くのポップ種が入ると思いますか？
　　_____　なぜ？　_____

4. レンズ豆でユニフィックス・キューブを一杯にしましょう。いくつのレンズ豆がキューブに収まりますか？
　　_____

──────────────────────────────

☆訳註7　ポップコーンの原料。

5. あなたはレンズ豆をフィルムケース一杯にしようとしています。いくつケースに入ると思いますか？＿＿＿＿＿＿＿＿なぜ？＿＿＿＿＿＿＿

6. レンズ豆でフィルムケースを一杯にしましょう。あなたの推測を確かめましょう。いくつのレンズ豆がそこに入っていますか？＿＿＿＿＿＿＿＿

　このタスクは，児童にとってとても魅力的であり，さまざまな水準にある児童の会話につながるいくつもの道が開かれる。児童は，課題1～5を4人のグループで取り組むが，課題6では個別に取り組む。この問題に取り組んだあるグループは，15粒のポップ種がユニフィックス・キューブに入り，150粒がフィルムケースに入った。それに続く議論は，多岐にわたった。例えば，ユニフィックス・キューブにレンズ豆がいくつ入るか考えよう。ある2年生の児童は，ポップ種はレンズ豆より大きいので，どんな容器にもポップ種よりも多く入るといった。別の児童は「ポップ種はレンズ豆より多くのスペースを使っていて，スペースがもうないよ」とポップ種が少なくなることを主張した。キューブの中に，40粒のレンズ豆が入ることがわかり，この問題は円満に解決された。レンズ豆がいくつフィルムケースに入るかを推測する場面になると，ほとんどの児童は単純に大きな数を推測した。ところが，ある児童は，「400あるんじゃない。フィルムケースは，10倍のポップ種が入ったから，10倍のレンズ豆になると思うよ」といった。彼女は，思った通り，ケースいっぱいのレンズ豆を数え始めた。

　約400粒のレンズ豆を把握するのは簡単ではない！　ある児童は，1つずつ数えたが，何度かわからなくなった後，2粒ずつ，5粒ずつ，10粒ずつ，（比例的に考えた女子児童は）20粒ずつと子どもたちはまとまりを作り始めた。多くの児童が自分で見つけ出していたが，友達の机を見て，まとまりにして整理するのが良いと分かった児童もいた。彼らは，まとまりに対応させながら罫線の引かれた紙にリストを作った（つまり，ある児童は，紙面上の罫線1本につき5ずつに数えながら，5，10，15，20，…と書き加え，5粒ずつのレンズ豆のまとまりを線の上に置いた）。児童はそれぞれの水準で，能動的に取り組んでいた。そのように大きなものの集まりを数えてみることは容易ではなかったが，自分のたちの手が届いていたので，児童たちは自分たちの推測が正しいかどうかを本当に知りたかった。このエンゲージメントによって，教師と教室支援員は，手助けが必要な児童に支援したり助言したりしながら，机間支援を行なうことができた。このように，数学的に豊かな課題により，すべての生徒が取り組める方法となった。

目標に向けて後押しできる簡単に利用できるカリキュラムはなかった。すなわち，1990年代の半ばまで，『スタンダード』に基づいた教材は利用可能ではなかった。ピッツバーグ市では，1998年に，新しい算数の教材（『毎日の数学（Everyday Mathematics）』から）が採用された。それらは，前向きな文脈の中で迎えられた。図1と図2（Brias, 2001より引用）は，スキル，概念，問題解決からなる観点別の

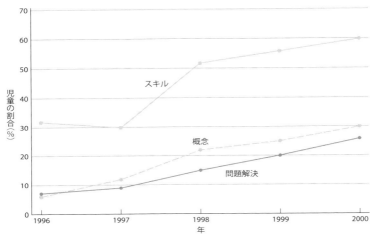

■図1　新しいスタンダードに基づく4年生の数学テストにおけるスタンダードに合格した／超えた児童の割合

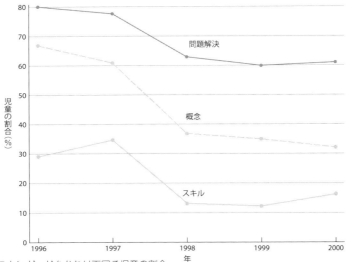

■図2　スタンダードをかなり下回る児童の割合

テストにおけるピッツバーグ市全体での4年生の学力データを示している。

　図1が示すように，新しい教材の導入と共に児童の得点は伸び，教師が教科書に慣れるにしたがって上昇し続けている。図2は，低学力群に有意な効果があることを示している。すなわち，「スタンダードをかなり下回る」得点の児童の割合が有意に減少した。追加のデータによれば，人種間の学力の差も消えつつあることも示唆されている。

　残念ながら，p.117に列挙した5つの条件が同時に働くような状況はまれである。しかしながら，数学的な意味理解を狙った指導の効果については，共通の結論に収斂されるエビデンスがある。最初に行なわれた包括的な研究の1つは，ボアラー（Boaler, 2002）が取り組んだものだ。第1章でも議論したように，ボアラーは，数学の指導と学習について，イギリスの同規模の中等学校2校を比較し，広範な研究を行なった（授業観察，教師・管理職・生徒に対するインタビュー，ハイステイクスな標準テスト[☆訳註8]，標準テストではないテストなどを含んでいた）。「アンバー・ヒル（Amber Hill）」校は，伝統的な指導が上手く行なわれている好例である。その学校の教師たちは，献身的で有能であり，そのカリキュラムは明確に定義されており，その指導法は一貫していた。典型的に，教師は，説明・練習・フィードバックという指導モデルに従い，黒板で例題に取り組み，座席で生徒に類題群に取り組ませ，生徒の解答について議論した。「課題に取り組む時間」は長く，生徒は，「$x^2 + x - 12$を因数分解せよ」などの多項式の因数分解の問題や「$x^2 + x - 12 = 0$を解け」の方程式を解くといったよく知られたトピックに関する単元に取り組んでいた。

　「フェニックス・パーク（Phoenix Park）」校は，アンバー・ヒルと同規模の学校であるが，根本的に異なるカリキュラムと指導哲学があった。そこのカリキュラムは，プロジェクト・ベースであった。生徒は，複雑な課題が与えられ，時には個人で，時には小グループで，それらの課題を探究するのにかなりの時間を費やしていた。たとえば，体積216と呼ばれる課題では，体積が216となる立体について話していた。生徒は，どのような形が考えられるかを示すよう求められた。1つは立方体（この場合，生徒は，その1辺の長さを求める必要があった）が考えられるが，しかし，それは，**多くの形**の1つにすぎない。生徒は探究することが求められていた。生徒の会話が多くあり，それらの多くは適切な数学に焦点化されたものであった一方，そうでないものも見られた。この学校は，「先進的」であるが，伝統的な見方をすれば，原理に厳密でないといえる。フェニックス・パー

☆訳註8　high-stakesは，日本語で「一か八か」と訳されるとおり，一発勝負で進路等の決定が左右されるという意味である。また，米国においては，その結果次第で学校や学区の教育政策や予算を左右するものとなっている。

クのカリキュラムは，因習を打破しようとするものだった。しかしながら，その学校の生徒は直面するハイステイクス・テストのことをわかっており，試験の前に「すべりこむ」テスト準備に生徒は1か月も取り組んでいた。

　簡単にいうと，この話はこうである。アンバー・ヒルの生徒は，ハイステイクス・テストの純粋な手続き面においては，フェニックス・パークの生徒よりもいくらか良い成果を挙げた。しかし，フェニックス・パークの生徒は，概念的理解の面においてはかなり優れていた。そのテストの全体的な成績（主に手続き面）は同等であった。もっと大雑把にいえば，活用と問題解決のテストでは，アンバー・ヒルの生徒は結果が全く芳しくなかった一方で，フェニックス・パークの生徒は良い成果を挙げた。そのような資質は，情意面にも表れていた。フェニックス・パークの生徒は，数学を楽しんでいて，上手く問題を解決することができると自分自身を捉えていた。一方の，アンバー・ヒルの生徒は，数学が好きではなく，自分たちの知識には実質がないと認識していた。彼らは，それまでに解き方を教わってきた問題とほぼ同じように問題に答える能力があるだけだとわかっていた。数学における標準的なジェンダーによる差は，アンバー・ヒルでは再生産されていたが，フェニックス・パークではそれが消失していた。ボアラーの研究（Boaler, 1997, 2002）によって，理解を目指した指導が，概念や問題解決に効果的に取り組みながら必要とするスキルを習得し，教科内容を楽しむことに実を結ぶという明らかなエビデンスを突きつけたことになる。

　これらの知見は，米国における多くの他の研究において追試されてきた。すでに述べたように，NSFが支援した『スタンダード』ベースのカリキュラムの包括的で総括的な評価は，2003年に初めて公刊された。多くの研究で報告されたことは，カリキュラムの初期評価だった。市販の評価は，たいてい事実的知識や手続き的知識に焦点が絞られているので，評価者は，それぞれで開発した指標を用いた。このことは，いくつか関心の中での1つのポイントである。国内どこでも利用可能で，妥当性がある指標を用いた比較研究を利用できる方がより望ましいだろう。それでもやはり，『スタンダード』に基づいたカリキュラムの評価は，際だって一貫しているのである。

　4つの小学校のカリキュラム（*Math Traiblazers, Everyday Mathematics, Investigations, Number Power*）を評価した概要の章で，パットナム（Putnam, 2003）は，次のように述べている。「（これらについて）言及する際に，まず特筆すべきことは，それらの知見において，全般的な共通性が見られるということである。これらの新しいカリキュラムで学んだ児童の，計算スキルなどの伝統的な測定による算数の到達度は，他の児童と同等であった。しかし，彼らは，概念的理解や問題解決に数学を用いる能力に関するフォーマル・インフォーマルな評価のいずれにおいても

より優れていた。これらの章では、『改革ベース』の数学カリキュラムは、機能し得るということを示している」(Putnum, 2003, p.161)。

同様に、チャペル (Chappell, 2003) は、3つのミドルスクールのカリキュラム (*Connected Mathematics, Mathematics in Context, Middle Grade MATH Thematics: The STEM Project*) の評価を次のように要約している。「ひとまとめにすると、評価結果から、『スタンダード』に基づくカリキュラムが、ミドルスクールの生徒の概念的理解と手続き的理解の両方の数学の到達度に肯定的な影響を与えるというエビデンスが集中して得られた。(中略) それらは、実際、「基礎・基本」を乗り越えて、それぞれの領域における生徒の思考をおろそかにすることなく、児童・生徒をより深い問題解決志向の数学的思考へと導くことができたことを明らかにしている (Chappell, 2003, pp.290-291)。

最後に、スワフォード (Swafford, 2003) は、5つの高等学校のカリキュラム (*Core-Plus Mathematics Project, Math Connections, Interactive Mathematics Program (IMP), SIMMS Integrated Mathematics Project, UCSMP Secondary School Program*) の評価を、次のような言葉でまとめている。「総合してみれば、これらの研究は、改革カリキュラムが高校の数学に関する到達度に肯定的な影響を与え得るという圧倒的なエビデンスを提供するものである。生徒は、これらのカリキュラムで伝統的な内容をよりよく学ぶのではなく、伝統的な内容をおろそかにすることなく、他のスキルや理解を伸ばしたのである」(Swafford, 2003, p.468)。

スタイルや内容は実際には異なるものの、検証されたカリキュラムのすべてが、概念的理解、問題解決、数学的な概念に関する深いエンゲージメントを強調していた。集約すると、エビデンスの重みによって、こういったカリキュラムが、教室の中で児童・生徒が使っている典型となる手続き志向の教科書や機械的な指導といった伝統的なものに比べて、より大きな学習成果を生み出すということが明らかに示されている。これらの個々の比較研究は、ARCセンター (ARC Center, 2003) が統括する大規模研究によってバックアップされ、イリノイ州、マサチューセッツ州、ワシントン州と幅広く州を超えて、対照された児童・生徒のサンプルに関する成績データを検証した。

この研究の主要な知見は、NSFが助成した改善カリキュラムで学んだ児童は、統制群の児童よりも一貫して上回っていたというものであった。有意差が見られたものはすべて改革カリキュラムで学んだ児童が優れており、統制群の児童が成果として有意に優れたものはなかった。この結果は、SES☆訳註9や人種・民族にかかわらず、あらゆるテスト、あらゆる学年、あらゆる属性を超えてみられた。この研

☆訳註9　Socioeconomic Status(社会経済的地位)の略称。

❖コラム❖

小学校レベルでの算数への没入

　オレゴン州ローズバーグのフラートンIV小学校では，児童は算数について考えずにいられない。算数は，カリキュラム全体，そして学校の一日を通して埋め込まれている。児童が正課前学習として参加するコンピュータラボ，第1限の「カレンダー数学」(その日ごとに設定された日々の算数の問題)，美術の授業では，対称性とパターンのコンセプトが創造性の原動力となる。一日の最後にあたる音楽の授業では，M. C. エッシャーの絵や正と負の数の概念を4分音符と4分休符——音楽における音と静寂——へと変える30分の教育的錬金術 (pedagogical alchemy) である。

　算数への没入アプローチ (immersion approach) は，フラートンのテスト得点を飛躍的に向上させ，インテル・スクール・オブ・ディスティンクション[訳註10]に選ばれた20校の1つとして全国的な認知度も高まった。大規模なクラス(ある5年生クラスは35人の児童がいる)と中程度の所得(60％の児童が無料のランチ，またはランチ補助を受ける資格がある)といった課題を考慮すると，その成果は目覚ましいものだ。

教師を指導する

　この算数への総合的な没入アプローチは，偶然に起こったものではない。フラートンのミッキー・ギャリソン校長は，算数カリキュラムと教科横断的な教員研修の重視のために戦った。「私にとっては，算数は単なる教科ではありません」とギャリソンは語っている。「算数を通して，子どもたちは推論し，問題を解決することを学び，効果的にコミュニケーションを図る方法を本当に学ぶことができるのです。もし，概念的に考えることができれば，単に算数だけでなく，子どもたちにとって，現実世界とのつながりを作れるようになるのです。算数を通して彼らは音楽や美術を探究できるようになります。それはすべてリズムとパターンに関するものです。そして，もし，子どもたちに，そういった連想をさせることができれば，自分たちが何を考えているのかについて考える新しい方法をもてるのです」。

　最初の要件は，算数の問題に関するフレーミングの新しい方法を学ぶことができる教師であった。これについてギャリソンは，「児童の注意を数学的な考え

☆訳註10　インテルが主催している算数・数学と理科で革新的な実践に取り組むK-12の学校に対して助成を行なうプログラム。

に向ける方法で，現実世界の問題や数学的な応用（を示しながら），算数を現実世界の文脈で指導することを踏まえて，問題は開発されるべきです」と語っている。

その結果，教師に対する専門性を高める取り組みが優先された。ギャリソンは，「私たちの学区は，意欲があった少人数の教師から始まったのです」と語り，「これらの教師は，小グループの対話，協同学習方略，問題解決，ギャラリーウォーク，プロトコル（効果的なコミュニケーション方法）といった，モデリングとあらゆる人とかかわることによって，スキル指導と学習方略を普及させたスクールリーダーとなりました」と紹介していた。

続いて，彼女は，「全校の改善週間では，算数の職員研修のために割り当てられました。それから（例年の）3週間の夏期セッションは，児童が算数を学ぶのを支援できる能力を高められるような実験が強調された学習機会を含めるものとして実施されました。それは，個別的に情報を集めたり，切り離されたスキルを学んだりするのではなく，獲得している知識を一貫した構造へと構築するために，学んでいる知識と既に知っていたものとを結びつける教師の能力を高めることで，児童が数学を学ぶ支援ができる能力を高めるような実験が重視されています。探究や問題解決に教師がかかわることで，児童もかかわるようになります。教師がアイディアや手順を検証する責任を負うことで，自分の指導への数学的なディスコースの取り入れ方を学べるようになります」と語っていた。

リンダ・デュウィトは，5年生の算数教師だが，このトレーニングでもたらされた変化を次のように説明していた。「以前，私たちは，『これをまずやる。これを次にやる』とアルゴリズムを教えていました。しかし，子どもたちは自分が何をしているのか理解していませんでした。今では，私たちは，こういった問題をやめています。子どもたちは本当に理解していて，なぜその方法で問題が成り立つのかという数的感覚も持っています」。

あらゆる人のための算数

算数コーチのマイク・グールドによると，学校のスタッフは，「算数・数学を重んじ，すべての人々が算数・数学を学ぶことができることを尊重しています。教師たちはあらゆる人が主役になれる方法をみつけようと非常に熱心に取り組んでいます。皆が算数・数学を学ぶことができるようになったと実感してきています。もはや能力の問題ではありません。それはあなたがいかに算数を届け，いかに人々が算数について考えてもらえるかという問題です」と語った。「全米科学財団のような組織のリーダーシップを得て，誰もが学ぶのに役立つカリキュ

ラムとプログラムに組み込まれる多くの研究が行なわれてきました」。

フラートンの場合,「あらゆる人」には,ステフ・ネイハート・オルタナティブ学習センターに在籍する少数の児童も含まれる。そこは,通常の教室で学ぶにあたって障壁となる感情的な問題や医療的もしくは行動上の問題を抱える児童のための特別なクラスである。RMSタイタニック号について研究したあるクラスプロジェクトは,読書課題として始められた。「しかし,その過程で,私たちはこの算数をすべて考え出しました」とネイハートは言及していた。「私たちはタイタニック号が882-1/2フィートの長さであることを発見しました。私たちはそれが大きいと分かっていましたが,それを文脈に入れる方法がありませんでした」。

クラスで一緒に,学校に隣接する通り上でその距離を補足することになった。後ろにあった100フィートの長さのひもを引っ張り,吠える犬を無視し,ゴミ箱を移動させ,ネイハートの児童は船の長さを測定した。その後,小山の頂上に立って,児童は出発点を示す小さなマークのついた数ブロックを覗き込んだ。「うわー,遠い」とある児童は言った。「え〜」とネイハートは考えた。「そんなに大きな船は浮くことができると思う? 多分,これを私たちが次に調べることになるね」。

「子どもたちは,問題を解決し,さまざまな方法で物事を見て学ぶのが好きです。なぜなら,まさに子どもたちは物事をさまざまな方法で見ているからです」とネイハートは語った。「彼らは実践的な学習者でもあり,学習している時に実際にやってみることが好きなのです。だから,それに取り組むことでとても興奮するのです。彼らは算数を愛しています」。

課題を抱える児童を指導することであれ,才能ある教師をトレーニングすることであれ,フラートンの校長であるガリソンは,算数の力を爆発させれば驚くべきことが起こると信じている。「私の個人的な信念は,もし人生における問題を解決できれば,あなたが望むことを何でもすることができるということです」。

さらなる情報

フラートンⅣの総合的な算数カリキュラムのビデオはwww.edutopia.org/magic-of-mathで見ることができる。

本コラムは,エデュトピアの以下の記事から引用したものである。"The Magic of Math: Integrating Integers Across Disciplines," by Ken Ellis. Originally published Nov. 8, 2005

究で得られたデータは，これらのカリキュラムによって，基礎的スキルと高次のプロセスいずれをも含んだ小学校の算数のあらゆる領域における児童の成績が改善されることを示している。これらのカリキュラムで指導することによって，より高いテスト得点をとることにつながった。

まとめると，事実上，利用可能な学術的エビデンスのすべては，理解を目指した算数・数学の指導——授業時間の相当な部分を概念的理解と問題解決，そして推論に費やすこと，数学的なアイディアを話したり書いたりすることでコミュニケーションを図らせること，そして，児童・生徒が自分たちの取り組みを探究し，つながりを見いだし，熟考すること——によって，犠牲はほとんどないか全くなく有意な見返りを得られることを示している。もし，ある人がスキルを目指して指導するならば，スキルは身につくが，その他はほとんど身につかないだろう。もし，ある人が，スキル，概念的理解，問題解決を目指して指導するならば，これら3つを身につけられるだろう。スキルだけの指導とパフォーマンスとを比べるならば，スキルの面でも差はほとんどないか，まったくなくなるだろう。

理解を目指した算数・数学を実現するための問題

算数・数学において，『スタンダード』に基づいたカリキュラムの効果は明白であるが，そのようなカリキュラムを教えることが簡単もしくは単純だ，または結果が保障されていると決して仮定すべきではない。ここで，児童・生徒や原理に適切に対応する方法で，彼らが算数・数学を経験することを保障しようとしたら誰でも直面するいくつかの問題を確認していく。

全体的な一貫性とその欠如

以前にも議論したように，数学の豊かな理解や，効果的に数学を用いる能力を伴った教室から日の目を見るようになる児童・生徒にとっての最大のチャンスは，指導に影響を与えるあらゆる要因が同じ方向性に並んだ時に生じる。

- 指導に対して綿密にデザインされ，数学的に豊かなスタンダード群
- スタンダードに準拠した綿密にデザインされたカリキュラム
- スタンダードに準拠した綿密にデザインされた評価
- スタンダードに準拠した綿密にデザインされた専門性を高める取り組み
- 上記のすべてを継続させるための，システム内での十分な時間と安定性の確保

ボルコと同僚たち（Borko et al., 1992）が示したように，一貫性がないことは，混沌を引き起こし，指導の効果を落とすことになる。一貫しないスタンダードやカリキュラムの目標，スタンダードからずれた粗悪なカリキュラム，指導の努力を誤った方向へ導くテスト，疑わしい教師の知識，常に「年間計画」を変更するような精神性は，真っ当な方法で進めることを蝕むことになる。

スタンダードと関連した評価の問題

　州レベルでの算数・数学のスタンダードとそれらに対応した評価は，全米で著しく異なる。いくつかは手続き志向であるし，いくつかはより複雑な思考や理解を生み出したり評価したりすることにより焦点化されている。このことは，教師や管理職にとって，受け入れられなければならない事実である。

　テストが異なれば，異なる情報がとらえられ，異なる種類の結論が支持されることを理解しなければならない。あるテストは，これまでテストされてきたものだけを報告できるのであって，スキルの部分集合を測るテストによっていえることは限られる。リッジウェイと同僚たち（Ridgway et al., 2000）の研究は，この点を明らかにしていた。筆者たちは，第3, 5, 7学年における16,000人以上の児童・生徒について，ハイステイクスでスキル志向の標準テスト（カリフォルニアSTAR試験：California STAR test）の成果と，より幅広いスタンダードに基づくテスト（バランス評価試験：Balanced Assessment test）の成果とを比較した。

　最もわかりやすいテスト得点の比較に関しては，それぞれの試験において，児童・生徒それぞれは，「習熟できた」「習熟できていない」に割り当てられた。それぞれの学年段階の70％から75％の間の児童・生徒は，いずれの試験も同一段階（どちらも習熟できた，もしくは，どちらも習熟できていない）と評価された。5％未満の児童・生徒は，スタンダードに基づくテストでは習熟できたと評価されたが，スキル志向のテストで習熟できていないと評価され，これまた，手続き的な能力が概念的理解と同時に生じる傾向を示している。しかしながら，22％の児童・生徒は，スキル志向のテストで習熟できたと評価されたが，スタンダードに基づくテストでは習熟できていないと評価された。このグループは，テストを受けた児童・生徒の約4分の1にあたるが，彼らのSTAR得点に基づけば，州からは達成していると公言される。しかし，バランス評価試験によって，概念的理解や問題解決に関しては，スタンダードを下回る傾向にあることが明らかにされた。彼らは習熟できたと公認されるが，理解においては有意なギャップがあるので，「偽陽性（false positive）」と見なすことができる。手続き的スキルを志向したテストでは，より深い理解を明らかにすることはできない。児童・生徒個人レベルでみると，そのようなテストでは，適当なスキルを習得したが概念的理解がほとんど

なく問題解決スキルが弱い児童・生徒と，幅広く優れた児童・生徒を見分けることができない。集団レベルで見ると，スキルに焦点化したカリキュラムと，より幅広い理解を育成するカリキュラムとを見分けることができない。ここで，例として，統計を活用する典型的な評価項目を示そう。

以下のデータセットの平均と標準偏差を計算しなさい。
－3.5，＋.75，＋1.5，＋4.5，－.75，－2.5，＋4.75，＋2.75，＋.5，－1.5，＋2.25，＋9.25，＋3.5，＋1.25，－.5，＋2.5，＋.5，＋7.25，＋5.5，＋3

この課題は，確実な計算（平均と標準偏差）を行ない，これらの用語の定義に関する知識を説明するかをみるものとなっている。対照的に，次に示した「タクシーを呼ぼう」という課題を考えてみよう（Balanced Assessment, 2000, pp.16-18）。

タクシーを呼ぼう

　サンシャイン交通とブルーバード交通はライバル会社です。それぞれの会社は，自社が他社よりも優れていると主張しています。
　サラは，仕事のためにタクシーを呼びます。彼女は，両社を比較したいと思っています。数か月にわたって，サラはそれぞれのタクシーを20回ずつ呼びます。彼女は，自分の家に迎えに来るときどれだけ早いか遅いかを記録します。その結果はp.130の表のとおりです。

1. 今のままでは，どちらの会社がより優れているのかがわかりにくくなっています。データを分析するための適切な計算，グラフ，図を用いて比較しやすくなるようにしましょう。あなたが考えた過程をすべて示して下さい。
2. サンシャイン交通がより優れた会社であると判断できるのはどのような場合ですか。理由はできる限り完全に，はっきりと示して下さい。
3. サンシャイン交通がより優れた会社であると判断できるのはどのような場合ですか。
4. あなたがより納得できる説明はどちらですか。それはなぜですか。

サンシャイン交通		ブルーバード交通	
3分30秒	早着	3分45秒	遅延
45秒	遅延	4分30秒	遅延
1分30秒	遅延	3分	遅延
4分30秒	遅延	5分	遅延
45秒	早着	2分15秒	遅延
2分30秒	早着	2分30秒	遅延
4分45秒	遅延	1分15秒	遅延
2分45秒	遅延	45秒	遅延
30秒	遅延	3分	遅延
1分30秒	早着	30秒	早着
2分15秒	遅延	1分30秒	遅延
9分15秒	遅延	3分30秒	遅延
3分30秒	遅延	6分	遅延
1分15秒	遅延	4分30秒	遅延
30秒	早着	5分30秒	遅延
2分30秒	遅延	2分30秒	遅延
30秒	遅延	4分15秒	遅延
7分15秒	遅延	2分45秒	遅延
5分30秒	遅延	3分45秒	遅延
3分	遅延	4分45秒	遅延

　鋭い読者は，サンシャイン交通についてのデータが先に示した評価問題の中で与えられたデータと同じものだということに気づくであろう。したがって，タクシーの問題を解く中で，生徒は，標準評価問題で求められる計算を行なう。それは，与えられた20個の数の集合について平均と標準偏差を計算するものである。しかし，生徒はそれ以上に多くのことを行なう。概して，この課題は，生徒に次のような機会を与えるものである。

・表の情報から度数のグラフをかく
・表から図をつくる
・平均，中央値，最頻値，範囲を利用する
・データの散らばりを分析する
・ある行動方針と別のそれとについて論理的な議論を引き出すよう与えられたデータを利用する

よい提案を行なわせるためには，概念的理解や説得力のある推論が必要となる。まず，これは，2つの会社について，適切な分析データを含む表である。

	サンシャイン交通	ブルーバード交通
平均	2分3秒	3分14秒
中央値	1分53秒	3分15秒
範囲	12分45秒	6分30秒
標準偏差	3分11秒	1分40秒

平均や中央値のデータに基づけば，サンシャイン交通の平均は，到着時刻がより早いとみることができる（サンシャインを推す論拠）。しかし，到着時刻に関してはより不規則である（範囲と標準偏差，ブルーバードを推す論拠）。この見方は，適切なグラフをかくとより劇的になる（図3）。

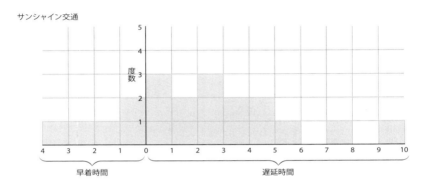

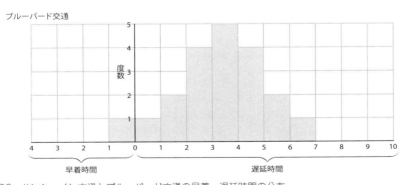

■図3　サンシャイン交通とブルーバード交通の早着・遅延時間の分布

これらのグラフによって，サラが遅れないことを大切にするならば，ブルーバード交通を選択するのが望ましいことが明らかになる。さらにいえば，抜け目のない生徒は，サラが来てもらいたい5分前にブルーバード交通を呼んでおけば，サラがタクシーを必要とするいつもだいたいタクシーがそこにいるということに気づくだろう！　ここで理解すべきキーポイントとは，「バランス評価」の課題は，児童・生徒が算数・数学で教わってきたことを理解し活用する児童・生徒の能力を引き出している点である。私たちが児童・生徒に伸ばしてもらいたいのは，このような推論なのである。

　この研究から得られる教訓の1つ目は，スタンダードや評価が手続き的志向の州では，カリキュラムのレベルと個々の児童・生徒のレベルにおいて，概念的理解や問題解決に焦点化した取り組みの付加価値を記録するよう評価を考える必要があるということだ。2つ目の教訓は，児童・生徒が直面するハイステイクスな試験が手続き志向だから，理解を目指した指導を行ないたいと思ってみても，手続きに焦点化しなければならないと思っている教師に向けたものである。多くの研究では，もし教師が手続き，概念，そして問題解決をバランスよく幅広く教えることに関心を持ち続ければ，児童・生徒は，多くの手続き志向のハイステイクスなテストでも良い結果を挙げることが示唆されている。

　3つ目の教訓は，理解を目指した指導を支援するために，評価も進歩していく必要がある。そうすると，教師がこういった類の実践に取り組むことが促進されるだろう。

カリキュラムの問題

　以前に議論したピッツバーグのデータが示すように，カリキュラムによってまさに違いがあるのである。ある人がその目標を支持するようデザインされたカリキュラムが手に入るのであれば，理解を目指した指導は疑いなくよりたやすくなる。そのような教材がサポートされていない特定の教科書を採用している学区では，教師生活は困難なものとなる。しかしながら，困難であることは，不可能であることを意味するのではない。まず，学校の倉庫には，しばしば使える教具が眠っている。次に，地域レベルかその他の組織で，専門性を高める取り組みは，教員が使用している教科書の限界を乗り越える助けとなりうる。「週の問題（Problems of the week）」☆訳註11は，スタンダードな工夫である。専門性を高める取り組みと児童・

☆訳註11　ウォータール―大学のCEMCが提供しているもので，3年生以上の児童・生徒向けの問題がウェブまたはEメールで教師に配信されている（http://cemc.uwaterloo.ca/resources/potw.php参照。2017年2月10日最終確認）。

第3章 理解を目指した算数・数学 133

生徒を豊かにするためのツールとしての評価について，以下で議論する。
　全面的に，算数・数学の指導で望まれる目標は，内容とプロセスいずれのレベルでも多様な能力が含まれるという説得力のあるエビデンスがある。たとえば，全米研究評議会の書籍"Adding It Up"☆訳註12（2001, p.5）では，数学的な熟達についての5つの「編み込まれた糸」が述べられている。

- **概念的理解**（Conceptual understanding）：数学的な概念，操作，関係性についての把握
- **手続き的な流暢さ**（Procedural fluency）：柔軟に，正確に，効率的に，的確に手続きを実行するスキル
- **方略的能力**（Strategic competence）：数学的な問題を定式化し，表現し，解決する能力
- **適応的推論**（Adaptive reasoning）：論理的な思考，省察，説明，正当化ができる資質
- **生産的態度**（Productive disposition）：努力する信念や自身の効力感と結びつけながら，数学を実用的で，役立ち，価値あるものと見なす習慣的な態度

　熟達に関するきめ細かな分析は，NCTM（2000）による『学校数学のための原則とスタンダード』の中にみられる内容とプロセスで描かれたものに一致している傾向がある。『原則とスタンダード』における内容の観点は，数と計算，代数，幾何，測定，データ分析と確率といった標準的な内容領域に焦点化している。その文書のプロセスの節では，児童・生徒が問題解決，推論と証明，つながりをつくること，話すことや書くことでのコミュニケーション，数学的な表現の活用ができるようになる必要性を強調している。このエビデンスは，これらの主要な考えに注視し続けることは，児童・生徒の学習に有効であると，エビデンスは示唆している。

専門性を高める取り組みの問題

　優れたカリキュラム教材や優れた評価ツールによって支援されたとしても，この章で述べてきた方向に沿って，理解を目指した指導を行なうことはきわめて難

☆訳註12　本書は，幼稚園以前から第8学年までを対象として，数（number）と操作（operation with numbers）について熟達（proficiency）できるようになるための指導とカリキュラムの方向性を論じたものである。"add up"は「計算が合う」という意味であり，本書のタイトルとして象徴的に表現されている。ただし，日本語として適訳が当てにくいため，原文の表記としている。

●ケース●

高度なスタンダードとあらゆる生徒の説明責任

　ここでは，生徒に多様な「説明責任」が求められる授業の状況について述べる。生徒は，高度な数学のスタンダードに対して，教師に対して，そして互いに対して説明責任を負っていた。一連の説明責任によって，数学的なディスコースのレベルが高い教室となり，あらゆる生徒が高いスタンダードに到達することが期待されていた（実際達成もされた）。

　その舞台は，伝統的な少数民族の生徒の割合がかなり高い学校における第9学年の数と式の授業である。ちょうど生徒には「代数タイル」が紹介されたところである。それらは1辺の長さが1であるような単位正方形と，縦・横の長さがxと1であるような長方形であった。

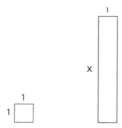

　教師は，生徒を4人組のグループに分け，それぞれのグループでそのようなタイルを用いてつくられる以下の図形の周の長さを測定するよう求めた。

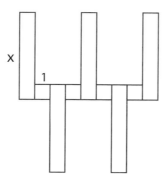

　このクラスでの「エンゲージメントのルール」は，十分確立されていた。それぞれのグループは，すべてのグループのメンバーが問題に対する解を理解し，説明できるようになるまで一緒に活動することになっていた。教師はグループ

のメンバーの1名を選び，質問を投げかける。そして，その生徒が問題とその解き方を本当に理解したと納得できるまで，質問を続けた。

　あるグループに，すぐに計算し，すばやく答え（周の長さが10x＋10）に至る生徒が1人いる。この図形の中には，長さ1の線分が18本，長さxの線分が2本，x－1の線分が8本あるので，周の長さは，18＋2x＋8（x－1）＝10x＋10だ。その生徒は，残りのメンバーにぞんざいな説明をしていたが，その時，教師が彼らのグループの机にやってきた。

　教師は別の生徒を1人指名するが，たまたま第二言語学習者で，数学もあやふやである。教師は「周の長さがいくつになるか求められた？」と尋ねる。その生徒は，「10x＋10です」と答えた。教師は「そのとおり。では，10はどこからきたの？」と続ける。この時点で，生徒は壁にぶち当たる。他の生徒の説明があまりにも速くとおり過ぎたので，教師は，本当に深い理解ができているかを探るために質問したのだ。教師は，彼女が答えられないのがわかると，単に「後で戻ってくるわね」といった。

　問題を解決した生徒は，「先生が戻ってきたら，こう言って……」といって，解法をぺらぺらと説明した。窮地に立たされる生徒は，「あなたがやっていることはだめだってことに気づいて。先生は，質問し続けて，私が正しく理解しているかを確認するよ。あなたは，私が理解できるように説明するべきよ。そうしたら，私が正しく説明できるわ」。

　この時点で，生徒は，グループとして一緒になって取り組み，説明がわかるようになっていく。教師が再び彼らのもとにやってきて「10がどこからきたのか説明してくれる？」と質問したとき，彼らの説明は進歩していたが，まだ少し怪しい。指名された生徒は，いかに項が相殺されるかを話し始める。「長さx－1の辺が8本あるけど，これら8本の残りは，足りない部分を埋めるのに使えて……」。しかし，最終的に周の長さが10xを含むことの説明になっている。教師は，「すごいわね。それは10xの部分ね。だけど，私は10がどこからきたのか聞いたの。それを説明してくれる？」と確認する。生徒たちが困っているのを見ると，教師はあっさり「また戻ってくるわね」と再び伝える。

　今度は，4人全員が，10xがどこからくるか，残りの項がなぜ10なのかという問題の部分について協働していく。今度は，教師が戻ってくる時に準備ができており，教師のあらゆる投げかけに対応して完璧な解答を披露する。その生徒は，「やった」とうまく説明できたことに興奮し，残りの授業に対して意欲が高まる。同じグループの他の2人は，そのやりとりから数学を学んできたし，彼女の興奮を共有している。最初から答えがわかっていた生徒も，彼自身が教えることで成果が得られる。すなわち，最初の不器用な説明を乗り越え，背景

にある数学をより深める明快な説明に取り組むようになってきたのである。

　このクラスは，数学のスタンダードが高く，それが継続している。教師は，意味のある説明を求めており，それを下回るのに妥協しない。生徒は，数学を確固として説明でき，教師に対しても説明できることを理解している。しかし，言葉によるやりとりが示すように，生徒は，互いに対し，そして互いのために説明できるのである。グループメンバーが本当に教材を理解することとは，それぞれの生徒が責任を持つことである。みんなが，このルールから利益を得られるのである。

しい。とりわけ，児童・生徒が根本的に重要な算数・数学に取り組み，学ぶことを目指し，児童・生徒の発言に対して数学的な潜在性を認めることができ，指導のガイドができるようになるよう，教師には，算数・数学についてのゆるぎない基盤が必要である。数学におけるゆるぎない基盤は過小評価されるべきではない。グループワークや対話を構成する能力もまた必要である。というのも，児童・生徒は単に対話をすればよいのではなく，対話は意味のある算数・数学を中心に据え，数学的に生産的であらねばならないからである。スタンダードに基づく教室実践の最初の数年間に行なわれたグループワークに関する初期の研究では，明確な指導がないと，会話は必ずしも**数学的に**豊かなものではなくなることが明らかとなった。これまでにも述べたように，グループワークに対する生産的な構造を構築するには，時間と知識が必要である（たとえば，E. G. Cohen, 1994a, 1994b; E. G. Cohen, & Lotan, 1997などを参照）。より一般的には，適切な知識と信念を育み，あるレトリックと一貫した形で行動できるようになるには時間を要する（D. Cohen, 1990参照）。

　専門性を高める取り組みとして成功したさまざまなモデルがあるが，それらにはいくつかの共通点がみられる。たとえば，明確な目標を打ち立てること，自分の仕事に対して省察するための十分な時間を確保すること，バラバラのワークショップをシリーズ化するよりも，焦点の連続性を維持することが明らかに必要である。さらに，多くの研究では，教師は，内容に特化した方略やツールを学んだ後，すぐに試すことができ，学習共同体における同僚のグループで磨き続けられる時に，新しい実践を効果的に実行することができると示唆されている（D. K. Cohen & Hill, 2000; Lieberman & Wood, 2002）。

　教科内容の特定の内容や，児童・生徒がその内容をいかに学ぶのかといったことに焦点化した専門性を高める取り組みが，教師にとってとくに役立つこと，さらにより深い概念的理解を目指して児童・生徒を支援することに指導を焦点化することでいっそう効果が高まることを示した一連の研究もある（D. K. Cohen

& Hill, 2000; Desimore, et al., 2002; Fennema & Romberg, 1996; Ma, 1999)。たとえば，カリフォルニアにおける州の算数・数学教育改革を実践しようとしている595人の小学校教師を対象とした研究によれば，特定の内容領域を扱う特定の算数・数学のカリキュラムの扱いを学ぶ機会を得て，この内容を実践するための指導方略について協働した教師が，彼らの実践においてより変化があったことを報告していた。そして，これらの変化は，児童・生徒の達成度により強く結びついていた (D. K. Cohen & Hill, 2000)。さらなる研究では，「レッスンスタディ (lesson study)」に取り組む機会，すなわち教師のグループが，特定の授業に関する協働設計，観察，分析，評価に参画することで，特別な効果をもたらし得ることを示した。なぜなら，それによって，児童・生徒はいかに特定の内容を学ぶのかに焦点化し，その内容を指導するための方略を通して協働するのを助けるからである (Fernandez, 2002; Lewis & Tsuchida, 1998; Stigler & Hiebert, 1999)。

　専門的共同体，すなわち良い指導の本質についての理解を共有し，それらを実践に移すために協働する場は，指導することを学ぶためにとくに広げる場となる。たとえば，デシモンと同僚たち（Desimone et al., 2002）による3年間にわたる教師の学びに関する長期的な研究によれば，教師の学習経験における多くの要素が，教師の実践を変えることに累積的に影響することが明らかとなった。特定の指導実践——たとえば，テクノロジの利用，より高次の指導法の利用，新たな児童・生徒の評価ツールといったもの——への焦点化が，教室においてそれらの実践を活かすことにつながるだけでなく，専門性を高める取り組みの中での教師に対する能動的な学習方略もその利用を高めるのである。実践への影響は，学校，学年段階，そして教科から教師がグループとして参加した時，またその方略が，教室や学校における他の実践と軌を一にしたときにより強く表れた。このように，教えることを学ぶための一貫したアプローチと実践のコミュニティがもつ潜在的な力の重要性が示唆されるのである。

安定性の問題
　教師に欠かせない専門的な成長にとって最大の敵は，矛盾した職務命令と指示，目標，そして教材の頻繁な変更である。専門的な成長には，時間，エネルギー，そして一貫性が必要である。可能性を最大限にするために，学区や学校の管理職は，安定した雰囲気を育む必要がある。つまり，そこで目標や期待が明確であり，理解とスキルを伸ばすための時間が教師に与えられる。私たちが概括した5つの条件（高い質のスタンダード，スタンダードに準拠し綿密にデザインされたカリキュラム，スタンダードに準拠し綿密にデザインされた評価ツール，思慮深い専門性を高める機会，指示の一貫性）の達成へとより近づいた地域ほど，教師は彼らが必要とす

❖ コラム ❖

教室における「実生活」の経験

　毎春，ワシントン州シアトル近隣にあるマウントレーク・テラス高校では，イーヴァ・リーダーの幾何のクラスの生徒が，建築の課題を完成させようと熱に浮かされたように取り組んでいる。それは，2050年の学習ニーズに合致し，与えられた敷地に上手く合うように2000人の生徒が在籍する高校をデザインするものである。6週間の期間にわたって，生徒は，敷地図，縮尺模型，間取り図，透視図，原価見積，そして提案書を仕上げなければならない。それらすべては，幾何学的・数学的概念を活用するものである。それから，彼らは，プロジェクトを審査する地域の学校建築会社に口頭のプレゼンテーションを行ない，契約を「獲得」しなければならない。

協働とコンセンサス

　生徒は，デザインファイルも継続しなければならないが，そこにはチーム営業協定（Team Operating Agreement）といった作業中のデッサン，メモ，グループの契約書を含む（ボーイングと同様のフォームを改訂したもの）。この協定の中で，チームメンバーは彼ら自身や互いの期待，いかに意思決定がなされるか，いかに誤解を防ぐか，いかに葛藤が解決されるかの項目に関するコンセンサスに至るようになる。

　生徒は，2人から4人のチームで取り組み，模型を製作し，ソーラーパネルや他の特殊装置の調査を行ない，訪ねてきた建築家と会話する。リーダーは，抽象的な数学的概念を体験や現実生活へ応用することの重要性だけでなく，作品を生み出すためにチームで取り組む経験の価値を強く望んでいる。「協働的に取り組む力は，学んで身につくスキルなのです。生徒は，複雑で，ハイステイクスな文脈の中でそれを実践する機会をくり返し得ることが必要なのです。大人としてコミュニティや職場で出会うことと類似した状況なのです」とリーダーは語っていた。

　「教師が生徒のグループのために取り組みをつくり出すのはきわめて簡単でしょうし，グループメンバーの1人がその取り組みを全部やってしまうのもきわめて簡単でしょう。こういうわけで，生徒が会話し，精練し，表現するチームワークのルーブリックが鍵になります。それらは，それぞれのメンバーに何が期待され，チームメンバーが協力しなければ何が起こるのかを明確にするものです」。リーダーのアプローチの結果は明らかである。出席しない者だけ落第するが，彼女は，数学分野の幾何学クラスの中で最高の在籍率を継続的に得て

いる。

　生徒からも同じような話が聞かれる。ある少女は，初日の課題に関するチームでの考えであまりに興奮して眠れなかったと報告していた。ある少年は，彼の仲間によって自分の思考やデザインスキルが価値あるものだとわかり，チームリーダーとなった。それは，他のクラスでの彼の経験とは全く異なるものであった。「このプロジェクトは，僕の救いとなってきたんだ」と彼はリーダーに伝えていた。

評価の多様な形態

　デザインプロジェクトの評価はいくつかの方法でなされる。プロジェクトの始めに，生徒は，彼らの取り組みが評価される得点ルーブリックが与えられる。プロジェクトのそれぞれの部分では，質と正確さ，明確さとプレゼンテーション，そしてコンセプトをもとに評価される。リーダーは，プロジェクトの期間と最後にチームワーク（参加，関与の度合い，チームメンバーとしての取り組みの質）も評価している。

　チーム全体を通して，彼女は，フィードバックと提案を行なう。彼女は，プロジェクトの終了後もクラスやそれぞれのチームと会っている。最終セッションの間，生徒は，彼らの取り組みや改善のために何をなすべきかを省察する。「教えるのが長くなるにつれ，リフレクションのニーズが一層理解できるようになりました」とリーダーは語った。「私たちはなすことと，なしてきたことについて考えることによって学ぶのです。省察する時，2度学んでいるようなものです。それは，間違いなく理解を深めるものですし，常に目標となります。終わってからも，私は彼らに学習を続けてもらいたいのです」。

　時々，チームとして決してまとまらず得点も良くないチーム（かかわっている人々にとって例外的な状況）の場合にも，彼らはリフレクションを書き残す。そのチームメンバーは，個々人の貢献や次に異なって何をなすかを正直に評価していた。「最も良かったのは，プロジェクト終了の翌日でした。それぞれのチームメンバーは別の時に私のところにやってきました」とリーダーは思い出していた。「実際，彼らは，後にではなく今これらのことを学ぶ機会を持てたことへの感謝を表していました。争いがずっと激しい時でしたが。」

　多くの評価形態が，それぞれの生徒が得る評点を決定する。しかし，リーダーは，単に評点を配分するための方法ではなく，フィードバックとリフレクションのツールとして得点のルーブリックを活用する有用性を強調している。「生徒は，個人的価値と取り組みの質をよりたやすく分けることができます。そして，彼らは，改善が必要となる取り組みの特定の側面とそうでないところも分ける

ことができます」と彼女は説明していた。「それで評点がわかりやすくなりますし，最も重要なのは，学校の取り組み全体の目標が問題解決やライフスキルの獲得や洗練であることを生徒にわかるように促すことです」。

専門的な関与

　作業フェーズの間に，建築家は何度かクラスを訪問し，提案を行なったり質問に解答したりする。プロジェクトが最高潮になるところで，それぞれのグループは，建築家集団に対して口頭の短いプレゼンテーションを行ない，彼らは生徒の取り組みを見て，得点シートを埋めていく。次の日，彼らは，ダウンタウンのオフィスで生徒と共に彼らの評価を論評する。彼らは，プレゼンテーションの間，コンセプト，敷地図，教育ビジョン，テクノロジの活用，環境的インパクト，そしてチームワークの観点からプロジェクトの強みを特定する。生徒は，自分たちのデザインやプレゼンテーションに関する具体的な質問ができる機会も得られる。

　ある年のこの訪問の間，リーダーは，「彼らの取り組みは，建築学科の大学1年生に匹敵すると子どもたちに語る建築家のコメントを聞きました。それは，これらの子どもたちに多くの意味を伝えていますし，私が言うのとは異なる信頼性があるのです」と詳しく語っていた。彼女自身，リーダーは，親が子どもに任せる時と同じような誇りを感じており，「彼らは，現実世界において自分たちの手でそれをなすことができたと実感するのです」と語っていた。

さらなる情報

　イーヴァ・リーダーのクラスが行なったプレゼンテーションのビデオについては，https://www.edutopia.org/mountlake-terrace-geometry-real-world-video で見ることができる。

　本コラムは，エデュトピアの以下の記事から引用したものである。"Geometry in the Real World: Students as Architechs," by Sara Armstrong. Originally published Feb. 11, 2002

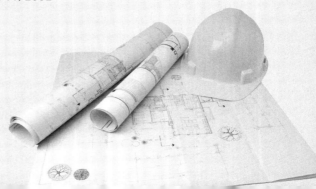

るスキルを伸ばす可能性が高いだろう。その結果として，彼らの児童・生徒もよく学ぶようになる可能性もより高まるだろう。

結　論

　エビデンスは明確である。習得すべき事実と手続きをまさに実体として数学に出会う児童・生徒は，「事実と手続き」だけを学ぶだろうし，概念的理解や問題解決スキルについてはほとんど発達しないだろう。対照的に，事実と手続き，概念，問題解決からなる「バランスのとれた食事」に出会う児童・生徒は，3つすべてを学ぶだろう。豊かな数学の環境を教室で創造することは難しいが，実現可能な課題である。それには，これまでに議論してきたように，パワフルな数学的な概念とプロセスがスタンダードで強調され，教科書や評価の中で実証され，そして，そのような環境をつくり上げるために必要な時間と援助が教師に与えられているといった一連の条件がそろっている必要がある。本章における例は，それを成し遂げうることを示すものであり，私たちが，まさに，私たちの児童・生徒に果たすべきことである。

第4章
理解を目指した理科の授業[☆訳註1]

ティモシー D. ジマーマン
エリザベス K. ステージ

　私たちが他の分野でこれまで議論してきたように，ここ20年間で理科の学習や指導の概念は様変わりしてきた。これらの変化の重要な試金石となったのが，『すべてのアメリカ人のための科学（*Science for All Americans*）[☆訳註2]』（Rutherford & Ahlgren, 1991）である。これは，多くの科学教育者の夢を表現したものであり，**あらゆる**学習者に科学を学ぶ権利や機会を保障し，そして，日常生活や現実世界の問題に対して科学的な考えや概念を適用させられるほど，十分に科学の**理解**を保障するものである。果たして，私たちはその夢に到達しようとしているのだろうか？　将来の市民，政策立案者，そして意思決定者となる児童・生徒は，科学的な教養を身につけているのだろうか？　これらの疑問を確かめるために，私たちは，学習科学に関する研究に目を向けた。つまり，いかに脳が概念や考えをわかるようになるか（学習）と，特定の概念や考えを学習者に教育するか（指導）に関する私たちの知識の広がりに焦点化した研究領域である。本章では，いかに人々は科学を理解するようになるのかだけでなく，いかに理科を教えるかの研究について論じる。そこには，この知識に基づいて行動することが，すべてのアメリカ人に科学的リテラシーに関する夢の実現に向かわせることになるとの希望がある。しかし，理科の学習や指導に関する研究が何を示しているかを述べる前に，科学的リテラシーの測定に関する現状や米国をはじめとする国々の児童・生徒の

☆訳註1　原文での"science"は，日本において「理科」の名称が定着している。本章では，教科や学校の授業に関する部分を「理科」と表記し，知識やスキル，より幅広い概念に関するものは「科学」と表記している。
☆訳註2　第1章訳註8参照

科学に対する理解について明らかになっていることを簡単に考察する。

科学を理解すること――物事がいま起きている場所

　3つの大規模評価によって，児童・生徒の理科の学力に関する洞察が導き出された。全米学力調査[☆訳註3]（The National Assessment for Educational Progress: NAEP）は，理科を含む，多くの項目で児童・生徒の学力を，全米のさまざまな学年を横断的に測定している。国際数学・理科教育動向調査（The Trends in International Mathematics and Science Study: TIMSS）は，4年生と8年生の算数・数学と理科の到達度を国際レベルで測定している。最後に，生徒の学習到達度調査（Programme for International Student Assessment: PISA）は，15歳の読解力，数学的リテラシー，そして科学的リテラシーを，40以上の国と地域を対象に測定している。ステージ（Stage, 2005）が指摘してきたように，NAEP，TIMSS，そしてPISAはそれぞれ児童・生徒の到達度に関する情報を提供してくれる。とくに，NAEPとTIMSSは，「児童・生徒は，私たちが教えたことを学んだのだろうか？」という疑問に答えようとしてくれ，PISAは「児童・生徒は学んできたことの何を扱うことができるのか？」と疑問を投げかけてくれる。PISAは，科学的リテラシーを，生徒が科学の世界だけでなく多様な文脈に対しても知っていることを**適用する**能力と定義している。最近のNAEP，TIMSS，そしてPISAの調査結果からは，クリティカル・サブグループを含めた米国の児童・生徒と，他の国と地域の児童・生徒の科学の到達度の違いが見いだすことができる。

　NAEP（NCES, 2005）とTIMSS（NCES, 2003）では，米国の成績や，性別や人種による歴史的な到達度の差を縮めた点でいくらかの向上が見られたのに反して，PISA（PISA , 2003）のような高次の理解を求め，より努力を要するテストから得られた結果は，より悲観的な姿を描き出す。事実，図1に示すように，15歳の生徒のPISA2003での科学的リテラシーに関していえば，米国は40か国中19位である。これは，高得点の国々から下の順位で，しかもOECD加盟国の参加国平均より下回った上，PISA2006では21位にまで順位を落とした。この結果には，困惑してしまう。すなわち，米国の生徒は，自分たちの科学的知識を他の多くの国の生徒以上に**適用**できないことを意味している。

　さらにいえば，アジア系と白人系の生徒の平均得点と，ヒスパニック系とラテ

☆訳註3　1969年に第1回の調査が実施された全国規模の学力調査。社会や時代に応じた「メインNAEP」と基礎学力を測定する「トレンドNAEP」で構成されている。

第4章 理解を目指した理科の授業

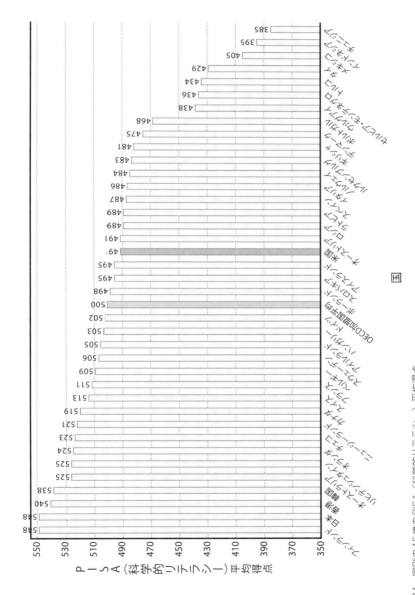

■図1 国別の15歳のPISA（科学的リテラシー）平均得点
PISA (PISA, 2003) のデータによると、テストに参加した40カ国のうち19位だった。
※非OECD加盟国は、2003年のPISA調査に任意参加 (PISA, 2003)。

ン系の生徒の平均得点との開きは，米国の平均得点と，高得点の国々の平均得点との開きと同じである（Stage, 2005）（図2参照）。このように，米国の生徒一般，とくに歴史的に十分なサービスを受けられなかった特定の民族グループでは，科学的な情報にアクセスできるかもしれないが，この知識を意味ある形で適用するような問題解決や批判的思考のスキルは得られていないと推測できよう。

　研究者たちは，差別的なテスト結果（Bybee, Kilpatrick, Lindquist, & Powell, 2005; Stage, 2005），要求の多い過酷なコースを受けることによる差別的な参加，到達度，そして発達（Clewell & Campbell, 2002）に関する多様な説明を発表してきたが，それらは構造的，教育学的，そして心理学的な説明を含むものである。しかしながら，教師は，彼ら自身の指導プログラムや児童・生徒との相互作用についてしか注力できないが，私たちが強調したいのはまさにその点である。子どもたちの既有知識や既有経験は，文化的・言語的・経済的背景によってある程度多様であるから，教師は，共通の経験を得られるようにしたり，学習を通してこれらの経験と現象とを多角的に結びつけたりする備えが必要となる。

　さらにいえば，科学のディスコースは，多くの重要な点で日常のディスコースから外れるものである。たとえば，受動態を用いると，抽象名詞は動詞に由来し（公転 "revolution"），日常生活における言葉とは異なる専門用語に由来する（たとえば，エネルギー "energy"）。だからこそ，そのような科学のディスコースと児童・生徒の経験との相違は，認識されたり協議されたりする必要がある（Duschl,

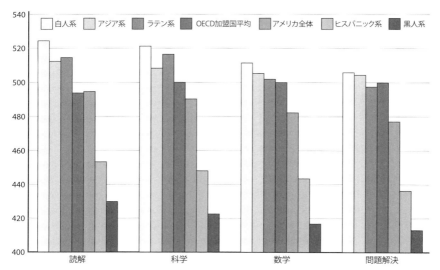

■図2　分野と問題解決別，民族別の15歳の生徒に関するPISA2003の平均得点
PISA（PISA, 2003）のデータによると，白人／アジア系とヒスパニック／黒人系との成績のギャップは依然として際立ったままで，とくに問題解決能力のギャップには目を向けなければならない（Stage, 2005）。

Schweingruber, & Shouse, 2007)。科学的理解を促進するために，これらの要因やその他のことが理科の指導に取り入れられなければならない。

科学を理解するとはどういうことか？

多くの人々に，理科の授業での経験を思い出すように求めると，次のような1つもしくはそれ以上の理科に関する風刺を聞くことになるだろう。

- 理科は，事実，法則，あるいは理論の暗記である。たとえば，雲の種類や3種類の岩を「知ること」，そして，巻雲（cirrus）や変成岩（metamorphic）の正確な綴りを完璧にできることのように，識別したり暗唱したりすることが強調される。
- 理科は，不自然な仮説を機械的に検証するものである。クローゼットの中に置いたままの植物が出窓や実験設備に置いた植物と同じようには育たないという結論のように，誰もが知っている何かを見いだすために「科学的な手法」を用いるのである。
- 理科は，発泡スチロールやハンガーを使って太陽系のモデルをつくって飾りつけたり，「噴火」させるために重曹と酢を使って火山のモデルをつくったりすることである。それによって，身近にないものや関係性を示すことである。

とくに恐竜のことのように，興味深い事実を暗唱することは，幼い子どもたちの情熱であり，多くのことを「知ること」は，トリビアル・パスート（Trivial Pursuit）☆訳註4で遊ぶ際に役に立つ。暗唱したり後で判別したりするために事実を記憶することは，理科の授業のテスト対策で多く取り入れられている。理科では事実同士を結びつけることが事実そのものより重要であるが，その方法では理科を認知したり理解するところまで達しない。実際，ハイステイクステストにおける事実の暗記と暗唱といった「伝統的な」☆訳註5形式で教えられた生徒と，概念同士の関連を強調した探究型の学習をしてきた生徒を比較している研究では，探究型の教室で学んだ生徒の方が，伝統的な学習で学んだ生徒よりもより優れていることが明らかになっている（Schneider, Krajcik, Marx & Soloway, 2002; Zimmerman, 2005）。

調査を理解し実施することは，理科や科学的リテラシーの中心であるが，多く

☆訳註4　雑学を駆使しながら進んでいくボードゲームのこと。
☆訳註5　第3章訳註8参照。

の人々の課題となるのは，エビデンスと，結果はたぶんこうなるだろうという先入観との関係性の理解である。モデル化は，概念を表現することはもちろん，問題解決のための基礎となるツールである。しかしながら，モデルを選択したり用いたりすることは，教師たちにとって，挑戦的な作業であり，モデルが表している概念を理解することは，教師も児童・生徒同様に簡単なことではない。たとえば，人は，モデルにおける特徴が本質的なものであるか不必要なものかを判断しなければならないので，前者は表現され，後者は混乱しないよう表現しない。簡潔に述べると，科学の**理解**は，多くの理科の授業で思い描かれたり経験されたりしているあり方よりも，より複雑である（そして面白いものである！）。

科学を学習することは複雑な課題かもしれないが，そうは言っても生まれてからずっと取り組んできていることなのである。私たちは，物体と運動，生物とその行動，われわれの環境と時とともにどのようにそれらが変化するかしないかを観察している。このように，あらゆる学習者は，概念をあらゆる学習の文脈に持ち込む。自然現象に伴う私たちの日常経験は，いかに私たちが教室で理科を学ぶのかに影響を及ぼす。もし，この「既有知識」が純真か風変わりなものとして無視したり取り去られたりせずに，活性化され認識されることで，科学的現象の概念のより深い理解が可能となる。これらの概念の認識は，科学のより深い理解を育むための必要な前提条件である。加えていえば，膨大な科学と非科学な内容とのつながりを促すことで，学習者が科学的知識に意味を持ってアクセスしたり適用したりすることが可能となる。このように，柔軟に用いられ適用されるより広い概念として科学を捉えることは，事実の静的な実体や機械的な一連の手続きと科学を見なすことよりもより生産的である。科学現象についての既有概念，科学のプロセスや努力，そして科学的知識の構築について深く考えることは，科学の**理解**を促進するための最も本質的な科学教育の実践の1つである。☆訳註6

科学において，人は，つながりがあって柔軟なこの種の思考をいかに発達させるのか？ ある者はピアジェの誤解に基づき，たとえば若者は抽象的・仮説的・

☆訳註6　全米科学教師協会（NSTA）が発刊したハンドブックにおいては，科学教育として「指導（Teaching）」「学習（Learning）」「問題解決（Problem Solving）」「カリキュラム（Curriculim）」「文脈（Context）」の5つの分野が挙げられている。特に「文脈」については，「学級と学校の雰囲気（Classroom and School Climate）」「学級におけるジェンダーの問題（Gender Issues in Classroom）」「学級における文化の多様性（Cultural Diversity in Classroom）」も科学教育における視点として提示されており、社会文化的背景を組み込んだ研究が志向されている。同様に，レダーマン・アベル（2014）においても，「科学の学習における多様性と公平性」というテーマが掲げられており、人種・民族・都市や農村部といった問題を踏まえた議論がなされている。(Gabel, D. L. (ed) (1994)Handbook of Research on Science Teaching and Learning. New York: MacMillan., Lederman, N. G. & Abell, S. K.(eds) (2014)Handbook of research on science education, Volume II. NY: Routledge)

演繹的な推論にかかわる前に，直接観察できる具体的な現象だけを把握できるようになるまで数年の発達段階を経なければならないと主張してきた（"もし〜ならば"推論のようなものは，たとえば，California Department of Education, 1990参照）。しかしながら，全米研究評議会（NRC）による近年のK-8レベルにおける理科の学習に関する研究のレビューでは，次のように結論づけられた。「私たちは，児童・生徒が理科の学習者として有能であることを過小評価している。すなわち，設定された水準はいつも低すぎるのだ。さらにいえば，現在

教師は，科学現象に関する児童・生徒の既有知識を活性化することで彼らの科学の理解を促す。

の理科のカリキュラムや指導の組織は，理科の学習を支援する類のものを提供していない。ここでいう理科の学習とは，科学的概念の深い理解と科学の実践に有意義に取り組む能力を身につけさせることである。要するに，現在，構築されている科学教育は，児童・生徒が教室に持ち込む知識や可能性を高めていない。多様な背景を有した児童・生徒にとって，この問題は，考えている以上に深刻である」（Duschl et al., 2007）。

理解を目指した指導に関する学習科学のレビューから，私たちは，NRCが報告する知見をさらに強調し，熟達した科学学習者を定義するためのフレームワークを描いていく。このフレームワークは，内容に関する知識とプロセススキルを分ける誤った二元論を超え，内容とプロセスとの不可分のつながりを認識するものである。ダッシュルと同僚たち（Duschl et al., 2007）は，科学に熟達した児童・生徒を次のように示している。

・自然界の科学的な説明を知り，利用し，そして解釈する
・科学的なエビデンスや説明を生み出し，評価する
・科学的な知識の本質と発展を理解する
・科学的な実践やディスコースに生産的に参加する

児童・生徒の学習に関するこれらの目標は，カリキュラムデザインのための幅広いフレームワークも提供する。このフレームワークをここで再確認しておく。なぜなら，それが私たちの知見と対応するし，理解を目指した科学学習に関する研究と一致する科学学習者の視点を促すものだと私たちは信じているからである。

ケース

理解を形成する場としての理科の授業

　騒がしい。多くの5年生の児童が一斉に話しており，ざわめきが広がる。何人かの児童が，2リットルの色のついた塩水を運ぼうとしており，他の児童に向かって水がこぼれていると金切り声で言っている。他の児童たちは，量っていない食塩を他の2リットルのボトルに投入している。教師であるサンドラ・ブルックスは，まだ質問の回答に記入している児童のグループに近づく。

T：「どうして，ボトルを両方とも青くしたの？」
S1：「一度，染料の入った塩水のボトルと，染料の入っていない真水を合わせると，それらが混ざって，完全に青色になると考えたからです」。
T：「どうして，そうなると思った？ これまでそんな風になったのを見たことがあったの？ それとも，聞いたことがあったとか？」
S1：「えっと，はい。家でクールエイド（Kool-aid）☆訳註7をつくる時に，色が混ざって全部同じ色になるんだよ」。
T：「わかったわ。じゃ，それを書いて，試してごらん」。

　飲み口を結合させた2つの2リットルのボトルを机の上に横に寝かせて置いて，熱心に観察していた他のグループに，ブルックスは近づいていく。

T：「ここでは何が起こっているの？」
S2：「色が青色に変わっています」。
S3：「えっと，ある部分だけが青色に変わってる」。
S4：「ええっ，青が全部底にある」。
T：「どっちのボトルから全部青になり始めた？ 塩水のボトル，それとも真水のボトル？」
S2：「［ボトルの1つを指差しながら］塩水のボトルが青くなりました」。
T：「本当？［塩水ではないボトルを指差しながら］このボトルは，こんな風に横から見たら，どのように見える？」（児童は，ブルックスと一緒にしゃがんで，ボトルを熱心に見る）
S3：「うわ，底で青い水が入ってくるのが見える」。
T：「なぜ，そうなっていると思う？」

☆訳註7　アメリカで販売されている粉末ジュースのこと。

S1：「塩水だから」1人の児童が興奮して叫ぶ。

S2：「でも，塩水は真水と混ざらないんじゃないの？」

S3：「いや，塩水は沈むから」。

T：「どうして，そう思うの？」ブルックスはつけ加える。「君は，それを以前に見聞きしたことがあるの？」

S3：「ええと，たぶん，えっと多く詰まってる方が，だから，う〜ん，重くて沈んだんだと思う」。

S4：「でも，どうして混ざらないんだろう？ ミルクに入れたチョコレートを入れるみたいに？」

T：「だれか，これまでにサラダドレッシングをつくったことがある人はいる？」

S4：「あ〜，あります。美味しかったな〜」。ある児童が叫んで笑う。

T：「その中に何を入れたか覚えてる？」

S4：「油，酢……」

S3：「あ，ちょっと待って。『油と水は混ざらない』よ」。1人の児童が興奮して割って入る。

T：「どうして知ってるの？」

S3：「ことわざか何かであったような？ それから，こんな番組を見たよ。船から油が漏れて，油が全部水に浮いていたの。それで，ラッコがね，みんな油まみれになっていてふさがっていたの……。ぞっとしたよ」。

T：「[ボトルを指差しながら] その話はここで何が起きているかについてのヒントになるんだけど？」

S2：「塩水は真水よりたくさんのものが入っているの？」ある児童がためらいがちに尋ねる。

T：「ボトルの観察を続けてみない？ そして，何が起こっていると思うかを話してみない？ 覚えておいてね，君たちは，シートにある『その後』のボトルに色を塗る必要があるからね」。

　あらゆる年齢の学習者にとって，濃度は，難しい科学概念であるが，サンドラ・ブルックスの授業の例は，いかに濃度をより深く理解する方向へ児童のグループを導くことができるかを明示している。児童は，「実験」をしない。彼らは，ある活動によって導かれていくが，教師の注意深い問いかけが，彼らの既有概念や既有経験を引き出していくのである。彼らは，液体と固体を混ぜたり，液体を混ぜ合わせたりする経験がかなりあり，彼らの濃度の理解に影響を与えている会話表現もあるが，これらの経験やそれらと関連づけられる概念はどうやらつながりがないことが，彼らの解答からよくわかる。それらは矛盾したものであるし，児

童は自分たちでそれらをすり合わせてこなかった。

　児童は，異なった濃度の液体同士が濃度差の原理に則って分離していることを「見せる」実験を通して活動していない。彼らは，公式D=M/V（Mは質量，Vは体積）を使って液体の濃度を計算することを指示されることもない。もし濃度を計算するように求められても，大半の人がVをMで割ると答えそうである。というのも，公式そのものは，濃度を理解していることを意味していないからである。さらにいえば，濃度の定義を暗唱することを求められていない。それどころか彼らの理解が確固たるものではないので，専門用語が使われたり紹介されたりさえもしていない。意味のない定義や公式を覚えることの代わりに，彼らがすでに知っていること（既有知識）を熟考することが求められ，その知識についての彼ら自身の概念（メタ認知）を考えることが促され，最初に，もしくはこれらの考えを再構成・再整理する時には，考えをまとめ，濃度の概念的モデルを発展させることが求められる。児童は，科学者が行なう活動と類似した高度な社会的活動に従事しながら，観察したり，エビデンスを集めたり，エビデンスで主張を根拠づけることを学習していたりする。理科を教えるためのこのアプローチは，理科の学習に関する現在の研究と合致している。

　上述したように，時間の経過とともに，学習者がトピックや概念について考えるためのより洗練された方法を連続的に開発することは，最近登場してきた概念とも一致する。この概念的な発展の道筋を記述することは，学習の軌道（learning trajectories）あるいはラーニング・プログレッションズ（learning progressions）☆訳註8と呼ばれる（Catley, Lehrer, & Reiser 2005; Duschl et al., 2006）。これらは，学習者の知識や理解を形成する初期の概念から生まれるが，しばしば現実世界の経験を起点とする。学習は，科学のある特定の領域にある「重大な観念」と結びついてできた道筋に沿って進んでいく。しかし，多くの場合，これらの重大な観念は，科学の学問分野を超えて広がっている。たとえば，キャトレーと同僚たち（Catley et al., 2005）は，進化を学ぶ児童・生徒にとっての学習の軌道，あるいはラーニング・プログレッションズに関して，生物は異なるという基本概念から始まると記述している。この概念は，K-2の児童でも発達させられるものであり，進化に関するより複雑な概念の基盤を形成するものである。第3学年

☆訳註8　翻訳も可能であるが，「ラーニング・プログレッションズ」と論文で表現されているのでそちらを採用している（たとえば，山口・出口，2011等）。山口・出口（2011）によると，ある学習について適切な指導がなされた場合，比較的長期間にわたって，学習者の概念や思考がいかに変化するのかを示すモデルのことである。山口悦司・出口明子（2011）ラーニング・プログレッションズ：理科教育における新しい概念変化研究．心理学評論54(3)：358-371．

から第5学年において，児童は，生物が異なるだけでなく，それらの違いには関係性があることを認識することで，この多様性の概念を構築する（たとえば，羽がある生き物もいる，くちばしがある生き物もいる，羽もくちばしもある生き物が多くいる）。これは，種の分類の早期理解を促すし，子孫の概念へとつながる。児童は，経時的に概念を構築し続け，やがては関係のある適切なトピックを理解するようになる。★原註1

　濃度の学習に関しては，ラーニング・プログレッションズがまだ分析されていないが，それがどのようなものかを思い浮かべることはできる。実際，学習科学の研究者たちは，彼ら自身の経験や研究を踏まえてプログレッションズを開発し，妥当性を明らかにするために授業でそれを検証している。濃度を理解するための学習の軌道は，液体が層として重なるのを見ても，なぜその現象が起きたのかをまったく考えなかったことを学習者が認識するところから始まる。しかしながら，学習者は，「物が層をなす」ことを認識するところから始まるかもしれない。しばらくしてから，液体に溶かされた固体の入った溶液がしばしば底層を形成することを認識し始めるかもしれない。この考えから，底にある液体（濃度が高いもの）は，液体の中にある「物質」がより多い（すなわち，物質の特性のためにより多くの質量がある）ことを学習者は理解し始めるようになるだろう。

　液体に溶けた固体の量を比較しながら液体の量を知る必要があると学習者が認識した時，彼らは濃度の理解をさらに深めることになる。学習が進むと，液体の量（体積）と，全体の質量（対象物に含まれる物質の量）との間には関係性があることがわかってくる。そして，これによって，ある液体が上層となるか下層となるかが決まるので，学習者が正確に$D=M/V$の公式を利用できたり適用できたりするようになる。やがて学習者は，温度と濃度との関係を取り入れる必要が出てくるが，大事なものからまず始めなければならない。公式や言葉の定義を学ぶことは重要だが，一般に概念的理解をもたらさないし，とくに短期的に結果は出ない。あらゆる概念の理解には，既有知識や既有概念の処理とより広い知識基盤にそれらを組み込むことが必要となるが，いずれにしても時間と労力がかかる。次の内容は，この議論をさらに説明するものである。

★原註1　FACETイノベーション（K-20の科学に関する教授・学習を改善するための教育研究・開発の企業）のジム・ミンストレルは，基礎物理の概念に関して，全く洗練されていない段階から最も発達した概念に至るプログレッションズについて教師が認識するのを支援する「様相（facet）」と呼ぶリストをまとめている。

◉ケース◉

概念的理解の発展

T:「はい，片づけを終わらせてから，この活動について話し合いをしましょう」。

　児童たちは，教材を片づけながら騒がしく作業をしている。そして，質問表を書き終わらせている。児童が再び席に座り始めると，教師であるサンドラ・ブルックスは，彼らが発見したことについてのディスカッションを通して授業を進め，濃度を理解し始める手助けをする。ブルックスは，濃度の観察で使ったボトルの輪郭を書画カメラで示し，彼らの考えや結果を述べるように求めた。

T:「私たちがこの活動を始めた時に，ボトルがどうだったか発表したい人はいますか？」
S1:「最初の活動で，ボトルの上の方に，青色の着色料があって，水の中に塩はなかった」。
T:「そうですね。[書画カメラ上でボトルの上部に青く色を塗りながら] ボトルの間のカードを引き抜くと，君たちはどうなると予想していましたか？」
S2:「私は，ボトルの底がすべて青色になると思っていたけど，そうならなかった」。
T:「ほほう。では，どうなったの？」
S2:「青色は底に溜まって，混ざらずに，何も起きませんでした。えっと，ほんの少し，青い部分が混ざるのを見たけど，基本的に上の方に溜まったままでした」。
T:「どうしてそうなったと思う？ これまでに，これと似たようなことが起きたのを見たことはある？」
S3:「その中に食塩水がたくさん入っているからだと思う。私たちが塩を入れたもの」。
S4:「そうそう。だから食塩水は底に留まって，真水にはあまり物が溶けていないから上に留まったんじゃないか」。
T:「ではなぜ，物があまり溶けていない液体は上にあるの？」
S3:「それは，塩が入っていないのでもっと軽いから」。
T:「ボトルに塩を加えた時，水の量や体積が変わったかどうかに気づいた人はいる？」
S2:「私たちのボトルは全く変化しませんでした」。
T:「そうですね。私たちは，水に塩を入れましたが，体積にさほど変化はあり

ませんでした。誰か『1トンのレンガと1トンの羽毛ではどちらが重い？』というクイズを聞いたことがある人はいる？ 誰か，答えられる人？」
S1：「どちらでもありません。どちらも1トンだから同じ重さです」。
T：「そのとおり。では，同じ重さのレンガと羽毛がある空間の体積や量についてはどうですか？ 1トンの羽毛は，1トンのレンガと比べて，空間は大きくなる？ 小さくなる？ それとも同じ？」
S1：「そうだなあ，私は，羽毛の方がより空間が必要だと思います」。
T：「なぜそう思う？」
S1：「羽毛はみんなフワフワしていて，レンガはみんなギュッと圧縮されているからです。レンガ同士の間には空間が少ないけど，羽毛同士の間にはたくさんの空間があるから」。
T：「先週，原子と分子について，どんなことを話したかを思い出してみて。その時に，空間の大きいものや小さいものを見つけたよね。誰か，**密度**という言葉を聞いたことがある？」
S3：「あるものは，他のものより濃いということです」。
T：「『より濃い』という意味について，もう少し話してくれる？」
S3：「えっと，あるものが同じ空間の量でより多くの原子や分子を持っていることです。なぜなら，それらはよりぎっしり詰め込まれているからです」。
T：「では，もし同じ空間の量である2つの液体があるとして，ある液体にはより多くの分子がある。なぜなら，それらはよりぎっしり詰め込まれているから……」。
S3：「それで，よりぎっしり詰め込まれたものがより濃いです」。
T：「では，もし食塩水が真水と同じ体積で，真水が……」。
S1：「ああ，水分子に塩はぎっしり詰め込まれているからより濃くて，真水は薄いから上に留まったんじゃないかな」。
T：「いいディスカッションでしたね。次の授業では，お湯のボトルと冷たい水のボトルではどうなるかについて話しましょう。どちらの側か予想しておきましょう」。

科学を理解することの課題

誤概念，概念変化，そして理解を目指した学習科学

　科学的現象に関する児童・生徒の既有知識の研究は，いかにこの知識が科学的に正当な世界の理解を妨げるかを明らかにしてきた。これらの既有概念は，しばしば「先入観（preconceptions）」，「誤概念（misconceptions）」，あるいは「代替概念（alternate conceptions）」として言及される。それらは，対立するエビデンスに直面する時でさえも強固で変化を受けつけないものである。私たちは，科学的に妥当であるとは考えられない概念に言及する時に**誤概念**の用語を用いる。多くの研究者，教師，そして教育分野に携わる他の人たちは，**誤概念**という用語に否定的な含意のあると懸念してきたと認識している。私たちも同意することだが，よく言われているように，それは誤答を意味しており，学習者から取り払うべきものである。だが，この用語の共通認識のために，私たちはここで誤概念という用語を選択した。

既有概念と誤概念の源

　研究によって，多くの誤概念は，世界がどうやって動いているかという，それまでの経験に基づいた知識に由来すると示されてきた。児童・生徒の既有知識や誤概念を報告している大半の研究は，20年以上前から行なわれているが，研究者は，今日でさえも，固有の既有概念や誤概念を発見し続けている。デュイット（Duit, 2006）は，児童・生徒と教師の科学に関する既有概念の研究や理論に関係のある文献を7,000件ほど一覧として編集してきた。この文献一覧の中にある雑誌記事，書籍の章，そして学会発表の原稿は，化学，生物学，そして物理学に関する膨大な誤概念を報告している。いくつかの科学領域は，他の領域より広範囲にわたって研究されてきた。物理学は，もっとも広く研究されている領域である（たとえばClement, 1982; diSessa, 1983; McCloskey, Caramazza, & Green, 1980; McCloskey & Kohl, 1983参照）。ところが，海洋科学に関する児童・生徒が有する共通の誤概念については，ほとんど知られていない（Zimmerman & Brown, 2006）。研究者たちが，科学に関する一定の専門領域の中での既有概念や誤概念を明らかにしてきたにしろそうでないにしろ，児童・生徒がどこで学び始めるのかを知ることは，理解を目指した理科を教えるにあたって重要な要素である。

　具体的な例で考えてみよう。多くの研究者は，児童・生徒も大人も進化の概念を科学的に理解する際に，困難さを経験していることを報告してきた。進化について共通に抱かれる誤概念は，何かしらの特徴があるかないかが，その特徴が次

の世代に受け継がれるかどうかで決まるというものである。たとえば，ビショップとアンダーソン（Bishop & Anderson, 1990）は，110の大学の学生からプレテストとポストテストのデータを収集し，多くの学生たちが，ホライモリは暗い洞穴に生息しているので目を使わないから，ホライモリは目を「失った」と推論していることを明らかにした。大学生に関する別の研究として，フェラーリとチー（Ferrari & Chi, 1998）は，調査対象者の60％以上がこの適応の視点を有していることを明らかにした。他の研究者たちは，多様な集団に属する学習者が有する同種の誤概念を報告してきた（Jensen & Finley, 1995; Settlage, 1994; Zimmerman, 2005）。これらの学生の多くは，ダーウィンの進化論や自然淘汰の概念をおそらく教わっているが，彼らが受けた指導は，彼らの既有概念を考慮してこなかったのだろう。

　あらゆる研究における研究者たちは，誤概念の根深さに気づいていた。しかしながら，誤概念の知識に基づいて教材がデザインされ，教師が誤概念をはっきりと呼び起こすような機会を設ける時，より多くの児童・生徒は科学的に支持された概念を発達させる。たとえば，児童・生徒は，話し言葉の中で**「適応する」**という用語をよく使っていることが最初のパイロットテストのデータから明らかになった（たとえば，「私たちはアラスカに向かっていますが，寒い気候に**『適応する』**ことができるとはっきりわかりました」）。その後，ジマーマン（Zimmerman, 2005）は，理科の授業とそれ以外でこの用語がどのように異なって使われるのかを児童・生徒が話し合う機会を設け，学習者が自身の既有概念を確認したり表現したりする機会が確実に効果があることを実証した研究へとつなげた。

概念変化を起こす

　日常生活の経験は，世界がいかに動いているかの理解を導いてくれる。この既有知識は，世界がいかに動いているかの科学的に正確な視点とは相互に関連しない。私たちの濃度の例を思い出してもらいたいのだが，数人の児童は，クールエイドのように固体と液体を混ぜるような既有経験を活かして，塩と水を混ぜるのと似た結果になると予想していた。児童は，混合するという概念をゼロからつくり上げていなかった。彼らは，密度と物質の混合や積層に関する問いへの応答を生み出す現実世界での既有の経験を有していた。学習者が科学の概念を理解するよう努めている時，彼らは，身近な現象に関する科学的に正確な理解を構築するために，現在理解していることを改めなければならない。このような既有概念の変更や再構築に，「概念変化」として言及される。

　科学教育における概念変化に関する研究によって，理科の学習に関するシンプルな「対立 - 置換（confront-and-replace）」モデルは，科学的内容の深い理解には

つながらないということが示されてきた（Strike & Posner, 1982）。進化を例にした対立－置換アプローチでは，児童・生徒が誤概念を有しているのを認識できるように促してから，読書，講義，あるいはその他の直接的な指導法を通して自然淘汰の概念を彼らに提示するだろう。なぜなら，正確な概念をもってそれらを提示することで十分だと思うからである。しかしながら，理解を目指した理科の授業は，知識の反復的な（あるいは，時として，思いがけなく革命的な）**再構成**を説明する概念変化のモデルを伴うものであり，直接的な指導をはるかに超えたものを含むものである。それには，彼ら自身の知識や一定の与えられた現象をいかに構造化するかを熟考することを伴う。概念変化に関する現在の考え方は，追加と再構成の過程であって，置換の過程ではないものとされている（Chi, 1992; diSessa, 2006; diSessa, Gillespie, & Esterly, 2004; Gunstone & White, 2000; Slotta & Chi, 2006; Smith, diSessa, & Roschelle, 1993）。実際，ディセッサとシェリン（diSessa & Sherin, 1998）や，その他の研究者（たとえば，D. Clark, 2000）によると，児童・生徒は，矛盾があったとしても，多角的な科学的な現象に関する概念を同時に有していることが明らかになってきた。さらに，私たちは古い概念を新しい概念に単純に置き換えるのではなく，その現象と関連づけるように概念のネットワークを再構成することを示している。

　チンとブリュワー（Chinn & Brewer, 1998, 2001）は，「対立－置換」モデルを実験に当てはめた。彼らはまず，科学的現象の初期理論を児童・生徒に説明した（あるいは，児童・生徒の初期理論を引き出した）。次に，「異常なデータ」（学習者が持ち合わせている知識や信念と共鳴しない科学的に正確な情報）と呼ぶものを児童・生徒に提示し，異常なデータについての意見を求めた。最後に，彼らは，異常なデータの中の信念あるいは非信念の背後にある推論を児童・生徒に説明させた。彼らの初期の実証研究（Chinn & Brewer, 1993）は説得力のあるものだとわかる。彼らは，異常なデータに対して人々が応答する8つの方法を明らかにした。その8つうちの1つが，既有概念から科学に従った視点への変化だった。しかしながら，これが起きたのは，5パーセント（168人中8人）だけだった（Chinn & Brewer 2001）。それ以上の調査対象者では確認できなかったし，学習者は，異常なデータを拒絶したり，無視したり，再解釈したりしていた。

　言い換えれば，学習者に正確な概念を単に提示しても概念変化の一助とはならない。もし，濃度の薄い液体が濃度の濃い液体の上に「浮く」と児童・生徒にそのまま伝えても，彼らの多くは，クールエイドの経験があるので，概念的理解に到達する能力を妨げてしまうだろう。科学教育における研究から，概念変化の幅広い視点が浮かび上がってくる。研究者たちは，学習者が知識を再構成するプロセス，すなわち，追加，置換，階層構造の入れ替え，関係性の強化・無力化，概

念カテゴリーの変換を記録し始めている。私たちも，概念変化のプロセスにおける時間の重要性をまさに認識し始めている。たとえば，博物館の来館者や児童・生徒の学習に関する近年の研究から，興味深く，予想しなかった結果が明らかとなっている。フォーク，スコット，ディーアキング，レニー，コーエン-ジョーンズ(Falk, Scott, Dierking, Rennie & Cohen-Jones, 2004)は，博物館の来館者に，事前，直後，そして来館から4か月から8か月後にインタビュー調査をした。その結果，来館者が来館によって得られたと自己申告したものは，来館直後には主に知識とスキルを捉えていたのに対して，4か月から8か月後には，視点や気づきを高めるものへと捉え方が変化していたことが明らかになった。このように，時間によって，博物館の来館という学習経験についての来館者の考え方が変化したのである。バンバーガーとタルによる研究（Bamberger, & Tal, 印刷中）では，博物館に来館した児童・生徒への事後と16か月後のインタビューも実施した。彼らは，トピックに関する児童・生徒の知識には著しい減少がある一方で，博物館での展示で提示された概念との関連づけは著しく増加することを明らかにした。

　クラーク（Clark, 2000, 2006）は，誤概念に満ちた非科学性に基づく概念から科学的知識と一致した理解へと次第に移行する時，熱や温度についての新しい概念を加える基盤として，児童・生徒がいかに既有知識を用いるのかを立証した。クラークは，児童・生徒の熱や温度に関する概念を記録するために，プレテスト，ポストテスト，そして構造化インタビューを実施した。50人の児童・生徒を2年以上にわたって追跡した結果，熱と温度の概念を熟考するためにデザインされたコンピュータを媒介にした探究ベースのカリキュラムに彼らが取り組むと，彼らの概念が，理解を欠く状態から，次第に熱と温度についての確実な科学的理解がある状態へと発達したことを明らかにした。クラークは，児童・生徒の知識をまず追加して，その後再構成することで，この概念変化をいかに成し遂げたかを報告した。そこから明らかになったのは，厳密にいえば，既有知識と誤概念は，科学の理解にあたっての障害ではなく，科学的な考えや概念の深い理解を構築する際にはきわめて必要不可欠なものだということである。

理解を目指した理科の授業

　理科の学習に関するこれらの課題を考えるならば，科学の理解を促進するようなカリキュラムをデザインすることができるだろうか？　かなりの研究が，理科のカリキュラムデザインに取り入れてきたし，それらの多くは，これらの課題に取り組むことを目的としている。

知識の統合：概念変化モデル

　学習と指導に対する概念変化アプローチの一例は，リンと同僚たちによる知識統合パースペクティブ（the Knowledge Integration Perspective）である（M. C. Linn, 2006; M. C. Linn, Davis, & Bell, 2004）。「知識統合」では，プロセスとして学習を記述している。そこでは，学習者が，知識の構成体（事実，概念，信念，既有経験等）同士のつながりを創造，移動，あるいは再調整することによって，既存の「概念のレパートリー」に新しい概念，見方，あるいは経験を組み入れる際に活かされる（M. C. Linn, 2006）。リンと同僚たちは，カリキュラムデザインと教室での指導に関する一連の原則を開発してきた。この原則は，以下に掲載しているが，知識統合パースペクティブの書籍で，M. C. Linnと同僚たちがより詳細に記している（Linn, 2006; Linn, Clark, & Slotta, 2003; Linn, Davis, & Bell, 2004; Linn, & His, 2000）。

　知識統合が理科の学習を支えているとの考えは，足場かけ知識統合（Scaffolded Knowledge Integration: SKI）フレームワークと呼ばれるカリキュラムデザインのアプローチを開発するきっかけとなったが，理科のカリキュラムをデザインするにあたって用いられるべき4つの教育学的原理を含んでいる。これらのデザイン原則は，他分野でも見かけることがあるので，もはやよく知られているものといえよう。

科学が手に届くようにする
理科の学習を個人的に関係あるものにすること。そのために，児童・生徒が理解できるトピックと例示を取り入れたり，適切な足場かけや支援を提供したりすること。

思考を可視化する
モデル，視覚化，そして描写を用い，学習者が自分たちの考えを可視化できる形にできる機会を設けること（文書，写真，あるいは図的表現で）。

児童・生徒が互いに学習するよう促す
互いの考えを共有したり批評したりするような社会的相互作用の機会を設けること。

リフレクションを通して生涯学習を促進する
批評したり，誰かの知識について考えてみたり（すなわちメタ認知），そして考えを再検討したりするような批判的な学習実践を促進すること。

　プレテスト，ポストテスト，そして埋め込まれた評価（すなわち，カリキュラム履修中の児童・生徒の取り組みの分析）を用いたリンの知識統合パースペクティブに基づいた研究では，熱や温度（Clark, 2006）から遺伝子組換え生物（Seethaler,

& Linn, 2004)，静電気学（Casperson & Linn 2006），進化（Zimmerman 2005）までの科学トピックに関する児童・生徒の理解について有意な成果を示してきた。すべての事例において，これらの科学的トピックとしばしば結びつく既知の誤概念は，教材のターゲットとなる。

教室の中で，これらの原則は，カリキュラムのデザインや教師の授業実践を通して実現される。インターネット，デスクトップコンピュータやハンドヘルドコンピュータを用いて，教師や研究者は，ウェブベースの科学探求の環境（the Web-based Inquiry Science Environment: WISE）を活用した理科のカリキュラムをデザインする。WISEによって，カリキュラムデザイナーは，児童・生徒が既有知識を含む**彼ら自身の思考を可視化させる**メタ認知的なプロンプトを挿入できるので，再評価が可能となる（本章の後半「理解を目指すメタ認知と学習科学」の節を参照のこと）。図3の例は，適応の科学的定義について児童・生徒に教えるようデザインされた活動に取り組む前に，特定の種の適応能力について考えるように提示したプロンプトへの応答に対して，児童・生徒がいかに考え始めるかを示している（Zimmerman & Slotta, 2003）。

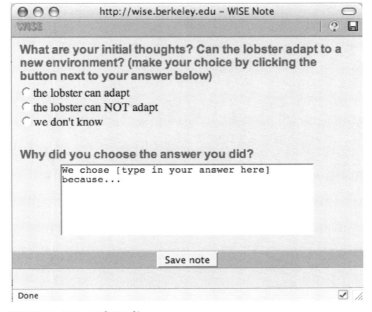

■図3　WISEリフレクションプロンプト
WISEにおいて，リフレクションノートは，既有概念やその考えを個々人また他の児童・生徒に可視化しながら，児童　生徒が既有概念について考えるよう促す。

授業者は，テクノロジを使わないでも，類似の方略を実践できる。たとえば，シンク・ペア・シェア（Think-Pair-Share）☆訳註9技法は，ローレンス科学館が提供しているGEMS，FOSS，MARE☆訳註10のような探求的カリキュラムで使われている。ここでは，教師が学習者同士でペアを作り，トピックについて考えさせたり議論させたり質問に答えさせたりした後，クラス全体でパートナーの答えを共有する。たとえば，「なぜ夏は冬より暑いのですか？」という問いは，学習者に季節の原因を考えさせるのによい促しとなる。もう少し複雑なものだと，WISEの中のコンセプトマップツールで，児童・生徒が，ある科学現象の下位要素同士の関係性についての文字どおりのマップをつくることもできる。児童・生徒は，生態系，化学反応，あるいは発射体の軌道に関する構成要素同士の関係性を示すよう指示されるだろう。コンセプトマップの構成要素に関する社会的交渉を通じてリフレクションや**相互学習**が促されるので，とくに協働的に行なうとき，コンセプトマップを構成する活動は，児童・生徒を真正の科学（たとえばモデル構築）に類似した活動に関わらせることができる。

　同様に，児童・生徒のモチベーションは，事例を選択したり，科学のトピックに個人的な関心を抱かせるような技法を用いたりすることで活性化される。たとえば，シーサラー（Seethaler, 2003）は，科学のトピック（遺伝学）と，現実世界で起きている論争，すなわち遺伝子組換え食品の消費とを関連づけることで，児童・生徒のモチベーションを促した。カリキュラムデザイナーは，その後，遺伝子組換え食品に反対する地域グループの説明を児童・生徒に読ませることで，個人的な関心を引き出した。最後に，カリキュラムの最終段階でディベートでの「立場」を児童・生徒に選択させることによって，議論の展開に最善を尽くそうとの個人的なコミットメントが高まった（Seethaler & Linn 2004）。

　20年以上にわたる教室を基盤とした研究によって，知識統合パースペクティブやp.160に掲載した教育学的原則の発展がなされてきた。このアプローチは，概念変化や科学的概念・原理のより深い理解の可能性を示している。

☆訳註9　協同学習の手法の1つであり，次のプロセスを通じて学習を深めるものである。(1) Think（思考）：課題について個人で考え，独自のアイディアを形成する。(2) Pair（ペア）：ペアに分かれて，考えたことについてディスカッションし，自分のアイディアを具体化したり，他者のそれを考察したりする。(3) より大きなグループ（例えばクラス全体）でアイディアを共有する。（https://www.teachervision.com/group-work/think-pair-share-cooperative-learning-strategy参照。2017年2月10日最終確認）。

☆訳註10　GEMS（Great Explorations in Math and Science），FOSS（Full Option Science System），MARE（Marine Activities, Resources & Education）については，ローレンス科学館のウェブページを参照のこと（http://www.lawrencehallofscience.org/programs_for_schools/curriculum参照。2017年2月10日最終確認）。

概念的知識：関連づけることでより深い理解を促す

　多くの研究者は，児童・生徒の誤概念に上手く取り組んできたし，バラバラの事実の代わりに，幅広い概念的フレームワークを児童・生徒に提示しながら，科学の概念に関する深い理解を促進してきた。本章で示した多くの研究では，このようなアプローチが用いられている。顕著な例を1つ示すと，パスモアとスチュアート（Passmore & Stewart, 2002）は，生物学的進化のメカニズムとして，ダーウィンの自然淘汰理論を高校生に教えるために，概念モデリングというアプローチを用いた。彼らは，概念モデルとしてペイリー，ラマルク，そしてダーウィンのモデルを続けて生徒に提示した。ペイリーは，環境条件に適するように確かに設計されているはずだから，生物はそれらに最適化して生まれてくると確信していた。ラマルクは，両親がもともと有していた特徴あるいは獲得した特徴を「使っていた」から，後に続く世代に引き継がれるという，生物における特徴の獲得について大まかに理論化した（たとえば，キリンは長い首を使っていたか，短い首を引き伸ばしたかして，それらが次の世代に引き継がれた）。最後に，ダーウィンは，生物は，わずかに異なった特徴を有しており，その特徴によってある特定の環境条件で生き残ることが可能になった生物がそれらの特徴を子孫に引き継ぐために生きていることを理論化した。生徒は，ある特徴の進化を説明するために，これらのモデルを適用するよう求められた。

　それぞれの概念モデルの根底にある仮説を比較することで，生徒は，モデルの強みや弱みを理解し始めた。それから，生徒は，これらのモデルや仮説を特徴選択に関する現実世界のデータセットに当てはめる機会が与えられた。カリキュラムでの取り組みを通じて，生徒は，引き続きそれぞれの理論を用いた。それらは，まず理論がどのようなものかを説明し，それから限られたデータセットを用いながら進化の例に理論を当てはめ，最後に現実世界，すなわち構造化されていない例で理論を当てはめるというものであった。カリキュラムは，ペイリーの理論から始まり，ラマルクの理論，そしてダーウィンの理論と，それぞれの理論を連続して適用するものだった。こうすることで，彼らは，自然淘汰の例を説明するために最初の2つの理論を適用すると，上手くいかなくなることを身をもって経験した。先に述べたように，進化や適応の過程について児童・生徒がしばしば抱いている誤概念と似ていたので，特定の理論モデルが選択された。生徒がペイリーとラマルクの理論モデルの不十分さを経験したように，児童・生徒は，進化に関する彼らの既有概念を再構成する必要もあるのである。本研究で概要を示した教育学的アプローチは，概念的知識アプローチを通して深い科学的な理解を促すための模範とすべき1つの方法である。

　児童・生徒が概念的つながりを引き出すのを促す別の方法は，**アナロジー**を用

いることで実現される（Brown & Clement, 1989; Gentner & Gentner, 1983; Gick & Holyoak, 1980）。これは，すでに学習者になじみのある概念やシナリオを用いて，学習者が新しい科学の内容を文脈に位置づけることを手助けするものである。アナロジーは，基になる概念（知られておりなじみのあるもの）と目標となる概念を（知られていないが学ばれるべきもの）。アナロジーを通した指導は，2つの関係性を明らかにする。たとえば，生態学でよく使われるアナロジーは，湿地はまるでスポンジのようだというものであり，周囲にたくさんの水がある時（すなわち，洪水の間）に水を吸収し，周囲に水がほとんどない時（日照りの間）にゆっくり水を放出するというものである。ここで，基になる概念は「スポンジが何をするか」（スポンジの主な機能），目標となる概念は「湿地が何をするか」（湿地の主な機能）である。アナロジーは，学習者が基になる概念と目標となる概念とのつながりや関係性がわかるように促すことで学習の文脈を生み出す。それゆえ，学習者が新しい方法で概念を再構成したり，情報を検索したり，知識を適用したりする道を開くことになる（Mason, 2004）。

中軸的場面（pivotal cases）も，個別化した概念，あるいは他の文脈とつながった概念を学習者が結びつける一助となり得る（Linn & Hsi, 2000; Linn, Clark, & Slotta, 2003; M. C. Linn, 2006）。中軸的場面は，学習者がより規範的な科学的概念を理解できるよう促すという新しいアイディアである。それは，2つの概念あるいは2つの状況を強制的に比較したり，フィードバックを提供したり，そして児童・生徒の概念の文書化を促したりするものである。たとえば，クラーク（Clark, 2006）は，木材と金属といった素材の熱伝導の速さを題材とした「熱い棒（heat bar）」というコンピュータ・アニメーションを用いた。熱伝導に関する概念を児童・生徒が結びつけられるようにした状況同士の強制的な比較だったので，このアニメーションは，中軸的場面であることが立証された。この中軸的場面は，熱と温度に関するより統合され，科学的で規範的な概念を児童・生徒が発達させるのにつながる1つの授業を構成する要素である。

知識の文脈的特質と理解を目指した学習科学

これまでの長い間，研究者たちは，私たちの知識の多くが文脈依存であることを熟知してきた。たとえば，私たちの濃度のシナリオでいえば，児童は，明らかに台所の文脈に関連した物質の混合についてのいくつかの概念を有していた。このように，多くの研究者は，抽象的な原理や理論を教えるのではなく，科学の内容を文脈に応じて考えるカリキュラムや教育学的アプローチの重要性を主張している（Bransford, Brown, & Cocking, 1999）。しかしながら，もし知識が文脈依存なものであるならば，現実世界，日常の問題，経験，そしてさまざまな文脈を横断し

た意思決定に適用され得る科学的概念の理解をいかに私たちは促すのだろうか？

このことは、転移の問題につながる。理解を目指した授業は、学習者が新しい状況で知識を適用できるようなやり方で彼らがトピックを理解することに本質的な意味がある。理科教師にとっての課題は、「教師はいかにしてテストや教室を超えて科学の概念を突出させるような知識の文脈的特質を教育に組み込むことができるか？」というものである。研究者たちは、多くの手立て、とくに教具や教育学的技法の開発を通じてこの課題にアプローチしてきた。多くの場合、これらのアプローチの妥当性は、新たな問題あるいは文脈に学んだ知識を適用した児童・生徒の能力を評価する「転移課題」によって測定される。

全国的なネイチャー・マッピング・プロジェクト（nature mapping project）のようなプログラムは、新しい科学を生み出し、数学、理科、作文、テクノロジ、そして芸術を一体にする。

プロジェクト・ベース学習の利用

科学プロジェクトは文脈に応じて考えることで成果を得ようとする昔からのアプローチ、つまり私たちが本章を通じて議論してきた体験学習である。現象を制御したり観察したりするために、一般的に認められている一連の方法を用いて調査することは、科学において鍵となる探究と検証の様式である。学校の科学プロジェクトの名の下に行なわれるあらゆる取り組みが中心的な概念や問いに結びついた学問的探究を支援するとは限らないが、これらの特徴を備えていれば、学習の転換が起こり得る。

シュナイダー、クラジシック、マークス、ソロウェイ（Schneider, Krajcik, Marx & Soloway, 2002）は、プロジェクト・ベースの科学（PBS）の5つの鍵となる要素を定義している。児童・生徒が調査を組織できるような魅力的な問いを用いることに加えて、次のような取り組みが実りのあるプロジェクトになると示唆している。

- 活動の原動力となり、概念や原理を構成する現実生活の疑問や問題を調査することに児童・生徒を引き込むこと。
- 疑問や問題を扱った一連の作品や成果物を児童・生徒に制作させること。
- 調査に児童・生徒が携わるようにすること。

・問題について協働する人として，児童・生徒，教師，そして社会の構成員を探究のコミュニティに巻き込むこと。
・児童・生徒が認知ツールを利用するのを奨励すること。

　142人の高校生と取り組んだプロジェクト・ベースの科学カリキュラムを実践した研究によって，シュナイダーと同僚たち（Schneider et al., 2002）は，第12学年を対象にした全米学力調査（NAEP）の理科に関するテストで測定された生徒の到達度に関して，この種のプロジェクト活動のはっきりとした効果が表れていることを明らかにしている。全国平均得点と人口動態として近似した下位グループいずれの成果を比較しても，研究者たちは，PBSの授業を受けた生徒の方が，44％のテスト項目で全国サンプルを有意に上回っていたことを明らかにした。

社会的に関連したトピックによる科学の文脈を創造する
　科学の概念を文脈に即して考える別の方略として，社会的に意義のある問題についてのディベートや研究に児童・生徒が取り組むことが挙げられる。たとえば，環境，公衆衛生，あるいは問題の根底にある科学を理解できるかが最もよくわかるような社会問題である。このアプローチに関する実証研究のレビュー（Sadler, 2004）によると，科学的概念のより深い理解の促進が保証されることが示されている。
　プロブレム・ベース学習の形態では，たとえば，ゾハーとネメット（Zohar & Nemet, 2002）は，実験的なデザインを用いた。一方のグループでは，社会的ジレンマやモラルジレンマのない「伝統的な」やり方で教えられ，もう一方のグループでは，現実世界の社会的ジレンマやモラルジレンマの問題を取り上げた遺伝学のカリキュラムを経験した。実験群，すなわちこれらのジレンマに対峙した児童・生徒は，ハンチントン病☆訳註11を学び，この遺伝的特徴が非常に若い年齢で発見可能だが成人になるまで発症しないものだと学んだ。その後，胎児がハンチントン病や囊胞性線維症☆訳註12といった疾患を有しているかどうかを親は調べるべきかという疑問が児童・生徒に投げかけられた。研究者たちは，プレ／ポストテストで児童・生徒が生み出した主張と単元末のテストで評価した遺伝学の事実的知識のいずれにも成果を見いだした。さらに，クラス間でプレテストの得点の差はなかったが，

☆訳註11　不随意運動，精神症状，行動異常，認知障害が進行していく遺伝性の疾患（http://www.nanbyou.or.jp/entry/175参照。2017年2月10日最終確認）。
☆訳註12　腸管，呼吸器等に重篤な症状を引き起こす遺伝性の疾患（http://www.nanbyou.or.jp/entry/4532参照。2017年2月10日最終確認）。

社会的に関連した科学の文脈を扱ったクラスの児童・生徒は，ポストテストでモラルジレンマについて考えさせたところ，生物学の知識を正確に考察した可能性が有意に高い（53.2％と8.9％）。

サドラー（Sadler, 2004）は次のように言及してレビューの結びとした。「もし，私たちが児童・生徒に自ら考えさせたいのなら，エビデンスやデータの熟考を含めたインフォーマルな推論に引き込む必要がある。また，議論を通して，彼ら自身が表現する機会が必要である。引用した研究（Driver et al., 2000; Jimenez-Aleixandre et al., 2000; Kortland, 1996; Patronis et al.,1999; Zohar & Nemet, 2002）が提案しているように，社会科学的な論点は，インフォーマルな推論や議論をするための文脈を提供してくれる」（p. 533）。

児童・生徒が概念を共有するよう促すことは，科学の文脈についての豊かな議論を導く。

科学的概念や問題のオンライン調査

科学的探究や概念統合の利点は，現在では複数のバーチャル学習文脈で同時に追究できることである。たとえば，ジマーマン（Zimmerman, 2005）は，適応の進化論的概念を教えるカリキュラムのデザインにあたって，知識統合アプローチ（M. C. Linn et al., 2004）を用いた。このアプローチは，知識が多様な方法で結びつけられているので，その関係性がより洗練されれば，人はある概念をより理解できるようになると仮定している。この知識統合に関する研究のために，70人の児童・生徒は，コンピュータを媒介としたウェブベースの科学探求の環境（WISE）に取り組み，インターネット・リソースを閲覧し，リフレクションノートに記入したり，オンラインディベートに取り組んだり，水族館を訪れたりした。これらのツールはすべて，適応について彼らの概念を発展させたり統合したりするためのものであった。児童・生徒は，個体群内の変異を学んだ。また，彼らは，いかに変異が生じるのか，いかに環境圧が特定の特徴を有する個体の成功に影響を及ぼしているか，そして，いかに遺伝学的な特徴がある世代から次の世代へと受け継がれているかについて学んだ。

フォーマルな学習環境でもインフォーマルな学習環境でも児童・生徒が学んでいることについて考えていることを具体的に刺激することで，彼らは，個体ごと

✣コラム✣

データ収集者としての児童

　ワシントン州の中心部にあるウォータービル小学校の教師であるダイアン・ピーターセンのクラスに在籍する4年生の児童は，全米の至る所で開催された科学学会で話してきた。彼らの研究対象は，短い角を持つ3インチの長さのトカゲ（学名はサバクツノトカゲ Phrynosoma douglasii）で，これは角のあるヒキガエル（horny toad）とも呼ばれる。このトカゲは，ウォータービルの田園地帯の固有種である。全米規模のネイチャー・マッピング（Nature Mapping）と呼ばれるプロジェクトの一部としてこれらの生物を研究することで，科学への貢献に加えて，児童の読解，作文，計算，そしてその他のスキルも向上している。☆訳註13

ギャップを埋める

　ピーターセンとネイチャー・マッピングとのかかわりは，ウォータービル小学校に着任してすぐに始まった。彼女は，小学校の授業で科学を教える意味を模索していたときに「カリキュラムが退屈で浅いものであるとすぐに実感したので，何か違うものに変えなければ」と考えたようである。彼女は，ネイチャー・マッピングのワークショップに登録して，彼女のカリキュラムの中にそのプログラムを組み込んだ。

　ネイチャー・マッピング・プロジェクトは，動植物の特定種が生息している場所に関する既存の情報の欠落を埋めるようにデザインされている。ピーターセンは，野鳥観察者をたくさん知っていたので，鳥を題材に取り組み始めた。クラスの児童は，自分たちで観察に行き，電話で野鳥観察者の情報を集めた。それらの情報を詳しくまとめ，カレン・ドヴォニッチにメールを送った。ドヴォニッチは，ワシントン大学でネイチャー・マッピングのコーディネータをしている。彼女はそれにワシントンの普通種に関する発展中のデータをつけ加えた。

　ドヴォニッチが教室を訪れたある日，焦点が大きく変わった。児童は，よく見かける短い角を持つトカゲについて話し合っていた。トカゲは危惧種だと思われたので，ドヴォニッチはとても興味を持ったのだ。

　はじめピーターセンは，夏の間に児童の自宅近くでデータを集めることがで

☆訳註13　1992年からスタートしたプログラムであるが，2016年にウェブサイト以外の活動を停止した。活動としては，野生の動植物の生息分布を地図上に記録していくものである（p.165の写真参照）。（http://www.naturemappingfoundation.org/ 参照。2017年2月10日最終確認）

きると思っていた。ところが，彼らはよくデータを取り忘れるか，間違った時間にデータを集めようとしていた。ピーターセンの解決策は，授業で必要な観察するために，コミュニティの農場主にお願いすることだった。児童は，知っているすべての農場主の一覧をつくり，このプロジェクトへの参加の招待状を送った。

読解と作文

毎年，ピーターセンの授業は，サバクツノトカゲの一日，一年，そして一生を想像することから始まる。これは，読解スキルに関する取り組みになる。科学分野の入門書で用いられる難しい語彙や構造を理解するため，児童は欄外の注釈を用いたり，新しい単語を調べたり，リストや表にして情報を整理したりする。それから，彼らは，学んだことと，トカゲについて想像したこととを比較する。データを収集した後で，実際のデータと読んだこととを比較する。

その後，児童は，サバクツノトカゲと共に経験したことをもとにさまざまな種類の作文を書く。たとえば，トカゲを捕獲するための手引き，同じトピックで書いた説得力のあるエッセイ，サバクツノトカゲが汚い土の塊に似ていることの描写，そして，トカゲのこの見た目にいかなる利点があるのかの説明である。

統計的分析

それぞれの児童は，1人の農場主と共に取り組む。事前に決められた日に，農場主は，彼らが収集したデータを持って学校にやってきて，児童が地図上で農場を探し，表でデータを整理するのを手伝う。この情報，すなわち数と位置，日付，そして目撃した時間を基に，クラスは，サバクツノトカゲが最も目撃される場所はどこか？いつ農場主の畑に最もいそうか？といった疑問に対する答えを探した。

コンピュータ上の地図を使って，目撃された各地点をプロットし，関連するすべての情報を，大きなスプレッドシートにまとめた。そこから，児童は疑問に対して答えるためのデータを選び出し，情報をグラフに表した。彼らは，作成したグラフの明解さを検証し，分析結果を書いた（このように，州のスタンダードを満たしている）。彼らは，役立つ情報かそうではないかを判断したり，次年度のクラスで農場主がデータ収集のために使うであろうデータシートをデザインしたりもする。

科学的観察

ネイチャー・マッピング・プログラムは，児童・生徒が思いつく新しい問い

に答える研究をクラスが計画するのを支援してくれる研究者を見つけ出してくれる。ある年，児童は，サバクツノトカゲは冬の間どうしているのかを調査することにした。研究分野の入門書には，約2インチの穴を掘って，体の一部分を凍らせていると書かれていた。しかしながら，その付近では，地表から平均で18インチまで霜が到達する。どうやってサバクツノトカゲは生きているのか？

　それを明らかにするために，クラスの児童は，金網で18インチの高さの囲いと木材の床をつくり，地下に設置した。10月に，囲いの中に2匹のトカゲを入れたところ，すぐに穴を掘った。春になってから，児童は注意深く囲いを掘り出した。1匹のサバクツノトカゲは姿を消していたが，もう1匹は，囲いの床の上にへばりついていた。それは，専門書に書いていた2インチよりはるか下であった。その次の年，児童は，冬にどこで穴を掘るのか，どれくらい深く掘るのか，どのように生き抜いているのかを調べるために，数匹のトカゲに無線送信機を接着した。

地域やそれを越えた人たちを巻き込んで

　このプロジェクトの強みは，学校とコミュニティとの結びつきである。ピーターセンは，「私は，児童たちにマッピングを全く教えていません。農場主たちが教えているのです」と語っていた。年に一度，農場主が児童の努力の結晶を見に来たとき，児童は彼らに対して明らかになったことを発表する。ピーターセンによると，この関係性が，児童がより真剣に取り組むことにつながっているようである。

　科学的英知に受け入れられるような取り組みを目標とはしていなかったが，ピーターセンの児童は，サバクツノトカゲがどこに生息しているかや何を食べているかについていくつかの発見をした。児童が1997年にデータ収集し始める以前に，トカゲの目撃は100匹より少ないと記録されてきたが，多くのものが1930年代や40年代のプロジェクトによるものだった。それらの記録は，サバクツノトカゲが未開発地のみに生息しているとしており，そのデータは誤りだった。ウォータービル小学校の4年生の児童は，記録された目撃情報を4倍にし，トカゲは農場に生息していることを示した。彼らは，動物の生息地と食事に関する数十年前の仮説を転換した。たとえば，文献では，この種のトカゲはアリを食べると記されていたが，クラスの観察によって，トカゲは明らかに小さなバッタの方を好んで食べることを明らかにした。

　ピーターセンの児童は，傾向性を見つけるためにデータをマッピングしたり，科学の学会に行ってみたりするといった，同学年の子どもの能力を遙かに超え

る課題に日頃から取り組んでいる。彼女は，科学の学会に参加することが普通になりつつあると言う。「私たちは，誰が参加するのかという問題を解決するためのシステムを開発してきました。9月になると児童は，『今年の発表はどこであるの？』と教室中を尋ね歩きまわっています。学期の始まりとしては悪い方法ではありませんね」。

さらなる情報

ネイチャー・マッピング・プログラムの詳細は，http://naturemap.blogspot.com と http://www.naturemappingfoundation.org/ へ

ネイチャー・マッピングを段階的に進めるためには http://www.edutopia.org/how-start-counting-critters が利用可能である。

ウォータービル小学校のネイチャー・マッピング・プロジェクトに関する取り組みについては，http://naturemappingfoundation.org/natmap/projects/waterville/ で閲覧できる。

ダイアン・ピーターセンの授業や彼らのプロジェクトのビデオを見たい場合は，http://www.edutopia.org/naturemapping-technology-fieldwork-video を参照のこと。

本コラムは，エデュトピアの以下の記事から引用したものである。"Leapin' Lizards! Students as Data Collectors," by Diane Petersen. Originally published April 2005

❖ コラム ❖

体験の科学

　ここ数年毎春，第3学年の教師であるフランシス・クーンツは，授業でジャーニー・ノース（Journey North）の活動に取り組んできた。このインターネットプロジェクトは，アネンバーグ/ CPBプロジェクト（Annenberg/CPB project）が資金提供している。ジャーニー・ノースでは，毎春に北上するような，チョウやその他の種の渡りを追跡する。6,000校以上の30万人ほどの児童・生徒が参加して，デジタル地図を作成するために，観察し，目撃情報を報告する。彼らは，多様な渡りについて問いを投げかける科学者たちとも繋がっていく。

　メリーランド州ブーイにあるロックレッジ小学校のクーンツの授業では，それぞれの児童はメキシコシティ外側の山脈にある野生動物保護地域からカナダまでの2,500マイルにも及ぶオオカバマダラ（monarch butterflies）の飛行を記録するフォルダを保持している。児童は，オオカバマダラの軌道を追跡したり，渡りの状態を特定したりするために，紙の地図や地図帳，そしてジャーニー・ノースのウェブサイトも利用する。

　ジャーニー・ノースがアメリカの南東での目撃情報を報告すると，教室外での取り組みが始まり，直接観察を授業に取り入れる。クーンツと児童は「科学者」となり，彼らの近隣でチョウの目撃を見逃さないように注意を払い続ける（彼らは，授業以外でも油断がない。というのも，通常のパターンの渡りをしていないチョウを見つけることもあるからだ）。児童は，オオカバマダラを見つけると，ジャーニー・ノースのデータバンクに観察したことを報告する。

科学的観察

　クーンツのクラスにいる8歳から9歳の児童は，卵から幼虫，さなぎ，チョウになるまでの時間を計測する。彼らは，科学者と同様にセンチメートル単位で，オオカバマダラの幼虫が餌とするトウワタの成長を測定する。彼らは，教室の外で植物を育ててきた庭にある温度計の示度を毎日記録する。そして，彼らは，その結果を表やグラフで表す。それらから得られた知見を詳細に記述するだけでなく，チョウの渡りの観察を通して彼らの好奇心が湧き上がっているので，アメリカ，カナダ，そしてメキシコについても学ぶ。

　毎年，新しい発見がある。ある年は，3月に目撃情報が出てくるが，別の年は4月に目撃情報が出る。そこで，児童は，渡りのパターンを変化させる気候条件の違いを分析する。もしくは，ジャーニー・ノースのウェブサイトから質問の回答を受けてから，彼らは，トウワタの生態を詳細に調査したり，どの鳥

がオオカバマダラを捕食するかを調査したりする。

テクノロジの創造的利用

　ジャーニー・ノースのウェブサイトでは，渡りの衛星中継が行なわれるが，児童のテクノロジ利用については，インターネットの利用程度にとどまっている。クーンツのクラスの児童は，トウワタの庭園で幼虫が餌を食べているところや，チョウになるまでのライフサイクルの写真を撮るためにデジタルカメラを用いる。「私たちは，さなぎから脱皮して一匹のチョウになるところを実際に観察することができます」とクーンツは語った。「これは，彼らが決して，決して忘れることのできないことなんです」。

　クーンツによると，ジャーニー・ノースにおける科学が非常に豊かであるだけでなく，インターネットプロジェクトは，作文・数学・社会科・地理といった学問を横断することにもつながる。その他のジャーニー・ノースのプロジェクトには，チューリップを栽培し，大陸中の開花時期を記録するものや，鳥やクジラの渡りを追跡するもの，そして謎に包まれた都市の特定等がある。

　児童が机から離れることなくコンピュータで作業できるように，クーンツは，無線のキーボードを用いている。小さな科学技術者は，デジタルカメラで本の中の写真を撮り，それらをディスクに保存し，PowerPointのプレゼンテーションの中にその写真を取り込む。これは，地理的な手がかりを頼りにしたり（「この都市は，沿岸や船が往来できる川がない世界の首都の数少ない1つである」），日の出と日の入りの時間を比較したりして，謎に包まれた10の都市を推測する際に，進展の度合いを呈示するためである。

機会を豊かにする

　オオカバマダラのプロジェクトと連動して，クーンツのクラスは，ジャーニー・ノースの「象徴的な渡り」プロジェクトにも参加している。アメリカやカナダの子どもたちは，紙や布でつくったチョウを，チョウの生息や群れについての手紙を添えて，オオカバマダラの保護地区近くに住んでいるメキシコの子どもたちに送っている。春になると，メキシコの子どもたちは，オオカバマダラの渡りと同時に，つくったチョウやメッセージを北米の子どもたちに送る。

　クーンツは，体験的アプローチにおける大きな収穫をジャーニー・ノースが推奨する学習，すなわちよりよい作文からより深い調査スキルまでにつなげられると捉えている。初めて取り組む教師向けに，彼女は，「小さなことから始めよう」，そして一度に多くのジャーニー・ノース活動に取り組もうとしないことをアドバイスしている。

「ある1つの構成要素から始めよう」とクーンツは語った。「私は,チューリップから始めました。これは,子どもたちが学年をわたって実際に観察できるようになるという素晴らしい取り組みです。そして,庭に花が咲くと,素晴らしいに尽きます。国中の庭にチューリップの花が咲いていると実感すると,彼らにとって本当に豊かな経験となるのです」。

さらなる情報

フランシス・クーンツの授業とジャーニー・ノースプログラムのビデオは,http://www.edutopia.org/journey-northで閲覧できる。

ジャーニー・ノースについてのさらなる情報は,http://www.learner.org/jnorthを参照のこと。

Annenberg/ CPBプロジェクトについてのさらなる情報と,教師向けのリソースは,http://www.learner.orgを参照のこと。

本コラムは,エデュトピアの以下の記事から引用したものである。"March of the Monarchs," by Diane Curtis. Originally published June 6, 2002

の遺伝的変異，世代ごとの適応の様子，そして自然淘汰といった難しい科学的概念同士をつなげることができた。統制群と比較した児童・生徒のプレテストとポストテストの結果から，このアプローチは，カリキュラムの終末の数週間後に児童・生徒に投げかけた現実世界の環境保護問題に対してそれらの概念を**適用**する能力がさらに引き出されたことがわかった。カリキュラムの終末に適応の概念をより総合的に理解していた児童・生徒も，一貫して科学的な配慮をもってそれらの概念を想起したり活用したりするより高い能力が示された。

理解を目指した理科の社会的・文化的な本質

多くの教育研究者は，学習の社会的・文化的な本質を強調する。この見方から，学習は，他の学習者との社会的相互作用の中で生じるものであり，教科内容が学ばれる文化的な実践と密接不可分に結びついている。理科の指導と学習は，教室の社会的ダイナミクス（たとえば，権威者としての教師，ジェンダーの相互作用），個人や教師の文化的期待，宗教的背景，学区の政策，そして全国的な視点と期待を考慮しなければならない。レムケ（Lemke, 2001）は，科学教育に関する社会文化的な見解を持つことについて，「理科，科学教育，そして科学教育研究を人間の社会的活動として捉えることは，制度的・文化的フレームワークの中で実践することを意味する」と述べていた。それは，科学とは，実践される時間と場所の文化に埋め込まれたきわめて社会的な試みであることを児童・生徒に教えることも意味する。ブルーノ・ラトゥールは，彼の影響力のある本『実験室の生活—科学的事実の社会的構成』と『行為の中の科学—社会を通じていかに科学者と技術者に続くか』の中で次のことを示した。科学を理解するためには，いかに科学が実践されるか，そして科学とは何かということが，実験室，フィールド，もしくはどこであっても，科学の文化的実践によって影響されることを認めねばならない。

科学を理解することは，科学の文化と実践を「同一視」することを必然的に伴う。個人のアイデンティティと理科の学習に関する最近の研究では，科学的リテラシーを促進するための包括的な環境を創造することの重要性が示されている。もし，児童・生徒が，「理科が得意でない」と見なし，「理科はオタクのためのもの」だから好きでないと捉えるならば，彼らにとって理科を学ぶことは辛い時間にさえなってしまう。これら個人のアイデンティティは，社会的に引き出され，特定の文脈としばしば結びつけられる。逆にいえば，理科の学習者や科学者として自分を捉えるプロセスを通じて，より大きなエンゲージメント，関心，そして学習へとつながる。

たとえば，B. A. ブラウン（Brown, 2004）は，マイノリティの生徒が大半であ

る都市部の大規模な高校で180時間以上の授業をビデオテープに録画した。そして，彼は，生徒がいかに理科を捉え，いかに理科の学習者として捉えているかにつながる生徒の会話は，アイデンティティに関する4つの主なカテゴリーのいずれかに分類できることを明らかにした。その4つのカテゴリーとは，(1) 科学に関するディスコースを意図的に避ける生徒，(2) 典型的なディスコース行動を維持しようとする生徒，(3) 科学に関するディスコースを取り入れようとする生徒，そして最後に (4) 科学に関するディスコースに熟達した，または熟達するようになる生徒，である。1年間にわたる理科（生物学）のコースで，生徒は，さまざまなディスコースのアイデンティティを表すようになり，それらを通じて変容した。ブラウンは，個々の生徒が，今にも科学的に理解しようとしていたのにもかかわらず，そうでない振る舞いを選んだ例さえ報告していた（彼らは科学の専門用語の使用を避けていたという意味）。その理由は，できるように振る舞ってしまうと，仲間のクラスメイトの信頼を失うといった，かなりネガティブな社会的インパクトがあるからであった。科学を理解することは，科学的なディスカッションに関与する能力を伴う。したがって，科学のディスコースを避けることは，完全な概念的理解に到達する能力の妨げとなる。この研究から，ブラウンは，理科指導のための誘導ディスコースアプローチ（Directed Discourse Approach to Science Instruction）と呼ばれる教授アプローチを考案した。それは，児童・生徒が科学の専門用語を使うだけでなく，科学のディスコースに一体感をもたせ，心地よく引き込ませ熟達した状態になるよう彼らを支援するものである。

　科学指導のための誘導ディスコースアプローチでは，熟達化を促す4つの指導段階がある（Brown, 2004）。最初の段階は，どんな専門用語でも生徒が使うのに心地よいものを用いて既有知識のリフレクションが促進されるようデザインされたメタ認知アプローチである。第2段階は，教師が理科の内容に関する導入にかかわるものであるが，詳細な科学の専門用語を使って内容に負担をかけ過ぎないようにする。第3段階では，「教師は，児童・生徒に内容にかかわる専門用語を紹介し，彼らが授業の中での話し合いや作文の課題でそれらを必要としなければならない」と述べているように，児童・生徒に熟達に向けた機会を設ける（Brown, 2004, p.832）。最後の第4段階では，評価活動によって，児童・生徒には，科学のディスコースを用いながら自分の理解を説明する機会が与えられる。ブラウンの研究（Brown, 2004, 2006）は，アイデンティティの移行を通して児童・生徒に足場かけを行なうことで，科学をより理解できるようになることを示している。次のケース「概念的理解を促すための科学のディスコースや調査の促進」の例で，ある第5学年の教師は，児童を探究に引き込み，自分たちの理解を促す専門用語を獲得できるようにこれらの段階に取り組み始めた。

● ケース ●

概念的理解を促すための科学のディスコースや調査の促進

　学習者同士での概念共有を促進することで，科学の内容についての議論を豊かにすることができる。これらの社会的相互作用は，科学的理解の発達において決定的な役割を担う。なぜなら，それらはしばしば，科学の中で自然に生じたり，文化的に適切なコミュニケーションを反映したりするディスコースのレベルをありのままに映すからである。教師は，内容と概念的知識を含んだ科学のディスコースを目指して，これらの社会的相互作用に焦点化するガイドとしての役割を果たす。以下のものは，児童の科学ディスコースをガイドすることに成功した取り組みについての実際の説明である。エミリー・ギブソンは次のように説明する。

　2006年から2007年の学年末の第5学年の授業で，私は初めて，体験しながら探究を行なう科学的調査を計画しました。具体的にはイカの解剖です。私は，夏休み前の演習で第7学年の生徒と一緒にイカの解剖を実施したことがありましたが，私自身の授業でこのタイプの授業に取り組んだのは初めてだったのです。より年下の子どもたちと一緒に取り組んだこともですし，とくに意義深いのは，ローレンス科学館の指導員からの支援なしで取り組んだことなのです。

　私は，あらかじめ選んでおいたパートナーと一緒に作業をさせました。可能ならばいつでも，私は，同じスキルレベルではない児童同士をパートナーに組み合わせました。これが教室での児童間のディスコースのバランスを取ることにつながると思ったからです。それぞれのペアは，1杯のイカを受け取ってから，観察・議論・解剖に取り組みました。

　イカの解剖という課題に取り組むにあたって，観察や調査を展開する方法に留まるのではなく，どこにどのようにハサミを入れて切るかについての特別な指導を行ないました。私は，パートナー同士での対話に一心に耳を傾け，疑問やアイディアが解剖のガイドとなるよう試みました。たとえば，あるペアの児童がイカの目1つを優しく触っていることに気づいたときには，ハサミでそれを切り開くように促しました。「サムとミゲルは，目の内側を見ることに興味を持っていたの」と言ったので，私は他の子どもたちに知らせました。「なんて素晴らしいアイディアでしょう！さあ，みんなもハサミを使って目玉をチョキンと切り離そう。ちょうどハサミの先っぽで目の真ん中を切ってみて」。

児童が目玉の中にあったベタベタするものを見ながら，簡単に調べたりお互いに自由に話し合ったりする2，3分の時間を与えました。

「気持ち悪い！まるでゼリー！」と，ある児童が言いました。

別の児童も叫んだ。「ちょっと待って。僕，ハサミで何か触ったんだけど」。彼は目の水晶体を引き抜いたのです。

「君たちは何を見つけたの？」と，教室全体に届く声でその児童に尋ねました。

彼は，球形の水晶体を掲げて，「透明で硬いもの」と教室全体に向けて言いました。

「興味深いね。みんなのイカの目の内側にもあるかどうかを探してみて」と私は全員に提案しました。

すべてのペアが水晶体を自分で見つけたり，助けてもらって見つけたりした後，私は，それが何だと思うかをクラスに尋ねました。

「骨？」とある児童は言いました。

「目が見るのに役立つ何か？」と別の児童は言いました。

「あなたはどう思う？」と私は別の児童に尋ねました。

「えっと，シモーネが言ったのと同じ。見るためのもの」。

「興味深いアイディアね」と私は言いました。私は，児童に自分たちのコメントが思慮深い洞察であることを感じてもらいたかったのですが，教室に置いている書籍から科学的な答えを見いだせることも知ってもらいたかったのです。だから，私は，見つけ出したいことを探すためにイカに関する私の本を見るよう彼らに伝えました。それから，私は，本の中で目に関して書かれたパラグラフを読みました。

「それで，私たちが見つけたものは何だと思った？」と私は児童に尋ねました。

「水晶体だと思う」。誰かが共有しました。

児童の好奇心は，解剖の次のステップに向いていました。私は，彼らのアイディアに対して，拡声器のように振る舞おうとしただけでした。彼らは，観察し，疑問の答えを見つけ出そうとして共に取り組んだのです。だから，私は，彼らが見たものについての疑問を綿密に調べることを徹底的に取り組ませたのです。最後に，児童は，彼らが持っている情報をもとに推論を出しました。私は，彼らが最も信頼の置ける答えに導いてくれる事実に基づく科学的な情報のソースを見つけられるように促しました。

ソース：エミリー・ギブソン
（カリフォルニア州サンフランシスコ，モスコーン小学校，第5学年担当）

理解を目指すメタ認知と学習科学

理解を目指した学習の決定的な要素は，人間の既有知識を考慮していること，概念的フレームワークの範囲内で既有知識とその他の知識とを結びつけること，そして，新しい問題に適用され得るように知識を利用できることである。これまで議論してきたように，メタ認知のプロセス，あるいは「自分自身の思考について考えること」(Georghiades, 2004)は，内容を概念的により深く理解できるように概念を再構成することにつながる。

GPSシステムのような洗練されたテクノロジを使うことで，児童・生徒がかかわり，専門の科学者と同じように科学を理解する手助けとなる。

科学教育のコミュニティは，理科の授業にメタ認知のための数々の方法を取り入れてきた。たとえば，チー(Chi, 2000; Chi, deLeeuw, Chiu & LaVancer, 1994)は，人間の循環器系の理解を促進するツールとして，自己説明(self-explanation)と呼ばれるメタ認知の技法を用いた。ある対照実験で，第8学年のあるグループは，よく生物の授業で使われる教科書に書いている人間の循環器系のところを読む際に，「シンクアラウド」☆訳註14の手続きが奨励された(Chi et al., 1994)。さらに明快にすると，これらの生徒(「刺激」群)には，テキストの1行を静かに読むよう指示され，それから，彼ら自身に向かって声に出して教科書が意味することを説明させた。統制群(非刺激群)の生徒には，両群の学習時間が同じになるように，テキストの1行を静かに2回読むよう指示された。プレテストおよびポストテストで，循環器系についての生徒の知識と，循環器系の複雑な概念を人間の健康にかかわる問題に適用する能力が測定された。

両群とも，プレテストとポストテストとの間に向上が見られたが，自己説明技法を用いるように促された生徒は，単に2回テキストを読んだ生徒よりも，あらゆる面で有意な向上が認められた。研究者たちは，自己説明技法によって，高学力群・低学力群ともにポストテストの得点が上昇したことから，あらゆる生徒がこのメタ認知の技法の恩恵を得られたと結論づけていた。さらにいえば，より難しい問題に関する結果，すなわち循環器系についてまさに学んできたことと既有知識とを統合するように求めた問題に関しては，刺激群の生徒がいっそう大きな成果が得られたのを示していた。それに加えて，刺激群の間で，自己説明するよ

☆訳註14　第2章訳註9参照。

う刺激された時に，多く説明した生徒は，説明が少なかった生徒よりも，プレテストからポストテストにかけてより大きな成果が得られたことも示された。この結果は，学習者が学習に取り組んでいる間に自己説明をすると，トピックの知識をよりよく理解できるようになり，問題解決を支援するための知識を適用できることを示す。

　研究者たちは，この方略が実験の前後の循環器系に関する生徒の知識におけるメンタルモデルの形成に成功した理由を理解しようとした。メンタルモデルは，生徒の概念がどの程度，そしていかに結びついているかを示す概念のマップである。彼らがそのマップを分析したところ，刺激群の生徒が最も正確な循環器系のモデルを作成し，非刺激群の生徒より正確なモデルを作成する頻度が高いことを明らかにした。最後に，この技法によって生徒が既有知識と新たに学んだ知識とを結びつけるのにどれほど優れているかを測定するため，研究者たちは，メンタルモデルとプレ／ポストテストを用いた。事前と事後の発言を分析することで，生徒は，自己説明をしている間，既有知識，すなわち実験開始の時点で有していた知識を，実験の約30％の時間用いていたことが明らかとなった（Chi et al., 1994）。

　私たちが読解に関する調査を実施した際には，メタ認知をするよう，また今読んだことを言語化する時間を掛けるよう児童・生徒を促している。そうすることで，「自分の思考について考えること」がほとんど生じてこない時よりも，より正確で，より適用可能な知識を促すことになる。さらに，児童・生徒が学んでいる科学の内容について考えるように彼らを促すことは，これらの概念と彼らがすでに知っていることを結びつける手助けとなり，その内容に関して，より理解を深められるようになる。

結　論

　科学は，私たちの身の周りにあるすべてである。私たちは，生まれた時から科学現象を経験するし，いかに世界が働くかについての既有知識や既有概念を使って，理科の授業を含めたあらゆる状況に至る。これらの考えは，きわめて文脈に沿ったものであるし，科学者が同じ現象をいかに理解するかを象徴するのかもしれないし，そうでないかもしれない。このように，児童・生徒を科学に基づいた理解の状態に至らせるためには，事実・情報・アルゴリズム等の機械的な暗記や暗唱以上のことを必要とする。科学の**理解**は，既有知識，知識の文脈的本質，概念の発展，知識の統合だけでなく，メタ認知のような重要なスキルの発達も同様に注意を払う必要がある。科学教育に関する研究は，カリキュラムや指導のデザ

インのために，その他の分野の中で確認されてきた原理を強化するものである。

・既有知識を無視するのではなく活性化せよ。
・理解を目指した指導は，バラバラの知識ではなく，スキーマの中で構成される概念的知識を必要とすることを認識せよ。
・知識は文脈的であり，調査と知識の適用を認めた探究が学習者のより深い理解を促すことを理解せよ。
・いかに児童・生徒が理科の授業に関われるかに影響を与える社会的・文化的・個人的要因を認識せよ。それゆえ，社会的・文化的な規範の中で科学を学ぶ機会を学習者に与えることで学習は改善する。
・メタ認知のツールやアプローチを取り入れよ。そうすることで，学習者は，複雑な課題に対する方略を開発し，思考を可視化し，モニターすることを学習し，自らの学習を調整するのである。

スコット・ランドルのコメント並びにエミリー・ギブソンの本章に対する貢献に対して感謝を申し上げる。

第5章

結　論
――理解を促す学校を創造する

リンダ・ダーリン-ハモンド

　現在社会では，教師と児童・生徒，双方にとっての期待が高まってきている。教師は，学習者に対して個々人のニーズに応じるような支援をする一方で，州のスタンダードや評価に合わせた実践に取り組むことが期待されている。また，教師は，幅広い学習スタイル，多元的知能，家庭・文化的背景，そして生活経験を持つ多様な学習者の成長や発達を支援することが期待されている。児童・生徒は，以前よりもいっそうチャレンジングな教材で学び，より巧みなパフォーマンスを示すようなやり方で学習することが期待されている。私たちの国の教育政策のレトリックは，「どの子も置き去りにしない（to leave no child behind）」☆訳註1ことであり，「あらゆるコミュニティのあらゆる児童・生徒のために，本物の学習権を保障する」ことである（Darling-Hammond, 1997, p.5）。

　学校はかつてよりも多様な学習者のために働くばかりでなく，そこでの「理解を目指した指導」が期待されている。すなわち，それは，新しい方法で児童・生徒が知識を活用する能力の発達を促すことを目標とした指導である。それに基づき指導された児童・生徒は，入念な推論とエビデンスをもってアイディアを評価・弁護し，生産的な研究方略を用いて自ら探究し，質の高い作品を生み出し，そうすることを示すスタンダードを理解することが期待されている。児童・生徒は，今までにない問題を解決するために学んできたことを用いることによって自分たちが理解していることをはっきりと示していく。

　改革者は，私たちの21世紀の教育システムが理解を目指した幅広い教授法を

☆訳註1　第1章訳註13参照。

生み出すようにデザインされておらず，児童・生徒が自らのアイディアを確かめて応用したり，多様な視点から概念を捉えたり，自分自身の熟達したパフォーマンスを発達させたりする機会が与えられていない，と論じてきた。児童・生徒がそれらを行なう能力がないのではない。彼らがそうするよう求められるやり方で指導されてきたことはきわめて稀であった。この問題は，1991年11月6日の「ニューヨークタイムズ」に掲載された編集長に対する対照記事で鮮明に描かれている。2人の生徒が，当時のジョージ・H・W・ブッシュ大統領が選択プランを提案したことに対しての反応を書いたが，その選択は問題ではないと論じていた。最初は，ヨーロッパで学んだ学生からのものである。

　ヨーロッパの教育を高校で受け，現在アメリカの大学で学ぶ学生として，私はアメリカとヨーロッパの生徒が獲得している知識の違いを見ることができる。アメリカの生徒は……暗記を強いられる事実や数値で責め立てられてきたように見える。ヨーロッパの学生は，同じ教科を教えられているが，それらを暗記する代わりに，それらを理解するよう強いられる。これは，小さな違いに見えるかもしれないが，これは授業の違いの結果であり，ヨーロッパの生徒は，教えられたことをよりよく理解している。暗記したことよりも理解したことの方がより長く保持されるので，ヨーロッパの生徒の方が事実を覚えているだろう。批判的思考，教科の深い分析，そして，研究の技術は，私や他のヨーロッパの高校で学んだ生徒がすでに学んだスキルだが，アメリカの大学では再び学ばなければならない。

次に，ウィスコンシン州マディソンの高校生からのものである。

　教育に関するランクが低い主な理由は，第一に第10学年か第11学年までテキストを記憶することを私たちが教えられていることにある。11年生として，今になって私は，論理的に問題を解くという思考が求められている。もし，私たちの小学校やミドルスクールの先生がある方程式がなぜ解けるのかの説明をし始めたり，詩やスピーチのディスカッションの仕方を教えたりしてくれていれば，ずっと簡単にずっと意味あるものになってきた。ある出来事や歴史的決定の影響についての感情を教師に問われたことを思い出せない。もし，私たちが問題の分析の仕方を知らなかったら，どうやって私たちは現実社会で競争していくのだろうか？　私たちが直面していく問題は，後ろに解答がついた教科書に書き残されたものでは全くない。

幸いなことに，理解を目指した授業は，米国の学校に全く存在しないわけではない。人はいかに学ぶかの研究は，生産的な学習をより明確にするため方略を明らかにしてきており，地域によればありふれたものとなってきた。しかしながら，これらの方法を広げるために決定的に重要なシステムの要素がいくつかある。これらには，学校が学習のためにいかに組織化されるか，教師の専門的な学習の機会，そして各学校で機能する幅広いカリキュラムと評価システムが含まれる。本章では，私たちは意味のある学習のための指導について，そしてそれをサポートするシステムについて何がわかっているかについてレビューする。

理解を目指した授業の原則

 私たちは，どのような授業によって，児童・生徒が21世紀という変化の速い，知識基盤社会とうまくつきあうことに可能にする意味ある学習に取り組めるよう促されるかについて論じてきた。教科領域を超え，くり返し見られた重要な考えは次のとおりである。

能動的で深い学び（Active, in-depth learning）
 綿密にデザインされたプロジェクト，問題，デザイン課題による能動的で深い学びは，学問における中心的な問いに焦点化し，児童・生徒が「作家，科学者，数学者，音楽家，彫刻家や批評家が**する**仕事に携わる」（Darling-Hammond, 1997, pp.107-108）ことになる。たとえば，理科における探究学習には，学問における発見の核心的な方法として，科学的な調査や実験をデザイン・実践・評価・表現することが含まれる。児童・生徒は，知識を発展させ，意味ある問いをそれに適用するために，高次の認知的スキル——分析・統合・他の選択肢の評価——を用いる。児童・生徒は，読解や作文を導く方略的アプローチを学んだり，論拠や推論を発展させる際に自分が読んできたものを活用したりする時に，能動的で意味あるかかわりとなる。児童・生徒は，さまざまな教材を使って数学的なパターンを調べたり，発見したことについての議論を共有したりする時に，能動的に学ぶ。

教師は目的，生産性，そして納得のいく問題解決のために巧みにグループワークをデザイン・管理する。

だからこそ，児童・生徒の学習は，新しい状況や文脈に考えを転移できるように，また，異なった状況の間をつなげられるようにデザインされるのだ。

真正で形成的な評価（Authentic, formative assessment）

　カリキュラムと評価は，現実世界の文脈にある意味あるパフォーマンスで統合される。パフォーマンス課題は，学問領域における取り組みの中心に位置づけられ，各教科領域における重大な観念や探究の様式を表すものとして選択される。課題を通じて，児童・生徒が学んでいることを現実生活の状況に応用することが促される。継続的な形成的評価にあたっては，児童・生徒が**いかに**考え，**いかに**学んでいるかだけでなく，**何を**知り**何が**できるか明らかにする複数の評価規準が用いられる。自己評価，相互評価，そして教員からの評価による形成的なフィードバックによって，児童・生徒が取り組みを振り返り，スタンダードに対して評価し，それを改善することを学ぶことができるようになる。児童・生徒は，自分の取り組みを修正し，意味ある課題をやり遂げる機会によって動機づけられる。メタ認知スキルは，児童・生徒が自分の学習をモニターし，管理することを学ぶ中で発達していく。

協働の機会（Opportunities for collaboration）

　学習は社会的文脈で生じ，他者とのコミュニケーションや相互作用に依存するというヴィゴツキー（Vygotsky, 1978）の考えを支持する形で，児童・生徒が「学習共同体（learning community）」に参加できるよう教室は組織される。教室は，児童・生徒や教師の思考を可視化するディスコースのコミュニティを促すようにデザインされる。教師がグループワークを巧みにデザイン・管理することで，グループワークが目的を持ち，生産的な課題の達成を支援できるように用いられ，より強い関係と洞察にあふれた問題解決を促すものとなる。教師や熟達した仲間がより深い理解を得るよう支援することで，個人的・集合的な学習が促される。児童・生徒間の比較を最小にし，時間をかけて挑戦したり改善したりすることを促すことにより，教室環境は児童・生徒の動機づけを促す。教師は，専門性を共有したり，相互に学んだりする機会として，児童・生徒の違いを含み込んだカリキュラムや指導法を組織する。

既有知識，経験，発達に注意を払うこと（Attention to prior knowledge, experience, and development）

　教授と学習は，児童・生徒の発達に関する知識の影響を受ける。教師は，注意深く子どもたちを観察し，既有知識やこれまでの取り組みを活かす。教師は，児童・

生徒の文化的知識を含む，学習者の経験やものの見方とカリキュラムとをつなげる。教師は，指導の中で対処する必要のある一般的な先入観や誤概念を含む，それぞれの領域におけるラーニング・プログレッションズを理解する。新しい概念や技能を獲得にあたって，教師は，知識と経験の観点から児童・生徒がどの段階にいるかに気づかせ，彼らの能力を体系的に拡張するよう足場かけされた指導に熟達している。

パワフル・ラーニングは，児童・生徒が本物の作家，科学者，数学者，そして歴史家のように取り組む時に生じる。

核となる概念とそのつながりを中心に組織された知識（Knowledge organized around core concepts and connections）

　教師がいかにアイディアや学習経験を組織するかは，いかに深く児童・生徒を理解するかに違いをもたらす別の要因となる。理解にあたっては，つながりをつけたり，新しく学んだことがすでに学んだこといかに関連しているか——両者がどのように似ているか，また異なっているか——を見いだしたりする必要がある。教科領域における専門的な指導は，児童・生徒がいかにその知識に至るようになるか——児童・生徒が理解していることとその分野における専門的知識との間を埋めるために何ができるか——，そしてそれがいかに組織され追究されるかを理解することにかかっている。学問における核となる概念や探究の様式に沿ってプロジェクトや問題を組織したり，アナロジー，事例の比較，良く選択された問題を通じて概念間をつないだりすることによって，児童・生徒がそうしなければつながっていなかったり，重要でないと思ったりする事実に気づくようになる。

メタ認知スキルの発達（Development of metacognitive skills）

　教師は，活動を**振り返ること**，知っていることと知る必要があることを**判断すること**，問題解決のための特定の方略を獲得することを通じて自分自身の学習プロセスの**マネジメント**の仕方を学ぶといった自分自身の思考について考えることを学習すること　を支援する。教師は，児童・生徒が自分自身の理解を評価したり方向づけたりすること促す，学習に対する省察的な姿勢を奨励する。教師は，このリフレクションを支援するために，アイディアのディスカッションやプレゼンテーションの機会のみならず，形成的評価のツールも機会を利用する。教師は，

児童・生徒が学んでいる時に自己モニタリングする質問をいかに行なうかを学ぶよう促し，より上手く読んだり書いたり，数学的な問題解決に取り組んだり，科学的・歴史的推論能力を発達したりできるよう具体的な方略を教える。

　これらの原理間の相互作用については，既述のとおりジョン・ブランスフォードと同僚たち（Bransford et al., 1999）が作成した『人はいかに学ぶか（How People Learn : HPL）』フレームワークの中で見取ることができる。このフレームワークでは，学習環境が，**学習者中心**，**知識中心**，**評価中心**，そして**共同体中心**になっている時，学習が向上するということを示している（図1参照）。学習環境におけるこれらの視点それぞれは，何を教えるか，いかに教えるか，そしていかに評価するかに影響を与える。学習の原理を考えるための形成体としてこのフレームワークを用いることで，教師は，活動をデザインする時に学習者中心の視点で問うことができる。「児童・生徒の経験や知識の観点から児童・生徒が何を持ち込んでくるか？ そして，彼らが何を必要するか？ 児童・生徒の興味，既有知識，強みをどう活かすか？ 学習者のリフレクションや彼ら自身の学習のマネジメントの仕方をいかに支援するか？」知識中心の観点から次のように問うことができる。「どのような種類の知識を私は発展させようとしているのか？ それは，その分野の核となる概念や探究の様式といかに関連しているのか？ それが他の状況に転移可能であるよういかに学習できるだろうか？」評価中心の視点から，教師は次のように検討ができる。「どのような種類の評価によって，児童・生徒が理解したことは何かを知り，いかに彼らが学んでいるかを知ることができるのか？ 児童・生徒が自分たちの取り組みを改善するためにいかなる情報を用いることができるのか？ 自分自身の指導を方向づけるために児童・生徒の学習につ

■図1　HPLフレームワーク

いて何を知る必要があるのか？」共同体中心のフレームワークからは，教員は次のことを問うことができる。「教室における学習者の共同体はいかに構築でき，そしてその先に，児童・生徒の学習を支援することができるのか？」

理解を目指した学校を組織すること（Organizing Schools for Understanding）

いくつかの学校では，いかに児童・生徒が学ぶかを中心にデザインすることで，素晴らしい成果を挙げることができてきた（たとえば，Braddock & McPartland, 1993; Darling-Hammond, Ancess, & Ort, 2002; Friedlaender & Darling-Hammond, 2007; Lee, Brok, & Smith, 1993; Lee, Smith, & Croninger, 1997; Lieberman, 1995; Newmann, Marks, & Gamoran, 1996）。人々がいかに学ぶのかに反するのではなく，それに合わせて取り組むことで，学習を向上させる実践を中心としたカリキュラム全体を組織している学校はその成果を得られている。それらの学校では，教師が自分の児童・生徒と学習プロセスをよく知り，彼らが持ち込むことを活かし，巧みな方略によって彼らの学習を支援できるよう授業を組織することで，あらゆる児童・生徒がやりがいのある学習内容を習得し，批判的思考のスキルを発達できるよう支援することができる。教師は，学問のコア概念を中心にカリキュラムを組織し，それから真正の課題に基づく児童・生徒の学習に対して注意深く足場かけを提供する。児童・生徒の取り組みは，本物の作家，科学者，数学者，そして歴史家が取り組む仕事と似ており，高いスタンダードと合致するよう，継続的なフィードバック・リフレクション・改善を伴いつつなされる。

サウスカロライナ州コロンビアのキールズ小学校の変革は，学校一体でのアプローチの例証となる。人の入れ替わりが激しい低所得の有色人種のグループに仕事を提供している基地の近くに位置する本校は，人口構成の変化と成績の低下により閉校が計画されていた。4年間かけて実践を再構築した結果，キールズ小学校はきわめて高いレベルの学業成果を児童にもたらし始め，すぐに近隣の多くの学校のモデルになった（Berry, 1995）。キールズ小学校に入学する児童の約半数は，概して幼稚園における州の「レディネス」スタンダードを満たしていないが，1年生の終わりには読解と算数に関する州のスタンダードに90％以上が到達する。校務の再構築の後，PTAのミーティングでは立ち見の教室ばかりになり，校区外からの転入希望家族の待機リストは増えていった。

教師を意思決定に関与させ，研究や実践に関する会話ができるよう着手した精力的な校長からの支援を受け，職員は，学習について学んだことを基盤とする改善策を考え，取り入れた。その改善策には，読解と作文の指導と，算数・理科・社会科のプロジェクトにおける体験活動とを統合した異質集団での協同学習が含

まれていた。たとえば，株式市場の研究，「読解のための作文（Writing to Read）」といったプログラムとセットになったコンピュータベースの学習，リーディング・リカバリーの支援，保護者教育のワークショップや家庭訪問，個別指導や監督者の下宿題に取り組む時間を保障する放課後プログラムといったものである。児童は，仲間同士での教え合いや教科またカリキュラム外の活動における意思決定にかかわった。教師集団は，理科のパフォーマンス評価とポートフォリオを開発した。教師は，新しい実践法を互いに学び合えるようにするため，協働でプランニングし，互いの授業を観察するようになった。

次に示す「読解のための作文」の教室は，キールズ小学校での学習がどのようなものになったかの例である。

掲示には，「ここは，リスクのない環境です」と宣言されていた。教室のあるコーナーでは，児童のグループが，植物の特徴がどこにあるのかを調べるラボ実験に取り組んでおり，彼らは，分類・選別・測定している。その児童は，種・茎・葉に関する3週間の単元を終えるところであった。（中略）［彼らは］「科学者」と書かれた帽子をかぶっていた。（中略）他の児童は，学んでいることについて書いていた。彼らは，「著者」と書かれた帽子をかぶっていた。［教師である］サンドラ・マクレインは，コンスタンスの作品を手際よく読んで批評し，良く響く声で「あなたは，もう少しで科学の本を書きあげるね」と伝えていた。コンスタンスは，嬉しそうに「はい！」と答えていた。教室の別のコーナーでは，ビーンバッグチェアで読書する児童がいて，その隣には，別の児童がオーディオテープで「著者に会える（meets an author）」を聞いていた。部屋の反対側には，3台のコンピュータがあり，音素の復習をしていた。サンドラは，「もっと書けばもっと学べる」と言及していた。

(Berry, 1995, p.122)

学校の教職員は，それぞれの改善策を調査して採用しているので，継続的な改善を推し進める動因となってきた自分たちの仕事へのコミットメントを高めていた。児童ができることをより伸ばし，より理解するほど，自分たちや児童への期待はますます高まる。次のような教職員のコメントはその典型的な例である。

学校での初日は，私たちが児童にできることを伝えます。（中略）実際，児童が読めるかどうかを確認する最初の2語は，「わたしはできる」と「わたしたちはできる」です。私たちが教えるあらゆるスキルにおいて，視覚，聴覚，そして運動感覚を利用しています。私たちは，言葉を書き，文章をつくり，絵

を描きます。私たちは，児童が完全な読み手となるよう後押ししています。私たちがこれに取り組む方法の1つが，ワークブックのあらゆるページを見直して，読解プログラムから不要なものや価値のないものを取り除くことなのです。

　理科は基礎さえ知っていればよいとかつて考えていましたが（中略）今は全くそう思っていません。（中略）［理科のカリキュラムを再構築する］最初の段階に私たちはいます。私たちは，基礎的な理科の構成部分と数学の主な原理とを結びつけています。児童は，並べ替え，グラフ，重さ，測定，そして予測を学んでいます。彼らは，データについて学び，仮説を立てていますが，すべて1年生でやっています。私は，高校生になるまでこれを学びませんでしたよ！
（Berry, 1995, p.124）

　同様の実践は，実質的なより良い成果を上げるよう再設計された高校でも見られる。たとえば，800校以上の高校という大規模な研究で，研究者たちが名づけた「真正の指導（authentic instruction）」——専門領域の探究，高次の思考，より長い文章表現，生徒の取り組みを聞く聴衆，を必要とする能動的な学習に焦点化した指導法——に取り組む学校の生徒は，伝統的な指導法を受けた生徒より，標準テストでより高い得点を得ることが明らかとなっている（Lee, Smith, & Croninger, 1995; Newmann & Wehlage, 1995）。再構築された23校の高校を扱った他の研究では，これらの成果が知的に挑戦を求めるパフォーマンスに転移することを示していた（Newmann, Marks, & Gamoran, 1996）。国の調査を通じて確認されたが，この研究で対象となった再構築された学校は，共有された管理モデル，教師チームによる協同プランニングの時間，より長い授業時間または時間割，児童・生徒の異質集団，協同学習やグループワークの活用を含む，「典型的な組織的特徴からの実質的な離脱」を示していた（p.293）。

　これらの例が示唆するように，学校がいかに児童・生徒が発達したり学んだりするかについてわかっていることを基盤とする時，教師の仕事のあらゆる側面（日々がいかに組織されるか，いかに児童・生徒と取り組むか，いかに互いに協働するか）が，知的にやりがいのある仕事と共に，強固な関係をサポートするように考え直されなければならない。しかし，多くの改革がしばしばそうであるように，学校教育の1つの側面だけを変えても十分ではない。児童・生徒の学習を確かなものにするには，学習理論のあらゆる次元が教室や学校で一体とならねばならない。たとえば，もし教師が意欲的にパフォーマンス評価を採用しようとしても，児童・生徒の取り組みに関する継続的な修正をサポートし，パフォーマンスを支援する機会を彼らに提供し，学習に足場かけを与えるようなカリキュラムが無いならば，

評価が学習を改善することはない。そのために，教師には，カリキュラムに関する時間と，子どもたちの発達を支援し，適切な目標を設定し，児童・生徒が学びたい，やり遂げたいと動機づけるという学校全体で共有された学習の視点も必要となる。

学習を支援するために学校を再設計すること (Redesigning Schools for Support Learning)

　学習を支援するための学校を再設計するプロセスは，教室での指導を熟考するプロセスと同様に，『人はいかに学ぶか』のフレームワークによって特徴づけられる。教師とスクールリーダーは，共同でカリキュラムをマッピングし学習経験を概念化することで，**児童・生徒の学習に焦点化**し，**知識に焦点化**することができる。グラント・ウィギンズとジェイ・マクタイ（Wiggins & McTighe, 1998）は，目的もしくは「望ましい結果」を想定することから始める「逆向き設計プロセス（backward design process）」を通してカリキュラムをマッピングしていく方略を提案している。それらの鍵となるデザインの問いは，「理解に値するものは何か？　何が理解のエビデンスなのか？　どのような学習経験と指導が理解や興味，卓越性を促進するのか？」（Wiggins & McTighe, 1998, p.18）である。教師は，学校全体のテーマやパフォーマンス評価だけでなく，教育活動を計画するためにこのアプローチを用いることができる。

　評価を共に創造し，展示会やプロジェクトのためのルーブリックをデザインし，互いの児童・生徒を観察し，彼らにフィードバックを与え，何が学ばれたかを共に検証し，次にどこを目指すべきかを考えるために児童・生徒の取り組みを共に分析する時間をとることによって，教師は，**児童・生徒の学習や評価に焦点化する**ことができる。学校全体のスタンダードや期待を定めることで，共通の目標に向けて共に取り組む教師と学習者の**コミュニティ**を構築することができる。教師が児童・生徒の作品を共に見る時，児童・生徒や学習プロセスについてのさまざまな見方が持ち込まれる。児童・生徒の作品は，「子どもが生み出したものだけはなく，教師，児童・生徒，研究目標の融合でもある」（Seidel, 1998, p.88）ので，そのような作品の体系的な研究によって，教師が授業やカリキュラムを再設計したり，個々の児童・生徒にとってより効果的な支援を開発したりするようになる。そのような研究に教師が取り組むための制度的な支援には，教師集団によって評価される展示会やポートフォリオ発表会，評価やディスカッションのために作品例を持ち寄る教師の研究グループ，児童・生徒の学習の評価に関して教師が学んだり，考えを共有したりするワークショップが含まれる。

　最後に，教師が**自分自身の授業を省察し，見つめる**ための手がかりとして協働

に取り組むことで，彼ら自身によって**専門的共同体**を育むことができる。教師に対する制度的な支援として，仲間同士のコーチングができる時間を含めることによって，教師が互いの実践を観察し合い，フィードバックを得ることができるようになる。また，それには，教師が観察・分析・リフレクションのために共にデザイン・実践される授業も含まれる。たとえば，「レッスンスタディ」は，教師が協働でモデルとなる授業の指導を開発・観察した後に，その改善のために授業や児童・生徒の反応を省察するという，日本，中国，オーストラリア，ニュージーランドで使われるテクニックである（Watanabe, 2002）。教師も児童・生徒と同じように学ぶのである。すなわち，研究・実践・リフレクションによって，他の教師と協働することによって，児童・生徒や自分たちの取り組みをじっくり見つめることによって，そしてわかったことを共有することによってである。このような学習は，実践へのエンゲージメントから切り離された大学の教室や，実践の解釈の仕方に関する知識から切り離された教室では起こり得ない。教師の学習にとって良い環境には，調査と探究，試行と検証，教授・学習の結果について会話し，評価する機会が多くある。「理論と実践のすり合わせ」（Miller & Silvernail, 1994）は，研究と学問的探究も間近にあるところで，本物の児童・生徒と本物の取りかかっている作業のある状況で問いが生じる時に最も生産的に起こる。授業の改善につながる専門性を高める取り組みの方略は，いくつかの特徴を共有している。それらには，次の傾向がある。

・経験的であること。すなわち，学習と発達のプロセスに光を当てる指導・評価・観察の具体的な課題に教師たちをかかわらせること。
・参加者の問い・探究・実験だけでなく，専門分野の研究に根ざすこと。
・協働的であること。教育者の間での知識の共有を伴うこと。
・児童・生徒と共に取り組む教師の仕事だけでなく教科内容や教育方法の吟味とつながりがあること。またそれらから引き出されたものであること。
・持続的で集中的であること。実践上の明確な問題をめぐるモデリング・コーチング・問題解決によって促されること。
・学校の変革に関する側面とつながりがあること。
　　　　　　　　　　　　　　（Darling-Hammond & McLaughlin, 1995）

　生産的なアプローチは，専門家が一時のワークショップで新しいテクニックを伝える「教員研修」や「現職教育」の古いモデルから，教師が理論や研究と直接向き合い，定期的に自分の実践の評価に取り組み，同僚と互いに支えあうというモデルに移行している。とくに新しいスタンダードが求めるより難しい類の学

習において，このような専門性を高める取り組みに投資することが，授業実践を改善することにも，児童・生徒の学習成果を飛躍的に高めることにもつながることを示すエビデンスが増えている（D. K. Cohen & Hill, 2001; Desimone et al., 2002; Lampert & Eshelman, 1995; Little, 1993）。

学校の一貫性を育むこと（Developing School Coherence）

　最後に，私たちは概ね教室での授業実践に焦点を絞ってきたが，児童・生徒のためにさらなるパワフル・ラーニングにつながるよう支援するためには，あるクラスの学年から次のクラスまた次の学年への移行がより一貫性をもった学校づくりが求められる。驚くほど成果を挙げている学校の研究から，一般的には個人主義的なものが中心であるのに対して，これらの学校は，ミッションの意味，共通のエートス，学習の共通目標・カリキュラム・指導・評価のための共通方略を築き上げてきたことが明らかにされてきた（Bryk, Camburn, & Louis, 1999; Darling-Hammond, 1997; Lee, Bryk, & Smith, 1993）。そのような強力な文化は，研究者によって当初に言及されてきた私立学校ではより容易に築き上げられるだろうが，学校の特色意識や共通の強力なコミットメントを生み出す公立学校も，多様な児童・生徒のためのパワフル・ラーニングを創造するにあたって同様の成果を挙げることができる（Darling-Hammond, 1997; Lieberman, 1995）。

　児童・生徒の学習を中心に実践を再設計する学校は，何に価値を置くか，それを達成できたかどうかをいかに知るか，そして，これらのゴールを達成することを可能にする関連した学習経験をつくり出すには何をしなければならないのかを考えることにかなりの時間を費やす。たとえば，エッセンシャル・スクールは，☆訳註2 しばしば卒業要件をつくるのに，「逆向き設計」（McDonald, 1993）のプロセスに従事する。そこでは，初めに，「どんな卒業生を求めているのか？」を問い，次に「どうやって，そこに到達できるか？」，最後に，「そこに到達したとどうすればわかるのか？」を問う。このプロセスを通じて，目的のみならず，教育の結果として児童・生徒が何を知るべきか，何をできるようになるかについての共有の見方が明らかとなっていく。

☆訳註2　エッセンシャル・スクール連盟（Coalition of Essential Schools: CES）に加盟する学校のこと。CESとは，テッド・サイザーが1984年に設立した学校改革を目指す組織である。現在では，全米で600以上の学校が加盟している。その理念として，次の10の共通原則を掲げている。1. 自らの知性を十分に用いて学ぶこと。2. 少なく学ぶことは多く学ぶこと。3. 目標はあらゆる生徒に適用される。4. 個別化。5. 活動する者ととしての生徒，コーチとしての教師。6. 卒業認定は公開のものである。7. 礼儀と信頼の気質。8. 学校全体へのコミットメント。9. 教授と学習に資するリソース。10. 民主主義と公正。（http://essentialschools.org/ 参照。2017年2月10日最終確認）

共通の目標やコミットメントが学校生活を動機づけする時，学習はいっそう効果を発揮する。なぜなら，学習がバラバラとなるよりむしろ蓄積されるからである。児童・生徒と教師は，第2の天性となるまで練習・強化・支援しながら習慣化を目指して取り組む。日ごとに何度か，もしくは学校生活を通して何度かマインドセットを切り替えるよりは，教師が何を求めているのか，学校とは何かを問いかけることで，児童・生徒は自分の能力を伸ばすことに集中でき，教師はそのために彼らを支援することで互いに協働できるのである。

政策的文脈

　教室や学校で起こることは，外的な政策環境によっても形成される。1990年代前半から，実質的に全ての州とほとんどの学区は，児童・生徒の学習に関するスタンダードや指導を方向づける新しいカリキュラムフレームワーク，そして児童・生徒の知識をテストする評価を作成してきた。これらには，しばしば，テストの得点の傾向に基づいて，児童・生徒，教師，学校に対する報奨や制裁を求めるアカウンタビリティの体系的システムが伴う。スタンダードに基づく改革は，カリキュラム，教師の参加，学校のリソースの組織全体の変化をてこ入れするよう意図されている。しかし，多くの場合，スタンダードは，授業の質，リソースの配置，学校教育の本質に直接的に取り組む政策とは裏腹に，児童・生徒に対するテストの義務づけにつながってきた。

　これらのスタンダードや評価の本質は，きわめて重要である。一般的に，教師の質や学校の機能改善に加えて，パフォーマンス評価に力を入れた州や学区では，ハイテイクスな報奨や制裁なしに，児童・生徒の到達度が複数の尺度で上昇してきたことが研究上示唆されている（Darling-Hammond & Rustique-Forrester, 2005）。1990年代に，パフォーマンス評価がいくつかの州に導入された時に，カリフォルニア（Chapman, 1991; Herman, Klein, Heath, & Wakai, 1995），ケンタッキー（Stecher et al., 1998），メイン（Firestone et al., 1998），メリーランド（Lane et al., 2000），バーモント（Koretz, Stecher, & Deibert, 1992），ワシントン（Stecher et al., 2000）といった州で，教師は，新しい評価で求められるような，より多くの作文や数学的な問題解決を設定したことが明らかとなっている。

　指導に対する有益性は，校長や教師が新しいスタンダードを取りこむという課題にいかにアプローチするか——たとえば，テストに似た項目を授業に加えるというより，指導を深めることを求めるかどうか——，そして，教師の専門性を高める取り組みに対する投資に加えて，ある学校にどのくらい教師の専門性が役立てられるかに依存している（Borko et al., 1999; Borko & Stecher, 2001; Wolf, Borko,

McIver, & Elliot, 1999）。諸研究によって，他の同僚と共にパフォーマンス評価を評定し，児童・生徒の作品について議論する機会を得た教師は，より問題志向的で診断的になるよう自分たちの実践が変化していった経験を報告したことが明らかにされてきた（Darling-Hammond, Ancess, & Fali, 1995; Goldberg & Rosewell, 2000; Murnane & Levy, 1996）。

しかし，狭い範囲で用いられるテストがとくにハイステイクスに結びつく際に，学校や教師は，しばしばテストされる内容やされる方法にカリキュラムを絞り込んでしまうことで，授業の質を切り崩してしまう。とくに，児童・生徒がテストに合格するのが難しい学校ではそうである。授業の質へのテストの否定的な影響を明らかにする研究では，テストされる教科のカリキュラムやパフォーマンスの様式に限定されること，テストの準備のために授業時間が失われること，複雑な推論やパフォーマンスに焦点化した指導が行なわれなくなっていく点が言及されてきた（Klein et al., 2000; Koretz & Barron, 1998; Koretz, Mitchell, et al., 1996; Koretz, Linn, et al., 1991; R. L. Linn, 2000; Linn, Graue, & Sanders, 1990; Stecher et al., 2000）。

限定的な多肢選択式の尺度を用いたハイステイクステストを実施する州に関する研究では，成績の改善を示すプレッシャーの下で教師は，しばしば，児童・生徒に次のような対策をさせていることが明らかにされてきた。テストの項目にそっくりの練習にかなりの指導時間を当てること，テストされない教科やトピックの時間を削ること，そして標準テストの準備になると教員が感じる暗記再生や暗唱といった指導実践に先祖返りすること，である。そのプロセスを通して，プロジェクト，研究報告，長文の作文，コンピュータの使用といった指導方略は強調されなくなる（Brown, 1992; Haney, 2000; Jones et al., 1999; Jones & Egley, 2004; Popham, 1999; Smith, 1991）。

スタンダードやテストによるアプローチの別の影響として，深い探究より浅い指導につながることが挙げられる。最近の研究で，2人の教師が次のように述べている。

［州のテスト］以前は，私はよりよい教師でした。子どもたちには，幅広い科学的また社会科学的な経験をさせていました。読解，作文，数学，そしてテクノロジのスキルを用いながら，トピックについて学ぶことに子どもたちが没頭できるようなテーマで教えていました。実は今，テストに向けて**教えない**ことが怖いのです。以前の教え方は，子どもたちの土台をよりよく築いていただけでなく，学ぶことが好きになるのにつながるものだったとわかっています。毎年，3月が終わるのが待ちきれないのです。だって，最後の2か月半は，私が教えたいように，生徒たちがワクワクしてくれるとわかるようなやり方で教え

られますから。

　［州のテストは］あまりに速くカリキュラムを進めるのを児童・生徒や教師に強いていると私は思います。児童・生徒が数学の概念をしっかりと理解することに焦点を当てるより，すべての教科を急いで終わらせて，3月にテストを受けられるように準備しないとなりません。これによって，浅い知識を生み出すか，むしろ多くの場合，たくさんの領域でほとんど知識が身につかないことになります。むしろ，私は1つの概念に1か月かけて，児童・生徒が深く学ぶ様子を見たいのです。

（Southeast Center for Teaching Quality, 2003, p.15）

　興味深いことに，国際的な評価によると，算数・数学や理科で高得点を挙げる国々は，アメリカ合衆国における実際の傾向よりも，毎年**より少ない概念を**より深く教えている。だから，児童・生徒は，上級学年における高次の学習を支えるより強力な基礎ができるのである（McKnight et al., 1987）。多くの国はまた，プロジェクトや研究報告，知識の応用やプレゼンテーションを使った学校ベースの評価を奨励しており，全体的な評価システムの一部となっている。

　テストをすることの成果に影響を与えると思われる要因には，テストの性質（どのような事柄がいかに評価されるのか），テストの利用（テストの得点に基づいてどのような決定がなされるのか），教師の知識やスキルで示される改善の可能性，リソースのレベルや専門性を高める取り組みの機会を含む州や学区，学校レベルでの学校改善の文脈，が挙げられる。

　児童・生徒のテスト結果をハイステイクスに活用する現在のプレッシャーの下で，さらにこれらのプレッシャーが強まることで，学校や教師の実践にいかなる影響を及ぼすのか，授業や学習に対してどのような長期的な結果をもたらすのかにいっそう注意を払う必要がある。これまでに研究が明らかにしてきたことを踏まえ，何よりも最も弱い立場にある児童・生徒のために，スタンダードやテストの仕組みがより生産的な結果をもたらすことにつながるいくつかの方略には，少なくとも以下のものが含まれるだろう。

1. 「教えるに価するテスト」（Resnick, 1987）である**パフォーマンス評価**を幅広く活用すること
　これは，児童・生徒が学校外の世界でも活用する必要がある高次の思考やパフォーマンスのスキルを奨励する評価である。もし目標がより徹底した教育であるならば，より生産的な評価への投資は，単にテスト実施のコストだけではない。

それらは，指導と専門性を高める取り組みに関する核となるコストの一部をなす。教師がそれらの評価を開発したり採点したりする一方で，教師の学習は，テストが児童・生徒の学習機会を制限するよりむしろ改善するものであれば必須となる能力開発の一部となる。

2. 評価システム

多くの州また多くの高い学業成果を挙げる国のように，「**大規模な評価と教室での評価を組み合わせる**」（たとえばカリキュラムに埋め込まれたパフォーマンス課題の活用）ことで，形成的評価に取り組み，児童・生徒の学習に関する教師の知識を強化し，児童・生徒のニーズに合わせた指導を具体化する資質を高めるよう教師は促される。ハーマン（Herman, 2002）は次のように言及している。「なぜ児童・生徒のパフォーマンスがそのようであるかを真に理解するため，いかなる指導や学習であっても存在する問題の根本に辿り着くために，学校と教師は，年に1度の州のテストよりも評価と分析のより詳細なレベルへと移行する必要が本当にある。（中略）そのようなローカルな評価によって，児童・生徒の進捗を測定し，それに応じて授業や学習機会を調整するための本質的で継続的な情報を教師が得るためにも必須である」（p.22）。

3. **教師の知識や学校の生産能力に対する**組織的な**投資**

（スタンダードをベースにした専門性を高める取り組み，パフォーマンス評価と結びついた採点の機会に加えて）学習と発達，カリキュラム，効果的な授業方略，形成的評価を理解できる強力な基盤を構築するための教師また校長の養成と現職教育における全体的な投資を含むものである。

最終的に，強力かつ生産的な方法で児童・生徒が学習するようスタンダードを向上させることで，**システム**のスタンダードの向上が求められる。それによって，児童・生徒が学習するために必要なタイプの授業や学校の環境が生じることになる。それらは，学習に関する豊かな情報によってガイドされ，徹底した指導の専門性によって支えられるものである。

❖ 巻末資料 ❖

　理解を目指した指導の多様な側面だけでなく，これらがどのような実践なのかの例を要約した3つの表を示す。
　表1は，問題のデザインやプロジェクトに本物の聴衆を取り入れるといった探究ベースの学習を支援するデザイン原則の要約である。
　表2は，ルーブリックから自己評価まで長期間の探究アプローチで用いられる評価のタイプを示したものである。
　表3は，生産的で意味あるグループワークを促す技法を要約し，「ジグソー」グループやピア・ティーチングの説明も含める。

■表1 探究ベースのアプローチを支援するデザイン原則

種類	特徴と機能
問題のデザイン Problem design	プロジェクトや問題は，複雑で，オープンエンドで，現実的であるべきである。 ・解決に向けて，複数の解決や方法があるべきである。 ・児童・生徒の経験に共感するものであるべきだ。 児童・生徒が学習目標にはっきり述べられた重大な観念に出会う可能性を最大化できるようにデザインされるべきであり，「なすことを目的としてなす」ことがないように，対立するアイディアに直面させたり，解決させたりするよう導くべきだ。
継続的な評価とフィードバックを伴った取り組みのサイクル Cycles of work with ongoing assessment and feedback	持続的なプロジェクトの取り組みは，作業と修正のサイクルがあるため，完遂するための十分な時間を確保するようにデザインされる必要がある。 プロセスは次のように設定されるべきである。 ・児童・生徒は，現在までの取り組みについて頻繁にフィードバックを受けられる。 ・仲間や教師いずれのフィードバックも役に立つ。 修正のための明示的な提案を含んだフィードバックと，修正をするのに十分な時間が学習をサポートする。
本物の聴衆と締め切り Authentic audiences and deadlines	外部の聴衆との共有を含む締め切りに向かっての取り組みは，児童・生徒にとって高い動機づけをもたらす。これらの締め切りは，課題の成果物を完成させる前に，フィードバックを引き出し，修正することの原動力となる。
足場とリソース Scaffolds and resources	情報リソース，優れた作品のモデル，探究に関する成熟した思考に触れること，専門家との面会は，多様な方法で学びをサポートできる。さまざまなリソースを超えた重複を生み出すことが鍵となる。学習のコンセプトに焦点化し，児童・生徒がこれらの概念と自分のデザイン作品とをつなぐように促すからである。時間もまた重要な資源である。児童・生徒は，良く推論し，問題を深く追究するのに十分な時間が与えられなければならない。
生産的な教室規範と活動構造 Productive classroom norms and activity structures	アカウンタビリティ，知的な権限，尊敬といったより広い教室文脈で確立された規範は，小グループの相互作用を促す。ディベートやディスカッションのモデル化，児童・生徒をステイクホルダーとして位置づけること，そして，複数のリソースの活用や，複数のソース間の一致点を探すなどの認知的方略の使用を促すことを通して，これらの規範が確立される。生産的な規範は，課題をフレーミングすることによっても確立される。児童・生徒が自分たちの手で問題を定義したり取り組んだりする時，権限とエイジェンシーを獲得する。
教師と児童・生徒の新しい役割 New roles for teachers and students	問題を定義して取り組む権限を児童・生徒に与え，彼らが立案者や知識の創造者になることを奨励しながら，教師は，取り組みのサイクルが前進するよう手助けをし，思考を可視化するために質問をする。
継続的なリフレクションの機会 Opportunities for ongoing reflection	プロセスや理解について深く問いかける等，児童・生徒が行なっている取り組みや学習目標を特徴づけるより大きな概念といかに関係するかについて深くリフレクションできるような時間をプロジェクトや問題に組み込むべきである。

例	参考文献
(1) ペトロシノは，ロケット製作の実践において，児童・生徒に因果的説明を考えるように求めることの利点を見いだした。児童・生徒に，ただ可能な限り高く飛ぶロケットをつくるように求めるのでなく，スピードやロケットの形といったパフォーマンスにかかわるロケットのデザインに関する特徴を特定するよう求める方が良い。 (2) ジャスパーシリーズは，物語形式であり，幅広い課題や問題を提供し，解決のためのデータをストーリーの中に埋め込んだ。このデザインは，児童・生徒が問題を定義し，解決に関連する情報を特定する機会につながった。	Barron et al., 1998; Petrosino, 1998
(1) 建築やデザインプロジェクトのサイクル全体を通して，小グループによる批評や「批評」セッションが組織化される。 (2) 仲間による相互評価のサイクルは，シンククエスト・コンペティション（2005-2006）の中で行なわれた。そこでは，チームが自分たちの教育サイトのベータ版を提出した後，他のチームが作成した3つのサイトを2週間かけてルーブリックを用いて評価する。そして，受け取った評価に基づき，3週間かけて自分たちのサイトを修正する。	Schawartz, Lin, Brophy, & Bransford, 1999; Puntambekar & Kolodner, 2005; www.thinkquest.org
縮尺と測定の概念に焦点化したプロブレム・ベースの学習単元へのフォローアップとして，児童は，チームとして地域のコミュニティセンターの遊具のデザインに取り組むよう求められた。自分たちのデザインをビデオで示し，デザインが正確に仕様書に合っているかを判断する専門家委員会に提出する。合格したデザインはすべて製図され，優勝者の作品は実際のコミュニティセンターの遊具として制作される。	Barron et al., 1998
(1) 海岸浸食に関連する問題を扱った理科の授業で，児童・生徒は，紙の河川表，ビデオリソース，関連するウェブサイトを含む多様なリソースを必要とする活動を行なう。 (2) プロブレム・ベースのアプローチでよく見られる方略は，注意を焦点化し，問題解決過程を外化するため，ホワイトボードを「事実」，「アイディア」，「学習の問題」，「アクションプラン」の4象限に分割して用いることである。	Barron et al., 1998; Puntambekar & Kolodner, 2005
(1) 学習者コミュニティのモデルにおいて，クラス全体のディスカッションは，教師が最終的決定権を持たないディベートに児童・生徒が関与できる機会を生み出す。児童・生徒は，エキスパートとして位置づけられるだけでなく，エビデンスを整理し，仲間の批評に応答するという教科のスタンダードに対して責任を持つ。 (2) 算数の授業で，ランパートは，児童が意味形成と知的な権限を持つことを推し進める質問や対話をルーティンとして用いている。たとえば，彼女は，複数の解決法や正当化を求めている。 (3) ミドルスクールのペア・プログラミングにおける介入では，生徒は共に取り組むためのペアのルールを確認した役割を持つ。たとえば，「パートナーが役割を入れ替える時には，立ち上がってポジションを変える」や「パートナーは，プロジェクトを通して所有権を共有する」ことである。	Cobb, 1995; Engle & Conant, 2002; Lampart, 1989; Leinhart & Greeno, 1986; Leinhart & Smith, 1985; Polman, 2004; Werner, Denner, & Bean, 2004
医学部で，インストラクターは，彼らの注意を焦点化し，因果的な説明を生成できるよう促す問いかけによって，学生の進捗を具体化した。問いかけ続けることで，学生は患者の状態に関する正確なメンタルモデルを形成し，彼らの仮説を患者の症状プロファイルと結びつけられるようになった。	Hmelo-Silver & Barrows, 2006; Engle & Conant, 2002
コミュニティの遊び場をチームがデザインするプロジェクトにおいて，児童がデザインプロセスにおける自分たちの決定の根拠や説明を求める際に特定の構造化された日記による刺激が用いられた。	Puntambekar & Kolodner, 2005; Barron et al., 1998

■表2 探究ベースのアプローチにおける評価の形式と機能

種類	フィードバックの形式
ルーブリック Rubrics	作品の特質が、進捗のレベルをはっきりと規定する。卓越さを示す評価規準は、児童・生徒に理解できるものであるべきだ。児童・生徒は、取り組みを始める前に評価規準を理解すべきであるし、取り組みながらそれを見直すべきである。理想的には、児童・生徒と教師でルーブリックをデザインすることが望ましい。それは、プロジェクト中間では形成的な評価として、または、最後ではより総括的な評価として用いられる。一般的に、ルーブリックは個人の取り組みより、グループの成果物に適用される。
解決策の再考 Solution reviews	現在の取り組みを見せ、仲間・教師・他のコミュニティメンバーからフィードバックを得るための公開の場である。一般的に、作品は、気軽な評価を認めるように展示される。そのねらいは、修正するために利用できる情報を共有することである。
クラス全体での話し合い Whole-class discussion	アイディアや説明は、クラス全体での構造化されたディスカッションを通して精査される。ルーティンは、会話の構造化に用いられる。教室のディスコースは、新しいアイディアや誤概念に関する教師や児童・生徒の情報から生み出される。教師は、いかに児童・生徒が学習内容について互いにやり取りをし、規範を打ち立てる方法として会話を用い、インフォーマルなフィードバックを提供しているかを観察することができる。
パフォーマンス評価 Performance assessment	新しいプロジェクトは、一般的には短期間で、新しい文脈に知識を応用する能力があるかを評価するために行なわれる。そこでは、より長い単元で発展した複雑なプロセスが必要となる。これらは個人ないし小グループで実践される。
未来の学習課題への準備 Preparation for future learning problems	児童・生徒は、次のようなサイクルで新しい教材の学習に着手する。(1) 与えられた問題に対する解決策をつくり出すためにグループで取り組む。(2) クラスに対して可能な解決策を示す。(3) クラスでのディスカッションに参加する。グループワークのサイクルに従って、教師は、新しい教材をより伝統的で直接的な指導法で教える。新しい教材から上手く学べるかは、解決策を聞くことよりもそれを考案することにかかっている。児童・生徒は、自分たちが考案した取り組みの結果として、直接的な指導から学ぶ準備ができる。
日誌の記録 Written journals	児童・生徒は、プロジェクト全体を通して、問題に取り組んだことを含む経験やリフレクションを継続的に記録することが求められる。日誌は、児童・生徒が自分の探究を書く自由記述形式から、指導者が求める特定のトピックやアイディアを包括的に記録するものまでさまざまなアプローチをとることができる。
ポートフォリオ Portfolios	児童・生徒は、時間をかけた取り組みの収集物を可視化するための構造を生み出す。一般的にそれは、進歩に光を当て、自分の取り組みやそのプロセスについてのリフレクションを含むものである。
毎週の報告 Weekly reports	プロジェクト期間全体を通して、児童・生徒は、一連の簡単な質問への回答を毎週書く。これらの質問への応答は、教師の形成的評価の資料として用いることができる。
自己評価 Self-assessment	児童・生徒は、ルーブリックや焦点化質問といった自己評価ツールを用いながら、あらかじめ定義された評価規準に沿って自分たちの取り組みを評価する。

例	参考文献
(1) 国際シンククエスト・コンペティションは，児童・生徒のチームが教育のトピックについてのウェブサイトをつくるのを指導している。応募作品は，次の3つの次元に分けられる評価規準に沿って評価する審査委員会に提出される。それらは，教育的内容，教育的視点，ウェブのデザインである。 (2) FIRSTレゴ・リーグは，ミドルスクールの生徒が一連の評価規準と特定の課題に沿って，ロボットをつくる競技会である。自分たちの作品を評価し，競技会での判定につながる3つのルーブリックが各チームに最初に与えられる。ルーブリックには，ロボットのデザイン，プロジェクトのプレゼンテーション，そしてチームワークが含まれる。	Barron et al., 1998; Penuel, Means, & Simkins, 2000; www.thinkquest.org
学習者コミュニティのモデルで，児童・生徒は，仲間や教師による評価を受けた研究に基づいてポスターを作成した。このプレゼンテーションの機会によって，何を含めるべきかについてのグループでの議論が活気づいた。フィードバックを通してさらなる研究へと続き，これが最終報告に取り入れられた。	William & Black, 1998; Engle & Conant, 2002
1か月におよぶ「卵落とし」プロジェクト（チームが2階のバルコニーから生卵を落としても壊れない入れ物をデザインして製作する活動）の間に3度，クラス全体で集まって進捗を話し合った。グループが自分たちの取り組みから出てきた具体例を用いるよう促しながら，児童・生徒の鍵概念（力，運動，重力，加速度）についての理解・混乱・誤解・進捗・経験を引き出すために，教師はディスカッションを指導する。	Cobb & Bauersfield, 1995
マルチメディア・チャンジ2000において，児童・生徒が長期にわたってマルチメディアプロジェクトとして取り組んだものは，メディアリテラシーに焦点化されていた。そのプロジェクトの完了後，児童・生徒には，ホームレスの児童・生徒が直面する問題について学校の当局者に知らせる小冊子の制作を求める60分間のパフォーマンス課題が与えられた。この冊子は 長期のプロジェクトのものと類似した評価規準にしたがって評価された。	Penuel, Means, & Simkins, 2000
統計を学ぶミドルスクールの授業で行なわれた創作活動である「ナンバーワン」の取り組みを完成させるために，生徒は4つのグループに分かれ，つぼからビー玉を取り出す問題を用いて，確率モデルを生成することが求められる。30分後，各グループは，黒板に自分たちの解決策を示したものを掲示する。クラスで集まり，他のチームの作品や新しい教材から示唆される結論について説明する生徒が選ばれる。それぞれの説明の後，クラスで解決策についてディスカッションする。生徒は再び，小グループに分かれて，今度は別の問題で同じサイクルがくり返される。教師主導の講義に続き，生徒は類似の問題に個別に取り組む。	Bransford & Schwartz; Schwartz & Martin, 2004
4つの紙ベースとウェブベースのデザインプロジェクトを中心に構成される高校の視覚デザインの授業において，生徒は学期を通してデザイン日誌をつけることが求められる。生徒は新しいアイディアを記録し，日常で出会った面白いデザインをつけ加えるよう奨励された。自由記述形式の日誌に加えて，生徒は，特定のデザインの合理性や将来に向けたアイディアに関するフォーマルな質問についても日誌を用いて答えるよう定期的に求められる。教師が評価するため，日誌は，学期の間に3回集められる。	Hmelo-Silver & Barrows, 2006; Engle & Conant, 2002
1学期間に行なわれた複数の異なるデザインプロジェクトに取り組んだ後で，高校3年生が，目的に最も合致すると思うメディアを使って自分たちのすべてのプロジェクトを説明する構成をデザインするように求められる。ポートフォリオは，コースの評定の一部分であったが，本物の聴衆（たとえば，中等教育後の入学または可能性のある雇用主）を思い描きながらつくられる。	Barton & Collins, 1997; Danielson & Abrutyn, 1997
10週にわたるプロジェクト全体で，児童・生徒は毎週，次の3つの質問への回答を提出する。「今週は何を学んだか？」「今週取り組んだことについてどんな質問があるか？」「自分がもし教師だったら，理解したことを知るためにどんな質問をするだろうか？」	Etkina, 2000; Etkina & Harper, 2002
ミドルスクールにおける物語形式の作文単元において，生徒は，単元を通して取り組む作文に関する5つの重要な目標を意識している。最終作品の提出日に，生徒は自己評価フォームを仕上げる。そこでは，次のように問われる。(1) 自分の作品を5つの目標それぞれに関して，1（達成できなかった）から5（規準を超え，求められたこと以上ができた）までの段階をつける。(2) それぞれの得点の理由を詳しく説明し，例を挙げる。	Boud, 1995

■表3 探究ベースのアプローチにおけるグループ作業の形式と機能

種類	形式
学習サークル Learning circles	学習サークルは、複数の教室や時に異なる国からなる児童・生徒で構成された何か月間にもわたるプロジェクトベースのパートナーシップである。協同的な探究に取り組むため、グループは次の6つの段階的プロセスを経る。それらは、準備、サークルの開始、プロジェクトの計画、取り組みの共有、出版、サークルの終了である。
ジグソー法 Jigsaw	個々人が「エキスパート」になることを目標として、小グループがサブトピックに取り組む。全員が理解しているかを確かめることがきわめて重要である。それから、グループメンバーは、それぞれの新しいグループに1人ずつサブトピックのエキスパートがいるようグループを変える。これらの新しいグループは、そこでそれぞれのエキスパートからのインプットを必要する課題を完成させるよう求められる。
ペア・プログラミング Pair programming	児童・生徒のペアが、一緒にプログラミング課題に取り組む。1人は、ドライバーの役割が、もう1人はナビゲーターの役割が与えられる。ドライバーがプログラムコードを入力し、もう1人が指示を出すが、コードは2人で進めながら議論する。このアプローチは、作品の構築を伴うテクノロジーを介したデザインプロジェクトであればどんなものにでも拡張できる。
複雑な指導 Complex instruction	複雑な指導（CI）は、多重知能理論や、ジェンダー・SES・民族性・社会的地位に関する権力関係に対抗する肯定的なグループ経験を用いながら、協働的なグループを活用する教授モデルである。多様な才能を活かすために協働的なグループをいかに活用するかを教えることで、CIは、グループ課題に関する本質的な問題に対処する。それらは、グループで取り組む個人への新しい役割、グループワークでの不平等な参加の問題、グループワークと他の指導方法との統合（実験室やクラス全体のディスカッション等）、そして、グループでのパフォーマンス評価である。
台本どおりの協同 Scripted cooperation	ペアで、一緒に課題に取り組み、交代で特定の認知的活動に従事することで作業を共有する。2人共、教材を詳細に説明してディスカッションすることに取り組む。役割は交互に変える。台本には、活動に対してきわめて一般的な促しも、きわめて具体的な促しも含まれるだろう。
チームで加速される指導 Team accelerated instruction	児童・生徒は、算数・数学の授業で、互いに助け合って課題を完成して学習している。グループの得点は、いかに内容をよく学習したかによって決まる。このアプローチは、複雑なプロジェクトや探究の完遂よりも、基礎的なスキルの発達のためにデザインされたことに留意すべきだ。グループは、これまでの達成度によって多様なレベルで編成される。児童・生徒は、1人ずつ自分の教材を進めて、解答シートと答えを互いにチェックして、グループとしてポイントを得る。
共に学ぶこと Learning together	複雑なプロジェクトの文脈における向社会的相互作用と相互依存に焦点が絞られる。相互交渉についてのリフレクションが鍵となり、ケアリングに満ちた教室はもちろん社会的スキルも発達させる。グループは、これまでの到達度に応じて多様であり、成績は彼らの共同作業をもとにグループ全体として与えられる。
相互教授法 Reciprocal teaching	このアプローチは、児童・生徒が、読解力を促す方略を獲得するのを支援するために生み出された。児童・生徒と教師は、予想・質問・明確化と要約の方略を用いてテキストについてのディスカッションを交替でリードしていく。
ピア・ティーチング Peer teaching	児童生徒は、プロジェクトや問題を解くのに必要な教材の一部分を学習し、それをクラスや自分のチームメンバーに教える責任を担う。

例	参考文献
iEARNネットワークを通して，クラスは14週間のオンラインの学習サークルの一員となることを選択し，世界の6〜8つの他の教室とつながることができる。それぞれの学習サークルのグループは特定のトピック領域に集中して取り組み，それぞれのクラスは，フィードバック・アイディア・コミュニケーションのための聴衆として他のクラスと協力しながら，関連したプロジェクトを生み出す。全体としてのグループは，あらゆるクラスのピースを含みながら最終の出版物や成果物を生み出す。	Riel (1995); www.iearn.org/circle/lcguide/
海の生活に関する単元に取り組むミドルスクールの理科の授業では，5人の生徒で構成される4つのグループが，それぞれ1つの海洋動物のエキスパートになるために，本やインターネットを用いて1週間研究を行なった。その週の終わりに，それぞれの動物のエキスパートグループから1人ずつメンバーが集まって新しいグループが編成された。この時点で，すべてのグループには，それぞれ独自の専門性を持った人がいた。その新しいグループには，次の2週間で取り組む海の生活に関する一連の魅力的な問題が与えられ，自分たちの発見についての最終プレゼンテーションで幕を閉じた。	Brown & Campione, 1990; www.jigsaw.org/; Aronson et al. 1978
放課後や夏休みの研究的介入プログラムの中で，ミドルスクールの女子生徒が，Javaベースのオブジェクト志向の言語を使いながら，Flashでコンピュータゲームをデザイン・開発するのにペア・プログラミングを行なった。その介入では，ペア・プログラミングのルール（たとえば，「役割を替える時には，立ち上がって場所を移す」や「パートナーとプロジェクト全体の所有権を共有する」）を特定するために効果的／効果的でないペア・プログラミングのロールモデリングを含んだ，具体的な指導方略が用いられた。	Werner, Denner, & Bean, 2004
ミドルスクール段階の生命科学カリキュラムの人間生物学で，生徒は，単元を通してグループ内での特定の役割が与えられる。それぞれの単元は，中心となる概念や科学的な問いに基づいて構築される。そして，単元のコース全体で，グループは，研究・分析・視覚的表現といった多様な能力を用いるよう求められるいくつかの活動を通して役割を交替する。教師は，生徒が取り組む中で見えた才能の多様さを明確に伝える。	Bianchini, 1999; Cohen, 1994a, 1994b; Lotan, Scarloss, & Arellano, 1999; cgi.stanford.edu/group/pci/cgi-bin/site.cgi
隣同士に座る男子と女子の生徒が，詩を読んで短いレポートを書かねばならない。女子生徒が第1連を読み，彼女のパートナーが読んだことを要約する。女子生徒はノートを取り，詳しく説明する。続いて，男子生徒が第2連を読み，彼のパートナーが読んだことを要約する。その間，男子生徒はメモを取る。読んだものとメモから，最終レポートを一緒に書き上げる。	O'donnell & Dansereau, 1992
毎日，生徒は高校の代数の授業で月の初めにあらかじめ決められたグループで作業する。グループには，教材に課題を抱える生徒とすぐに概念を把握する生徒が含まれる。授業の前半は，前日の指導から黒板に示された問題に個人で取り組む。彼らは，それに取り組みながら，グループの他のメンバーに助けを求める。そして，生徒は解答用紙を交換して，互いに添削をする。	Devires & Edwards, 1973; Slavin, 1986, 1991
ミドルスクールにおける物理に関する3週間のプロジェクトで，生徒のグループは圧力に耐えられる木造梁の橋をつくるため一緒に取り組む。プロジェクトの前に教室は，互いに向き合って作業する机の配置など協働を促進するように準備される。教師は，あらゆる生徒が協同的な取り組みで学ぶ能力に焦点を絞るのに最初の1週間を費やす。それらは，コミュニケーションを含むトピック，不一致の解決，プロジェクトの管理等である。教師は，課題と協同の目標についてはっきりさせ，プロジェクトの間，グループの取り組みをモニターする。	Johnson & Johnson, 1981, 1989
高校の英語のクラスでは，宿題として読むショートストーリーが与えられる。それぞれの生徒は，4つの方略（予想・質問・明確化・要約）の例を踏まえ，自分でテキストに注釈をつけることが求められるが，それらは授業でカバーされている。次の日，各自の作業を共有し，グループとして特定のテキストの意味を構築するためにグループが編成される。1人の生徒は，グループの進捗を促進するために選ばれる。教師は，必要に合わせて質問しながらディスカッションをモニターするためにグループ間を巡回する。締めくくりの活動として，クラス全員で，それぞれのグループがまだ抱いている疑問を中心にディスカッションを行なう。	Etkina, 2000; Etkina & Harper, 2002
教育的なウェブサイトを開発するために生徒がチームで取り組んだ8か月に及ぶプロジェクトにおけるグラフィックデザインのフェーズで，それぞれの生徒に（「リズム」や「バランス」といった）デザイン原則が与えられる。生徒は，自分たちの原則についてリサーチし，説明や例を載せたPowerPointのプレゼンテーションをつくり，自分たちの原則をクラス全体に示す。	Goodlad & Hirst, 1989

❖ 文　献 ❖

Abram, P., Scarloss, B., Holthuis N., Cohen, E., Lotan R., & Schultz, S. E. (2001). The use of evawluation criteria to improve academic discussion in cooperative groups. *Asia Journal of Education, 22,* 16–27.
Achilles, C. M., & Hoover, S. P. (1996). *Transforming administrative praxis: The potential of problem-based learning (PBL) as a school-improvement vehicle for middle & high schools.* Annual Meeting of the American Educational Research Association, New York.
Afflerbach, P., Pearson, P. D., & Paris, S. (in press). Clarifying differences between reading skills and reading strategies. *Reading Teacher.*
Albanese, M. A., & Mitchell, S. A. (1993). "Problem-based learning: A review of literature on its outcomes and implementation issues." *Academic Medicine, 68*(1), 52–81.
Almasi, J. (2003). *Teaching strategic processes in reading.* New York: Guilford Press.
Amaral, O. M., Garrison, L., & Klentschy, M. (2002). Helping English learners increase achievement through inquiry-based science instruction. *Bilingual Research Journal, 26*(2), 213–239.
American Association for the Advancement of Science (AAAS). (1989). *Science for all Americans: Project 2061.* New York: Oxford University Press, 1989.
Amigues, R. (1988). Peer interaction in solving physics problems: Sociocognitive confrontation and metacognitive aspects. *Journal of Experimental Child Psychology, 45*(1), 141–158.
Anderson, R. C., Nguyen-Jahiel, K., McNurlen, B., Archodidou, A., Kim, S., Reznitskaya, A., et al. (2001). The snowball phenomenon: Spread of ways of talking and ways of thinking across groups of children. *Cognition and Instruction, 19,* 1–46.
ARC Center. (2003). *Tri-State Student Achievement Study.* Lexington, MA: Arc Center (http://www.comap.com/elementary/projects/arc/index.htm).
Aronson, E., Blaney, N., Stephan, C., Sikes, J., & Snapp, M. (1978). The jigsaw classroom. Thousand Oaks, CA: Sage.（松山安雄（訳）(1986) ジグソー学級―生徒と教師の心を開く協同学習法の教え方と学び方．原書房）
Aronson, E., & Bridgeman, D. (1979). Jigsaw groups and the desegregated classroom: In pursuit of common goals. *Personality and Social Psychology Bulletin, 5,* 438–446.
Azmitia, M. (1988). Peer interaction and problem solving: When are two heads better than one? *Child Development, 59*(1), 87–96.
Baker, L. (2002). Metacognition in comprehension instruction. In C. Block & M. Pressley (Eds.), *Comprehension instruction: Research-based best practices* (pp. 77–95). New York: Guilford Press.
Ball, A. (2003). Geo-literacy: Using technology to forge new ground. *Edutopia.* Retrieved January 29, 2008 (http://www.edutopia.org/geo-literacy-forging-new-ground).
Ball, D. (1988). *Knowledge and reasoning in mathematical pedagogy: Examining what prospective teachers bring to teacher education.* Unpublished doctoral dissertation, Michigan State University.
Ball, D. L., & Bass, H. (2000). Making believe: The collective construction of public mathematical knowledge in the elementary classroom. In D. C. Phillips (Ed.), *Yearbook of the National Society for the Study of Education, Constructivism in education* (pp. 193–224). Chicago: University of Chicago Press.
Bamberger, Y., & Tal, T. (in press). An experience for the lifelong journey: The long term effects of a class visit to a science center. *Visitor Studies.*

Barron, B. (2000a). Achieving coordination in collaborative problem-solving groups. *Journal of the Learning Sciences, 9*(4), 403–436.

Barron, B. (2000b). Problem solving in video-based microworlds: Collaborative and individual outcomes of high-achieving sixth-grade students. *Journal of Educational Psychology, 92*(2), 391–398.

Barron, B. (2003). When smart groups fail. *Journal of the Learning Sciences, 12*(3), 307–359. Barron, B. (2006a). Configurations of learning settings and networks: Implications of a learning ecology perspective. *Human Development, 49,* 229–231.

Barron, B. (2006b). Interest and self-sustained learning as catalysts of development: A learning ecologies perspective. *Human Development, 49,* 193–224.

Barron, B.J.S., Schwartz, D. L., Vye, N. J., Moore, A., Petrosino, A., Zech, L., et al. (1998). Doing with understanding: Lessons from research on problem and project-based learning. *Journal of the Learning Sciences, 7*(3–4), 271–311.

Barrows, H. S. (1996). Problem-based learning in medicine and beyond: A brief overview. In *New directions for teaching and learning,* no. 68 (pp. 3–11). San Francisco: Jossey-Bass. Barton, J., & Collins, A. (Eds.). (1997). *Portfolio assessment: A handbook for educators.* Menlo Park, CA: Addison-Wesley.

Bartscher, K., Gould, B., & Nutter, S. (1995). Increasing student motivation through project-based learning. Master's Research Project, Saint Xavier and IRI Skylight. (ED 392549).

Beck, I. L., Perfetti, C. A., & McKeown, M. G. (1982). Effects of long-term vocabulary instruction on lexical access and reading comprehension. *Journal of Educational Psychology, 74*(4), 506–521.

Bennett, J., Lubben, F., Hogarth, S., Campbell, B., and Robinson, A. (2004). *A systematic review of the nature of small-groups discussions in science teaching aimed at improving students' understanding of evidence: Review summary.* University of York, UK.

Berry, B. (1995). School restructuring and teacher power: the case of Keels Elementary. In A. Lieberman (Ed.), *The work of restructuring schools: Building from the ground up.* New York: Teachers College Press.

Bianchini, J. A. (1999). From here to equity: The influence of status on student access to and understanding of science. *Science Education, 83*(5), 577–601.

Bishop, B. A., & Anderson, C. W. (1990). Student conceptions of natural selection and its role in evolution. *Journal of Research in Science Teaching, 27,* 415–427.

Black, P. J., & Wiliam, D. (1998a). Assessment and classroom learning. *Assessment in Education: Principles, Policy and Practice, 5*(1), 7–73.

Black, P., & Wiliam, D. (1998b). Inside the black box: Raising standards through classroom assessment. *Phi Delta Kappan, 80*(2), 139–148.

Blumenfeld, P., Soloway, E., Marx, R. W., Krajcik, J. S., Guzdial, M., & Palincsar, A. (1991). Motivating project-based learning: Sustaining the doing, supporting the learning. *Educational Psychologist, 26*(3 & 4), 369–398.

Boaler, J. (1997). *Experiencing school mathematics: Teaching styles, sex, and settings.* Buckingham, UK: Open University Press.

Boaler, J. (1998). Open and closed mathematics: Student experiences and understandings. *Journal for Research in Mathematics Education, 29,* 41–62.

Boaler, J. (2002). *Experiencing school mathematics* (revised and expanded edition). Mahwah, NJ: Erlbaum.

Boaler, J., & Greeno, J. (2000). Identity, agency and knowing in mathematics worlds. In J. Boaler (Ed.), *Multiple perspectives on mathematics teaching and learning.* Westport, CT: Ablex.

Borko, H., Eisenhart, M., Brown, C., Underhill, R., Jones, D., & Agard, P. (1992). Learning to teach hard mathematics: Do novice teachers and their instructors give up too easily? *Journal for Research in Mathematics Education, 23*(3), 194–222.

Borko, H., Elliott, R., & Uchiyama, K. (1999). *Professional development: A key to Kentucky's reform effort.* Los Angeles: UCLA National Center for Research on Evaluation, Standards, and Student Testing.

Borko, H., & Stecher, B. M. (2001, April). Looking at reform through different methodological lenses: Survey and case studies of the Washington State education reform. In J. Manise (Chair), *Testing policy and teaching practice: A multi-method examination of two states.* Symposium conducted at the annual meeting of the American Educational Research Association, Seattle.

Bos, M. C. (1937). Experimental study of productive collaboration. *Acta Psychologica, 3,*315–426.

Boud, D. (1995). Assessment and learning: Contradictory or complimentary? In P. Knight (Ed.) *Assessment for Learning in Higher Education,* London: Kogan Page/SEDA, 35–48.

Braddock, J. H., & McPartland, J. M. (1993). The education of early adolescents. In L. DarlingHammond (Ed.), *Review of research in education, 19* (135–170). Washington, DC: American Educational Research Association.

Bransford, J. D., Brown, A. L., & Cocking, R. R. (Eds.). (1999). *How people learn: Brain, mind, experience, and school.* Washington, DC: National Research Council. （森敏昭・秋田喜代美（監訳）(2002) 授業を変える―認知心理学のさらなる挑戦．北大路書房）

Bransford, J. D., Darling-Hammond, L., & LePage, P. (2005). Introduction. In L. DarlingHammond and J. Bransford (Eds.), *Preparing teachers for a changing world: What teachers should learn and be able to do.* San Francisco: Jossey-Bass.

Bransford, J. D., & Schwartz, D. L. (1999). Rethinking transfer: A simple proposal with multiple implications. *Review of Research in Education, 24,* 61–100.

Bransford, J. D., with Cognition and Technology Group at Vanderbilt (1998) Designing environments to reveal, support, and expand our children's potentials. In S.A. Soraci & W. McIlvane, (Eds.), *Perspectives on Fundamental Processes in Intellectual Functioning, Vol. 1,* Greenwich, CT: Ablex

Bransford, J. D., & Stein, B. S. (1993). *The IDEAL problem solver* (2nd ed.). New York: Freeman.

Briars, D. (2000). *Testimony before the Committee on Education and the Workforce, U.S. House of Representatives, September 21, 2000.* Retrieved September 5, 2004 (http://edworkforce.house.gov/hearings/106th/fc/mathsci92100/briars.htm).

Briars, D. (2001, March). *Mathematics performance in the Pittsburgh public schools* Presentation at a Mathematics Assessment Resource Service conference on tools for systemic improvement, San Diego.

Briars, D., & Resnick, L. (2000). *Standards, assessments—and what else? The essential elements of standards-based school improvement.* Unpublished manuscript.

Brown, A. L. (1994, November). The advancement of learning. *Educational Researcher, 23*(8), 4–12.

Brown, A. L., & Campione, J. C. (1990). Communities of learning and thinking, or a context by any other name. *Human Development, 21,* 108–126.

Brown, A. L., & Campione, J. C. (1996). Psychological theory and the design of innovative learning environments: On procedures, principles, and systems. In L. Shauble & R. Glaser (Eds.), *Innovations in learning: New environments for education.* Mahwah, NJ: Erlbaum.

Brown, A., Pressley, M., Van Meter, P., & Schuder, T. (1996). A quasi-experimental validation of transactional strategies instruction with low-achieving second grade readers. *Journal of Educational Psychology, 88*, 28–37.

Brown, B. A. (2004). Discursive identity: Assimilation into the culture of science and its implications for minority students. *Journal of Research in Science Teaching, 41*(8), 810–834.

Brown, B. A. (2006) "It isn't no slang that can be said about this stuff": Language, identity, and appropriating science discourse. *Journal of Research in Science Teaching, 43*(1), 96–126.

Brown, D. E., & Clement, J. (1989). Overcoming misconceptions via analogical reasoning: Abstract transfer versus explanatory model construction. *Instructional Science, 18*, 237–261.

Brown, D. F. "Altering curricula through state-mandated testing: Perceptions of teachers and principals." Paper presented at the annual meeting of the American Educational Research Association, San Francisco, CA, April 1992.

Bryk, A., Camburn, E., & Louis, K. S. (1999). Professional community in Chicago elementary schools: Facilitating factors and organizational consequences. *Educational Administration Quarterly, 35*(Supplement [Dec. 1999]), 751–781.

Butler, R. (1988). Enhancing and undermining intrinsic motivation: The effects of taskinvolving and ego-involving evaluation of interest and performance. *British Journal of Educational Psychology, 58*(1), 1–14.

Bybee, R., Kilpatrick, J., Lindquist, M., & Powell, J. (2005, Winter). PISA 2003: An introduction. *Natural Selection: Journal of the BSCS*, 4–7.

California Department of Education. (1990). *Science framework for California public schools: Kindergarten through grade twelve.* Sacramento: Bureau of Publications.

Carpenter, T. P., Lindquist, M. M., Matthews, W., & Silver, E. A. (1983). Results of the third NAEP mathematics assessment: Secondary school. *Mathematics Teacher, 76*(9), 652–659. Casperson, J. M., & Linn, M. C. (2006). Using visualizations to teach electrostatics. *American Journal of Physics, 74*(4), 316–323.

Catley, K., Lehrer, R., & Reiser, B. (2005). *Tracing a prospective learning progression for developing understanding of evolution.* Washington, DC: National Academy of Sciences.

Cazden, C. (1988). *Classroom discourse: The language of teaching and learning.* Portsmouth, NH: Heinemann.

Chapman, C. (1991, June). What have we learned from writing assessment that can be applied to performance assessment? Presentation at ECS/CDE Alternative Assessment Conference, Breckenbridge, CO.

Chappell, M. (2003). Keeping mathematics front and center: Reaction to middle-grades curriculum projects research. In S. Senk & D. Thompson (Eds.), *Standards-based* Mahwah, NJ: Erlbaum.

Chi, M.T.H. (1992). Conceptual change within and across ontological categories: Examples from learning and discovery in science. In R. N. Giere (Ed.), *Minnesota studies in the philosophy of science* (pp. 129–186). Minneapolis: University of Minnesota Press.

Chi, M.T.H. (2000). Self-explaining expository tests: The dual process of generating inferences and repairing mental models. In R. Glaser (Ed.), *Advances in instructional psychology* (pp. 161–238). Mahwah, NJ: Erlbaum.

Chi, M.T.H., deLeeuw, N., Chiu, M. H., & LaVancer, C. (1994). Eliciting self-explanations improves understanding. *Cognitive Science, 18*, 439–477.

Ching, C. C., Kafai, Y. B., & Marshall, S. K. (2000). Spaces for change: Gender and technology access in collaborative software design. *Journal of Science Education and Technology, 9*(1),

67–78.

Chinn, C. A., & Brewer, W. (1998). An empirical test of a taxonomy of response to anomalous data in science. *Journal of Research in Science Teaching, 35*(6), 623–654.

Chinn, C. A., & Brewer, W. F. (1993). The role of anomalous data in knowledge acquisition: A theoretical framework and implications for science instruction. *Review of Educational Research, 63*(1), 1–49.

Chinn, C. A., & Brewer, W. F. (2001). Models of data: A theory of how people evaluate data. *Cognition and Instruction, 19*(3), 323–393.

Chinn, C. A., O'Donnell, A. M., & Jinks, T. S. (2000). The structure of discourse in collaborative learning. *Journal of Experimental Education, 69*(1), 77–97.

Cincinnati Public Schools (CPS). (1999). *New American schools designs: An analysis of program results in district schools.* Cincinnati, OH: Author.

Clark, A. M., Anderson, R. C., Archodidou, A., Nguyen-Jahiel, K., Kuo, L. J., and Kim, I. (2003). Collaborative reasoning: Expanding ways for children to talk and think in the classroom. *Educational Psychology Review, 15,* 181–198.

Clark, D. (2000). *Scaffolding knowledge integration through curricular depth.* Unpublished doctoral dissertation, University of California, Berkeley.

Clark, D. (2006). Longitudinal conceptual change in students' understanding of thermal equilibrium: An examination of the process of conceptual restructuring. *Cognition and Instruction, 24*(4), 467–563.

Clement, J. (1982). Students' preconceptions in introductory mechanics. *American Journal of Physics, 50*(1), 66–71.

Clewell, B. C., & Campbell, P. B. (2002). Taking stock: Where we've been, where we are, where we're going. (http://www.urban.org/url.cfm?ID=1000779). P. Cobb, & H. Bauersfeld, (Eds) *The Emergence of Mathematical Meaning: Interaction in Classroom Cultures,* Hillsdale, NJ: Lawrence Erlbaum Associates.

Cobb. P., & Bauersfeld, H. (Eds.), (1995). *The emergence of mathematical meaning: Interaction in classroom cultures.* Hillsdale, NJ: Lawrence Erlbaum

Cognition and Technology Group at Vanderbilt (CTGV). (1997). *The Jasper project: Lessons in curriculum, instruction, assessment, and professional development.* Mahwah, NJ: Erlbaum.

Cohen, D. (1990). A revolution in one classroom: The case of Mrs. Oublier. *Education Evaluation and Policy Analysis, 12*(3), 311–329.

Cohen, D. K., & Hill, H. (2000). Instructional policy and classroom performance: The mathematics reform in California. *Teacher College Record, 102*(2), 294–343.

Cohen, D. K., & Hill, H. C. (2001). *Learning policy.* New Haven, CT: Yale University Press. Cohen, E. G. (1993). From theory to practice: The development of an applied research program. In J. Berger, & M. J. Zelditch (Eds), *Theoretical research programs: Studies in the growth of theory: theoretical research programs: Studies in the growth of theory.* (pp. 385–415). Stanford University Press.

Cohen, E. G. (1994a). *Designing groupwork: Strategies for heterogeneous classrooms.* Revised edition. New York: Teachers College Press.

Cohen, E. G. (1994b). Restructuring the classroom: Conditions for productive small groups. *Review of Educational Research, 64*(1), 1–35.

Cohen, E. G., & Lotan, R. A. (1995). Producing equal-status interaction in the heterogeneous classroom. *American Educational Research Journal, 32*(1), 99–120.

Cohen, E. G., & Lotan, R. A. (Eds.). (1997). *Working for equity in heterogeneous classrooms: Socio-*

logical theory in practice. New York: Teachers College Press.

Cohen, E. G., Lotan, R. A., Abram, P. L., Scarloss, B. A., & Schultz, S. E. (2002). Can groups learn? *Teachers College Record, 104*(6), 1045–1068.

Cohen, E. G., Lotan, R. A., Scarloss, B. A., & Arellano, A. R. (1999). Complex instruction: Equity in cooperative learning classrooms. *Theory into Practice, 38*(2), 80–86.

Cohen, P. A., Kulik, J. A., & Kulik, C. C. (1982). Education outcomes of tutoring: A metaanalysis of findings. *American Educational Research Journal, 19,* 237–248.

Coleman, E. B. (1998). Using explanatory knowledge during collaborative problem solving in science. *Journal of the Learning Sciences, 7*(3–4), 387–427.

Collins, A., Brown, J. S., & Newman, S. E. (1989). Cognitive apprenticeship: Teaching the crafts of reading, writing, and mathematics. In L. B. Resnick (Ed.), *Knowing, learning, and instruction: Essays in honor of Robert Glaser* (pp. 453–494). Mahwah, NJ: Erlbaum.

Cook, S. B., Scruggs, T. E., Mastropieri, M. A., & Castro, G. C. (1985). Handicapped students as tutors. *Journal of Special Education, 19,* 483–492.

Cornelius, L. L., & Herrenkohl, L. R. (2004). Power in the classroom: How the classroom environment shapes students' relationships with each other and with concepts. *Cognition and Instruction, 22*(4), 467–498.

Dale, H. (1994). Collaborative writing interactions in one ninth-grade classroom. *Journal of Educational Research, 87*(6), 334–344.

Damico, J., & Riddle, R. L. (2004). From answers to questions: A beginning teacher learns to teach for social justice. *Language Arts, 82*(1), 36–46.

Damon, W. (1984). Peer education: The untapped potential. *Journal of Applied Developmental Psychology, 5*(4), 331–343.

Danielson, C. & Abrutyn, L. (1997). *An Introduction to Using Portfolios in the Classroom.* Alexandria, VA: Association for Supervision and Curriculum Development.

Darling-Hammond, L. (1997). *The right to learn: A blueprint for creating schools that work.* San Francisco: Jossey-Bass.

Darling-Hammond, L., & Ancess, J. (1994). *Graduation by portfolio at Central Park East Secondary School.* New York: National Center for Restructuring Education, Schools, and Teaching, Teachers College, Columbia University.

Darling-Hammond, L., Ancess, J., & Falk, B. (1995). *Authentic assessment in action.* New York: Teachers College Press.

Darling-Hammond, L., Ancess, J., & Ort, S. (2002). Reinventing high school: Outcomes of the Coalition Campus Schools Project. *American Educational Research Journal, 39*(3), 639–673.

Darling-Hammond, L., & McLaughlin, M. W. (1995). Policies that support professional development in an era of reform. *Phi Delta Kappan, 76*(8), 597–604.

Darling-Hammond. L., & Rustique-Forrester, E. (2005). The Consequences of Student Testing for Teaching and Teacher Quality. In J. Herman & E. Haertel (Eds.), *The uses and misuses of data in accountability testing.* 104th Yearbook of the National Society for the Study of Education, Part II, pp. 289–319. Malden, MA: Blackwell.

Davis, E. A. (2003). Prompting middle school science students for productive reflection: Generic and directed prompts. *The Journal of the Learning Sciences, 12*(1), 91–142.

Davis, P. J., & Hersh, R. (1981). *The Mathematical Experience.* Boston: Birkhauser.

Deci, E. L., & Ryan, R. M. (1985). *Intrinsic motivation and self-determination in human behavior.* New York: Plenum.

De La Paz, S. (2005). Effects of historical reasoning instruction and writing strategy mastery in culturally and academically diverse middle school classrooms. *Journal of Educational Psychology, 97*(2), 139–156.

Deshler, D., & Schumaker, J. (1986). Learning strategies: An instructional alternative for low-achieving adolescents. *Exceptional Children, 52,* 583–590.

Desimone, L., Porter, A., Garet, M., Yoon, K., & Birman, B. (2002). Effects of professional development on teachers' instruction: Results from a three-year longitudinal study. *Education Evaluation and Policy Analysis, 24*(2), 81–112.

Deutsch, M. (1949). A theory of cooperation and competition. *Human Relations, 2,* 129–152.

Devries, D., I Edwards, K. (1973). Learning games and student teams: Their effect on classroom process. *American Educational Research Journal, 10,* 307–318.

diSessa, A. (1983). Phenomenology and the evolution of intuition. In D. Gentner & A. L. Stevens (Eds.), *Mental models.* Mahwah, NJ: Erlbaum.

diSessa, A. (2006). A history of conceptual change research: Threads and fault lines. In R. K. Sawyer (Ed.), *The Cambridge handbook of the learning sciences.* New York: Cambridge University Press.

diSessa, A., Elby, A., & Hammer, D. (2002). J's epistemological stance and strategies. In G. M. Sinatra & P. R. Pintrich (Eds.), *Intentional conceptual change* (pp. 237–290). Mahwah, NJ: Erlbaum.

diSessa, A. A., Gillespie, N. M., & Esterly, J. B. (2004). Coherence versus fragmentation in the development of the concept of force. *Cognitive Science, 28*(6), 843–900.

diSessa, A. A., & Sherin, B. L. (1998). What changes in conceptual change? *International Journal of Science Education, 20*(10), 1155–1191.

Dochy, F., Segers, M., Van den Bossche, P., & Gijbels, D. (2003). Effects of problem-based learning: A meta-analysis. *Learning and Instruction, 13,* 533–568.

Dole, J., Duffy, G. G., Roehler, L. R., & Pearson, P. D. (1991). Moving from the old to the new: Research on reading comprehension instruction. *Review of Educational Research, 61*(2), 239–264.

Donovan, M. S., & Bransford, J. D. (Eds.). (2005). *How students learn: Science in the classroom.* Washington, DC: National Academies Press.

Driver, R., Newton, P., & Osborne, J. (2000). Establishing the norms of scientific argumentation in classrooms. *Science Education, 84,* 287–312.

Drucker, P. F. (1994, November). The age of social transformation. *Atlantic Monthly,* pp. 53–80.

Duit, R. (2006). *Bibliography: Students' and teachers' conceptions of science education.* Retrieved Jan. 2006 (www.ipn.uni-kiel.de/aktuell/stcse.html).

Duke, N., & Pearson, P. D. (2002). Effective practices for developing reading comprehension. In A. Farstrup & J. Samuels (Eds.), *What research has to say about reading instruction* (3rd ed., pp. 205–242). Newark, DE: International Reading Association.

Duke, N. K., & Pearson, P. D. (2001). How can I help children improve their comprehension? In *Teaching every child to read: Frequently-asked questions.* Ann Arbor, MI: Center for the Improvement of Early Reading Achievement.

Dunkin, M., & Biddle, B. (1974). *The study of teaching.* New York: Holt, Rinehart, and Winston.

Duschl, R. A., Schweingruber, H. A., & Shouse, A. W. (Eds.). (2007). *Talking science to school: Learning and teaching science in grades K-8.* Washington, DC: National Academies Press.

Edelson, D., Gordon, D., & Pea, R. (1999). Addressing the challenges of inquiry-based learning through technology and curriculum design. *Journal of the Learning Sciences, 8*(3&4), 391–450.

Engle, R. A., & Conant, F. R. (2002). Guiding principles for fostering productive disciplinary engagement: Explaining an emergent argument in a community of learners classroom. *Cognition and Instruction, 20*(4), 399–483.

Englert, C. S., Raphael, T. E., & Anderson, L. M. (1992). Socially mediated instruction: Improving students' knowledge and talk about writing. *Elementary School Journal, 92*(4), 411–449.

Etkina, E. (2000). Weekly reports: a two-way feedback tool. *Science Education 84,* 594–605.

Etkina, E., & Harper, K. A. (2002). Weekly Reports: Student Reflections on Learning. An Assessment Tool Based on Student and Teacher Feedback. *Journal of College Science Teaching, 31*(7), 476–480.

Expeditionary Learning Outward Bound (ELOB). (1997). *Expeditionary learning outward bound: Evidence of success.* Cambridge, MA: Author.

Expeditionary Learning Outward Bound (ELOB). (1999a). *A design for comprehensive school reform.* Cambridge, MA: Author.

Expeditionary Learning Outward Bound (ELOB). (1999b). *Early indicators from schools implementing New American Schools Designs.* Cambridge, MA: Author.

Falk, B., & Ort, S. (1997). *Sitting down to score: Teacher learning through assessment.* Presentation at the annual meeting of the American Educational Research Association, Chicago, IL.

Falk, J. H., Scott, C., Dierking, L. D., Rennie, L., & Cohen-Jones, M. (2004). Interactives and visitor learning. *Curator, 47,* 171–198.

Fennema, E., & Romberg, T. (Eds.) (1999). *Mathematics classrooms that promote understanding.* Mahwah, NJ: Erlbaum.

Fernandez, C. (2002). Learning from Japanese approaches to professional development: The case of lesson study. *Journal of Teacher Education, 53*(5), 393–405.

Fernandez, C., & Yoshida, M. (2004). *Lesson study: A Japanese approach to improving mathematics teaching and learning.* Mahwah, NJ: Erlbaum.

Ferrari, M., & Chi, M.T.H. (1998). The nature of naive explanations of natural selection. *International Journal of Science Education, 20*(10), 1231–1256.

Firestone, W. A., Mayrowetz, D., & Fairman, J. (1998). Performance-based assessment and instructional change: The effects of testing in Maine and Maryland. *Educational Evaluation and Policy Analysis, 20,* 95–113.

Fortus, D., Dershimer, R. C., Marx, R. W., Krajcik, J., & Mamlok-Naaman, R. (2004). Design-based science (DBS) and student learning. *Journal of Research in Science Teaching, 41*(10), 1081–1110.

Fountas, I. C., & Pinnell, G. S. (1996). *Guided reading: Good first teaching for all children.* Portsmouth, NH: Heinemann.

Frederiksen, J. R., & White, B. Y. (1997). *Reflective assessment of students' research within an inquiry-based middle school science curriculum.* Paper presented at the annual meeting of the American Educational Research Association, Chicago.

Freebody, P. (1992). A socio-cultural approach: Resourcing four roles as a literacy learner. In A. Watson & A. Badenhop (Eds.), *Prevention of reading failure* (pp. 48–60). Sydney: Ashton-Scholastic.

Freebody, P., & Luke, A. (1990). Literacies programs: Debates and demands in cultural context. *Prospect: Australian Journal of TESOL, 5*(7), 7–16.

Friedlaender, D., & Darling-Hammond, L. (2007). *High schools for equity: Policy supports for student learning in communities of color.* Palo Alto: School Redesign Network at Stanford University.

Gallagher, S. A., Stepien, W. J., & Rosenthal, H. (1992). The effects of problem-based learning on problem solving. *Gifted Child Quarterly, 36,* 195–200.

Gambrell, L. B. (1996). What research reveals about discussion. In L. B. Gambrell & J. F. Almasi (Eds.), *Lively discussions! Fostering engaged reading.* Newark, DE: International Reading Association.

Gambrell, L. B., & Morrow, L. M. (1996). Creating motivating contexts for literacy learning. In L. Baker, P. Afflerbach, & D. Reinking (Eds.), *Developing engaged readers in home and school communities.* Mahwah, NJ: Erlbaum.

Garcia, E. (1993). Language, culture, and education. In L. Darling-Hammond (Ed.), *Review of research in education, 19,* 51–98. Washington, DC: American Educational Research Association.

Gavelek, J. R., Raphael, T. E., Biondo, S. M., & Danhua, W. (1999). *Integrated literacy instruction: A review of the literature* (CIERA Report 2-001). Ann Arbor, MI: Center for the Improvement of Early Reading Achievement.

Gee, J. (2003). *What video games have to teach us about learning and literacy.* New York: Palgrave Macmillan.

Gentner, D., & Gentner, D. R. (1983). Flowing waters or teeming crowds: Mental models of electricity. In D. Gentner & A. L. Stevens (Eds.), *Mental models* (pp. 99–129). Mahwah, NJ: Erlbaum.

Gentner, D., & Markman, A. B. (1997). Structure mapping in analogy and similarity. *American Psychologist, 52,* 45–56.

Georghiades, P. (2004). From the general to the situated: Three decades of metacognition. *International Journal of Science Education, 26*(3), 365–383.

Gertzman, A., & Kolodner, J. L. (1996, July). A case study of problem-based learning in middle-school science class: Lessons learned. In Proceedings of the Second Annual Conference on the Learning Sciences (pp. 91–98), Evanston/Chicago.

Gick, M. L., & Holyoak, K. J. (1980). Analogical problem solving. *Cognitive Psychology, 12,* 306–355.

Gillies, R. (2004). The effects of cooperative learning on junior high school students during small group learning. *Learning and Instruction, 14,* 197–213.

Ginsburg-Block, M. D., Rohrbeck, C. A., & Fantuzzo, J. W. (2006). A meta-analytic review of social, self-concept, and behavioral outcomes of peer-assisted learning. *Journal of Educational Psychology, 98,* 732–749.

Glass, G. V., Coulter, D., Hartley, S., Hearold, S., Kahl, S., Kalk, J., & Sherretz, L. (1977). *Teacher "indirectness" and pupil achievement: An integration of findings.* Boulder: Laboratory of Educational Research, University of Colorado.

Goldberg, G. L., & Rosewell, B. S. (2000). From perception to practice: The impact of teachers' scoring experience on the performance based instruction and classroom practice. *Educational Assessment, 6,* 257–290.

Goldenberg, C. (1991). *Instructional conversations and their classroom applications.* Center for Research on Education, Diversity & Excellence Paper EPR02. Retrieved December 1, 2006 (http://repositories.cdlib.org/crede/ncrcdslleducational/ EPR02).

Goldenberg, C. (1993). Instructional conversations: Promoting comprehension through discussion. *Reading Teacher, 46*(4), 316–326.

Good, T. L., & Brophy, J. E. (1986). *Educational Psychology* (3rd ed.). New York: Longman. Goodlad, S., & Hirst, B. (1989). *Peer tutoring: A guide to learning by teaching.* London: Kogan Page.

Graham, S., & Harris, K. R. (2005a). Improving the writing performance of young struggling writers: Theoretical and programmatic research from the Center on Accelerating Student Learning. *Journal of Special Education, 39*(1), 19–33.

Graham, S., & Harris. K. (2005b). *Writing better: Effective strategies for teaching students with learning difficulties.* New York: Brookes.

Graham, S., & Perin. D. (2007). *Writing next: Effective strategies to improve writing of adolescents in middle and high schools—A report to Carnegie Corporation of New York.* Washington, DC: Alliance for Excellent Education.

Great Books Foundation. (n.d.). Research on Junior Great Books and shared inquiry. Retrieved September 3, 2006 (http://www.greatbooks.org/programs-for-all-ages/junior/jgbadministrators/jgbresearch/research-on-shared-inquiry.html).

Gresalfi, M., & Cobb, P. (2006). Cultivating students' discipline-specific dispositions as a critical goal for pedagogy and equity. *Pedagogies, 1,* 49–58.

Guensburg, C. (2006). Reading rules: The word of the day is 'literacy.' *Edutopia.* Retrieved January 29, 2008 (http://www.edutopia.org/reading-rules).

Gunderson, S., Jones, R., & Scanland, K. (2004). *The jobs revolution: Changing how America works.* Copywriters, Inc.

Gunstone, R., & White, R. (2000). Goals, methods and achievements of research in science education. In R. Millar, J. Leach, & J. Osborne (Ed.), *Improving science education* (pp. 293–307). Buckingham, UK: Open University Press.

Guthrie, J. T., Anderson, E., Alao, S., & Rinehart, J. (1999). Influences of concept-oriented reading instruction on strategy use and conceptual learning from text. *Elementary School Journal, 99*(4), 343.

Guthrie, J. T., & Ozgungor, S. (2002). Instructional contexts for reading engagement. In C. C. Block & M. Pressley (Eds.), *Comprehension instruction: Research-based best practices.* New York: Guilford Press.

Guthrie, J. T., & Wigfield, A. (2000). Engagement and motivation in reading. In M. L. Kamil, P. B. Mosenthal, P. D. Pearson, & R. Barr (Eds.), *Handbook of reading research, vol. 3* (pp. 403–422). Mahwah, NJ: Erlbaum.

Guthrie, J. T., Wigfield, A., Humenick, N. M., Perencevich, K. C., Taboada, A., & Barbosa, P. (2006). Influences of stimulating tasks on reading motivation and comprehension. *Journal of Educational Research, 99*(4), 232–245. Haney, W. (2000). The myth of Texas miracle in education. *Education Policy Analysis Archives, 8* (41), Retrieved April 19, 2008, from http://epaa.asu.edu/epaa/v8n41/ Hapgood, S., Magnusson, S. J., & Palincsar, A. S. (2004). Teacher, text, and experience: A case of young children's scientific inquiry. *Journal of the Learning Sciences, 13*(4), 455–505.

Harel, I. (1991). *Children designers.* Westport, CT: Ablex.

Hartley, S. S. (1977). *A meta-analysis of effects of individually paced instruction in mathematics.* Unpublished doctoral dissertation, University of Colorado at Boulder.

Hatano & Iganaki. (1991). Sharing cognition through collective comprehension activity. In L. B. Resnick, J. Levine, & S. Teasley (Eds.), *Perspectives on socially shared cognition* (pp. 331–348). Washington, DC: American Psychological Association.

Herman, J. L. (2002). *Black-white-other test score gap: Academic achievement among mixed race adolescents.* Institute for Policy Research Working Paper. Evanston, IL: Northwestern University Institute for Policy Research.

Herman, J. L., Klein, D.C.D., Heath, T. M., & Wakai, S. T. (1995). *A first look: Are claims for alter-

native assessment holding up? CSE Technical Report. Los Angeles: UCLA National Center for Research on Evaluation, Standards, and Student Testing.

Hidi, S., & Renninger, K. A. (2006). The four-phase model of interest development. *Educational Psychologist, 41*(2), 111–127.

Hmelo, C. E. (1995). Development of independent learning and thinking: A study of medical problem-solving and problem-based learning. ProQuest Information & Learning. *Dissertation Abstracts International Section A: Humanities and Social Sciences, 56*(1), 143.

Hmelo, C. E. (1998a). Cognitive consequences of problem-based learning for the early development of medical expertise. *Teaching and Learning in Medicine, 10*(2), 92–100.

Hmelo, C. E. (1998b). Problem-based learning: Effects on the early acquisition of cognitive skill in medicine. *Journal of the Learning Sciences, 7*(2), 173–208.

Hmelo-Silver, C. E. (2004). Problem-based learning: What and how do students learn? *Educational Psychology Review, 16*(3), 235–266.

Hmelo-Silver, C. E. (2006). Design principles for scaffolding technology-based inquiry. In A. M. O'Donnell, C. E. Hmelo-Silver, & G. Erkens (Eds.), *Collaborative learning, reasoning, and technology* (pp. 147–170). Mahwah, NJ: Erlbaum.

Hmelo-Silver, C. E., & Barrows, H. S. (2006). Goals and strategies of a problem-based learning facilitator. *Interdisciplinary Journal of Problem-based Learning, 1,* 21–39.

Hmelo, C. E., Holton, D. L., & Kolodner, J. L. (2000). Designing to learn about complex systems. *Journal of the Learning Sciences, 9*(3), 247–298.

Hmelo-Silver, C. E., Nagarajan, A., & Day, R. S. (2002). "It's harder than we thought it would be": A comparative case study of expert-novice experimentation strategies. *Science Education, 86*(2), 219–243.

Hogarth, S., Bennett, J., Campbell, B., Lubben, F., & Robinson, A. (2005). A systematic review of the use of small-group discussions in science teaching with students aged 11–18, and the effect of different stimuli (print materials, practical work, ICT, video/film) on students' understanding of evidence. In *Research Evidence in Education Library.* London: EPPI-Centre, Social Science Research Unit, Institute of Education, University of London.

Holyoak, K. J., & Thagard, P. (1997). The analogical mind. *American Psychologist, 52,* 35–44. Horan, C., Lavaroni, C., & Beldon, P. (1996). *Observation of the Tinker Tech Program students for critical thinking and social participation behaviors.* Novato, CA: Buck Institute for Education. Horwitz, R. A. (1979). Effects of the "open" classroom. In H. J. Walberg (Ed.), *Educational environments and effects: Evaluation, policy and productivity* (pp. 275–292). Berkeley, CA: McCutchan.

Jenkins, James J. (1979). "Four Points to Remember: A Tetrahedral Model of Memory Experiments," in Laird S. Cermak & Fergus I.M. Craik (Eds.), *Levels of Processing and Human Memory.* Hillsdale, NJ: Lawrence Erlbaum Associates

Jensen, M. S., & Finley, F. N. (1995). Teaching evolution using historical arguments in a conceptual change strategy. *Science Education, 79*(2), 147–166.

Jimenez-Aleixandre, M. P., Rodriguez, A. B., & Duschl, R. A. (2000). "Doing the lesson"or "Doing science": Argument in high school genetics. *Science Education, 84*(6), 757–792.

Johnson, D. W., & Johnson, R. T. (1981). Effects of cooperative and individualistic learning experiences on interethnic interaction. *Journal of Educational Psychology, 73,* 444–449. Johnson, D. W., & Johnson, R. T. (1983). Social interdependence and perceived academic and personal support in the classroom. *Journal of Social Psychology, 120,* 77–82. Johnson, D. Johnson, R. (1989). *Cooperation and competition: Theory and research.* Interaction Book Company; Edina, MN.

Johnson, D. W., & Johnson, R. T. (1999a). *Cooperative learning and assessment.* Access ERIC. Japan:

FullText.
Johnson, D., & Johnson, R. (1999b). Making cooperative learning work. *Theory into Practice, 38*(2), 67–73.
Johnson, D. W., Maruyama, G., Johnson, R., Nelson, D., & Skon, L. (1981). Effects of cooperative, competitive, and individualistic goal structures on achievement: A meta-analysis. *Psychological Bulletin, 89,* 47–62 (http://dx.doi.org/10.1037/0033-2909.89.1.47).
Jones, B. D., & Egley, R. J. (2004). Voices from the frontlines: Teachers' perceptions of high-stakes testing. *Education Policy Analysis Archives, 12*(39). Retrieved April 19, 2008, from http://epaa.asu.edu/epaa/v12n39/
Jones, M.G., Jones, B.D., Hardin, B., Chapman, L., & Yarbrough, T.M. (1999). The impact of high-stakes testing on teachers and students in North Carolina. *Phi Delta Kappan, 81*(3), 199–203.
Juel, C. (1988). Learning to read and write: A longitudinal study of 54 children from first through fourth grades. *Journal of Educational Psychology, 80*(4), 437–447.
Jukes, I., & McCain, T. (2002, June 18). *Living on the future edge.* InfoSavvy Group and Cyster. Kafai, Y. (1994). *Minds in play: Computer game design as a context for children's learning.* Mahwah, NJ: Erlbaum.
Kafai, Y. B., & Ching, C. C. (2001). Talking science within design: Learning through design as a context. *Journal of the Learning Sciences, 10,* 323–363.
Kerbow, D. (1997). *Preliminary evaluation of Junior Great Books Program, Chicago Elementary Schools: 1995–1996 School Year.* Unpublished manuscript. Kilpatrick, W. H. (1918). The project method. *Teachers College Record, 19,* 319–335.
King, A. (1990). Enhancing peer interaction and learning in the classroom through reciprocal peer questioning. *American Educational Research Journal, 27*(4), 664–687.
Klahr, D., & Nigam, M. (2004). The equivalence of learning paths in early science instruction. *Psychological Science, 15*(10), 661–667.
Klein, S. P., Hamilton, L. S., McCaffrey, D. F., & Stecher, B. M. (2000). *What do test scores in Texas tell us?* Santa Monica: RAND.
Klenowski, V. (1995). Student self-evaluation process in student-centered teaching and learning contexts of Australia and England. *Assessment in Education, 2,* 145–163.
Knapp, M. S. (Ed.). (1995). *Teaching for meaning in high-poverty classrooms.* New York: Teachers College Press.
Kolodner, J. L. (1997). Educational implications of analogy: A view from case-based reasoning. *American Psychologist, 52*(1), 57–66.
Kolodner, J. L., & Barab, S. (2004). Erratum. *Journal of the Learning Sciences, 13*(3), 453. Kolodner, J. L., Camp, P. J., Crismond, D., Fasse, B., Gray, J., Holbrook, J., et al. (2003). Problem-based learning meets case-based reasoning in the middle-school science classroom: Putting Learning by Design™ into practice. *Journal of the Learning Sciences, 12*(4), 495–547.
Kolodner, J. L., & Guzdial, M. (2000). Theory and practice of case-based learning aids. In D. H. Jonassen & S. M. Land (Eds.), *Theoretical foundations of learning environments* (pp. 215–242). Mahwah, NJ: Erlbaum.
Kolodner, J. L., Owensby, J. N., & Guzdial, M. (2004). *Case-based learning aids.* Mahwah, NJ: Erlbaum.
Kong, A., & Pearson, D. (2003). The road to participation: The construction of a literacy practice in a learning community of linguistically diverse learners. *Research in the Teaching of English, 38*(1), 85–124.
Koretz, D., & Barron, S. I. (1998). *The validity of gains on the Kentucky Instructional Results Infor-*

mation System (KIRIS). Santa Monica: RAND, MR-1014-EDU.

Koretz, D., Linn, R. L., Dunbar, S. B., & Shepard, L. A. (1991, April). The effects of highstakes testing: Preliminary evidence about generalization across tests. In R. L. Linn (Chair), *The effects of high stakes testing.* Symposium presented at the annual meeting of the American Educational Research Association and the National Council on Measurement in Education, Chicago.

Koretz, D., Mitchell, K. J., Barron, S. I., & Keith, S. (1996). *Final report: Perceived effects of the Maryland school performance assessment program.* CSE Technical Report. Los Angeles: UCLA National Center for Research on Evaluation, Standards, and Student Testing.

Koretz, D., Stecher, B., & Deibert, E. (1992). *The Vermont portfolio program: Interim report on implementation and impact, 1991–92 school year.* Santa Monica: RAND.

Kortland, K. (1996). An STS case study about students' decision making on the waste issue. *Science Education, 80*(6), 673–689.

Krajcik, J. S., Blumenfeld, P. C., Marx, R. W., Bass, K. M., Fredericks, J., & Soloway, E. (1998). Inquiry in project-based science classrooms: Initial attempts by middle school students. *Journal of the Learning Sciences, 7,* 313–350.

Lampert, M. (1986). Teachers' strategies for understanding and managing classroom dilemmas. In M. Ben Peretz, R. Bromme, & R. Halkes (Eds.), *Advances of Research on Teacher Thinking* (pp. 70–83). Lisse, The Netherlands: Svets and Zeitlinger.

Lampert, M. (1989). Research into practice: Arithmetic as problem solving. *Arithmetic Teacher, 36*(7), 34–36.

Lampert, M. (1990). When the problem is not the question and the solution is not the answer: Mathematical knowing and teaching. *American Educational Research Journal, 27,* 29–63.

Lampert, M. (2001). *Teaching problems and the problem of teaching.* New Haven, CT: Yale University Press.

Lampert, M. & Eshelman A. S. (1995, April). *Using technology to support effective and responsible teacher education: The case of interactive multimedia in mathematics methods courses.* Paper presented at the annual meeting of the American Educational Research Association, San Francisco.

Lane, S., Stone, C. A., Parke, C. S., Hansen, M. A., & Cerrillo, T. L. (2000, April). *Consequential evidence for MSPAP from the teacher, principal and student perspective.* Paper presented at the annual meeting of the National Council on Measurement in Education, New Orleans.

Latour, B. (1988). Science in action: How to follow scientists and engineers through society. Cambridge, MA: Harvard University Press.

Latour, B. & Woolgar, S. (1979). Labratory life: The social construction of scientific facts. Thousand Oaks, CA: Sage.

Lee, V. E., Bryk, A. S., & Smith, J. B. (1993). The organization of effective secondary schools. In L. Darling-Hammond (Ed.), *Review of research in education.* Washington, DC: American Educational Research Association.

Lee, V. E., Smith, J. B., & Croninger, R. G. (1995). *Another look at high school restructuring. Issues in Restructuring Schools.* Madison: University of Madison-Wisconsin, Center on Organization and Restructuring of Schools.

Lee, V. E., Smith, J. B., & Croninger, R. G. (1997). How high school organization influences the equitable distribution of learning in mathematics and science. *Sociology of Education, 70*(2), 128–150.

Lehrer, R., & Romberg, T. (1996). Exploring children's data modeling. *Cognition and Instruction, 14, 69–108.

Leinhart, G., & Greeno, J. G. (1986). The cognitive skill of teaching. *Journal of Educational Psychology, 78,* 75–95.

Leinhart, G., & Smith, D. (1985). Expertise in math instruction: Subject matter knowledge. *Journal of Educational Psychology, 77,* 241–271.

Lemke, J. L. (2001). Articulating communities: Sociocultural perspectives on science education. *Journal of Research in Science Teaching, 38*(3), 296–316.

Levy, F., & Murnane. R. (2004). *The new division of labor: How computers are creating the next job market.* Princeton, NJ: Princeton University Press.

Lewis, C., & Tsuchida, I. (1998). The basics in Japan: The three C's (connection, character and content). *Educational Leadership, 55*(6), 32–37.

Lieberman, A. (1995). *The work of restructuring schools: Building from the ground up.* New York: Teachers College Press.

Lieberman, A., & Wood, D. (2002). *Inside the national writing project: Connecting network learning and classroom teaching.* New York: Teachers College Press.

Linde, C. (1988). The quantitative study of communicative success: Politeness and accidents in aviation discourse. *Language and Society, 17,* 375–399.

Linn, M. C. (2006). The knowledge integration perspective on learning and instruction. In R. K. Sawyer (Ed.), *The Cambridge handbook of the learning sciences.* New York: Cambridge University Press.

Linn, M. C., Clark, D., & Slotta, J. D. (2003). WISE design for knowledge integration. *Science Education, 87*(4), 517–538.

Linn, M. C., Davis, E. A., & Bell, P. (Eds.). (2004). *Internet environments for science education.* Mahwah, NJ: Erlbaum.

Linn, M. C., & Hsi, S. (2000). *Computers, teachers, peers: Science learning partners.* Mahwah, NJ: Erlbaum.

Linn, R. L. (2000). Assessments and accountability. *Educational Researcher, 29*(2), 4–16. Linn, R. L., Graue, M. E., & Sanders, N. M. (1990). Comparing state and district test results to national norms: The validity of claims that "everyone is above average." *Educational Measurement: Issues and Practice, 9,* 5–14.

Little, J. W. (1993). Teacher development in a climate of educational reform. *Educational Evaluation and Policy Analysis, 15*(2) 129–151.

Luke, A., & Freebody, P. (1999). Further notes on the four resources model. *Reading Online.* Retrieved December 10, 2006 (http:www.readingonline.org/research/lukefrebody.html).

Lundeberg, M. A., Levin, B. B., & Harrington, H. L. (Eds.) (1999). *Who learns what from cases and how? The research base for teaching and learning with cases.* New Jersey: Lawrence Erlbaum Associates, Inc.

Ma, L. (1999). *Knowing and teaching elementary mathematics.* Mahwah, NJ: Erlbaum. Madison, B. L., & Hart, T. A. (1990). *A challenge of numbers: People in the mathematical sciences.* Washington, DC: National Academies Press.

Magnusson, S., & Palincsar, A. S. (2004). Learning from text designed to model scientific thinking in inquiry-based instruction. In W. Saul (Ed.), *Crossing borders: Connecting science and literacy.* Newark, DE: International Reading Association.

Markus, H., & Nurius, P. (1986). Possible selves. *American Psychologist, 41,* 954–969. Marx, R. W., Blumenfeld, P. C., Krajcik, J., Blunk, M., Crawford, B., Kelly, B., and Meyer, K. (1994). Enacting project-based science: Experiences of four middle grade teachers. *Elementary School Journal,*

94(5), 499–516.

Mason, L. (2004). Fostering understanding by structural alignment as a route to analogical reasoning. *Instructional Science, 32,* 293–318.

Mathematics Learning Study Committee, National Research Council, Jeremy Kilpatrick, Jane Swafford, & Bradford Findell (Eds.) *Adding it Up: Helping Children Learn Mathematics.* National Academies Press (2001).

McCloskey, M., Caramazza, A., & Green, B. (1980). Curvilinear motion in the absence of external forces: Naive beliefs about the motion of objects. *Science, 210*(12), 1139–1141.

McCloskey, M., & Kohl, D. (1983). Naive physics: The curvilinear impetus principle and its role in interactions with moving objects. *Journal of Experimental Psychology, 9,* 146–156.

McDonald, J. (1993). Planning backwards from exhibitions. *Graduation by exhibition: Assessing genuine achievement.* Alexandria, VA: Association for Supervision and Curriculum Development.

McDowell, C., Werner, L., Bullock, H., & Fernald, J. (2006, August). Pair programming improves student retention, confidence, and program quality. *Communications of the ACM Archive, 49*(8), 90–95.

McKeachie, W. J., & Kulik, J. A. (1975). Effective college teaching. In F. N. Kerlinger (Ed.), *Review of research in education* (vol. *3,* pp. 165–209). Itasca, IL: Peacock.

McKeown, M. G., Beck, I. L., Sinatra, G. M., & Loxterman, J. A. (1992). The contribution of prior knowledge and coherent text to comprehension. *Reading Research Quarterly, 27*(1), 79–93.

McKnight, C. C., Crosswhite, F. J., Dossey, J. A., Kifer, E., Swafford, J. O., Travers, K. J., & Cooney, T. J. (1987). *The underachieving curriculum: Assessing U.S. school mathematics from an international perspective.* Champaign, IL: Stipes.

Mercier, E., Barron, B., & O'Connor, K. (2006). Images of self and others as computer users: The role of gender and experience. *Journal of Computer Assisted Learning* (Special issue on gender and new digital media), *22,* 1–14.

Meyer, D. K., Turner, J. C., & Spencer, C. A. (1997). Challenge in a mathematics classroom: Students' motivation and strategies in project-based learning. *The Elementary School Journal, 97*(5), 501–521.

Miller, L., & Silvernail, D. L. (1994). Wells Junior High School: Evolution of a professional development school. In L. Darling-Hammond (Ed.), *Professional development schools: Schools for developing a profession* (pp. 28–49). New York: Teachers College Press.

Moore, A., Sherwood, R., Bateman, H., Bransford, J., & Goldman, S. (1996, April). *Using problem-based learning to prepare for project-based learning.* Paper presented at the annual meeting of the American Educational Research Association, New York.

Moore, P. J. (1988). Reciprocal teaching and reading comprehension: A review. *Journal of Research in Reading, 11,* 3–14.

More than robots: An evaluation of the FIRST Robotics Competition participant and institutional impacts. Prepared by A. Melchior, F. Cohen, T. Cutter, & T. Leavitt, Center for Youth and Communities, Heller School for Social Policy and Management, Brandeis University, Waltham, MA (http://www.usfirst.org/uploadedFiles/Who/Impact/ Brandeis_Studies/FRC_eval_finalrpt.pdf; accessed Oct. 22, 2007).

Murnane, R., & Levy, F. (1996). *Teaching the new basic skills.* New York: Free Press.

Nasir, N. S. (2005). Individual cognitive structuring and the sociocultural context: Strategy shifts in the game of dominoes. *Journal of the Learning Sciences, 14*(1), 5–34.

Nasir, N., & Kirshner, B. (2003). The cultural construction of moral and civic identities. *Applied*

Developmental Science, 7, 138–147.
National Center for Educational Statistics (NCES). (2003). *Trends in international mathematics and science study 2003 results.* Washington, DC: Institute of Education Science, U.S. Department of Education.
National Center for Educational Statistics (NCES). (2005). *National assessment of educational progress, the Nation's Report Card: Science 2005 executive summary.* Washington, DC: Institute of Education Science, U.S. Department of Education.
National Commission on Excellence in Education (1983). *A nation at risk.* Washington, DC: U.S. Government Printing Office.
National Council of Teachers of Mathematics (NCTM). (1989). *Curriculum and evaluation standards for school mathematics.* Reston, VA: Author.
National Council of Teachers of Mathematics (NCTM). (1991). *Professional standards for teaching mathematics.* Reston, VA: Author.
National Council of Teachers of Mathematics (NCTM). (2000). *Principles and standards for school mathematics.* Reston, VA: Author.
National Council of Teachers of Mathematics (NCTM). (2006). *Curriculum focal points for prekindergarten through grade 8 mathematics.* Reston, VA: Author.
National Institute for Science Education. 2003. (www.wcer.wisc.edu/nise/CL1).
National Reading Panel. (2000). *Teaching children to read: An evidence-based assessment of the scientific research literature on reading and its implications for reading instruction.* Washington, DC: National Institute of Child Health and Human Development.
National Research Council. (1989). *Everybody counts: A report to the nation on the future of mathematics education.* Washington, DC: National Academies Press.
National Research Council. (1996). *National science education standards.* Washington, DC: National Academies Press.
New American Schools Development Corporation. (1997). *Working towards excellence: Results from schools implementing New American Schools designs.* Washington, DC: Author.
Newmann, F. M. (1996). *Authentic achievement: Restructuring schools for intellectual quality.* San Francisco: Jossey-Bass.
Newmann, F. M., Marks, H. M., & Gamoran, A. (1995). Authentic pedagogy: Standards that boost student performance. *Issues in Restructuring Schools, 8,* 1–4.
Newmann, F. M., Marks, H. M., & Gamoran, A. (1996). Authentic pedagogy and student performance. *American Journal of Education, 104*(4), 280–312.
Newmann, F. M., & Wehlage, G. G. (1995). *Successful school restructuring.* Madison: University of Wisconsin, Center for Organizational Restructuring of Schools.
Newstetter, W. (2000). Bringing design knowledge and learning together. In C. Eastman, W. Newstetter, & M. McCracken (Eds.), *Design knowing and learning: Cognition in design education.* New York: Elsevier Science Press.
North Central Regional Educational Laboratory (2003). EnGauge 21st century skills: Literacy in the digital age. Report by NCREL funded by the Institute of Education Sciences (IES) and the U.S. Department of Education (http://www.ncrel.org/engauge).
Nystrand, M., Gamoran, A., & Heck, M. (1993). Using small groups for response to and thinking about literature. *English Journal, 82*(1), 14–22.
Nystrand, M., Gamoran, A., Kachur, R., & Prendergast, C. (1997). *Opening dialogue: Understanding the dynamics of language and learning in the English classroom.* New York: Teachers College Press.

O'Donnell, A. M. (1987). Cooperative procedural learning: The effects of planning and prompting activities. ProQuest Information & Learning. *Dissertation Abstracts International, 47*(8), 3561–3562.

O'Donnell, A. M. (2006). The role of peers and group learning. In P. Alexander & P. Winne (Eds.), *Handbook of educational psychology* (2nd ed.). Mahwah, NJ: Erlbaum.

O'Donnell, A. M., & Dansereau, D. F. (1992). Scripted cooperation in student dyads: A method for analyzing and enhancing academic learning and performance. In R. Hertz-Lazarowitz & N. Miller (Eds.), *Interaction in cooperative groups: The theoretical anatomy of group learning* (pp. 120–141). New York: Cambridge University Press.

O'Donnell, A. M., & Derry, S. J. (2005). Cognitive processes in interdisciplinary groups: Problems and possibilities. In S. J. Derry, C. D. Schunn, & M. A. Gernsbacher (Eds.), *Interdisciplinary collaboration: An emerging cognitive science* (pp. 51–82). Mahwah, NJ: Erlbaum.

O'Donnell, A. M., Hmelo-Silver, C. E., & Erkens, G. (Eds.). (2006). *Collaborative learning, reasoning, and technology.* Mahwah, NJ: Erlbaum.

O'Donnell, A. M., & King, A. (Eds.). (1999). *Cognitive perspectives on peer learning.* Mahwah, NJ: Erlbaum.

O'Donnell, A. M., & O'Kelly, J. (1994). Learning from peers: Beyond the rhetoric of positive results. *Educational Psychology Review, 6*(4), 321–349.

O'Donnell, A. M., Rocklin, T. R., Dansereau, D. F., & Hythecker, V. I. (1987). Amount and accuracy of information recalled by cooperative dyads: The effects of summary type and alternation of roles. *Contemporary Educational Psychology, 12*(4), 386–394.

Palincsar, A. S., & Brown, A. L. (1984). Reciprocal teaching of comprehension-fostering and comprehension-monitoring activities. *Cognition and Instruction, 1*(2), 117–175.

Palincsar, A. S., & Brown, A. L. (1986). Interactive teaching to promote independent learning from text. *Reading Teacher, 39,* 771–777.

Palincsar, A. S., & Duke, N. K. (2004). The role of text and text-reader interactions in young children's reading development and achievement. *Elementary School Journal, 105*(2), 183–197.

Palincsar, A. S., & Herrenkohl, L. (1999). Designing collaborative contexts: Lessons from three research programs. In A. M. O'Donnell & A. King (Eds.), *Cognitive perspectives on peer learning* (pp. 151–177). Mahwah, NJ: Erlbaum.

Palincsar, A. S., & Herrenkohl, L. (2002). Designing collaborative learning contexts. *Reading Teacher, 41*(1), 26–32.

Palincsar, A. S., & Magnusson, S. J. (2001). The interplay of firsthand and text-based investigations to model and support the development of scientific knowledge and reasoning. In S. Carver & D. Klahr (Eds.), *Cognition and instruction: Twenty-five years of progress* (pp. 151–194). Mahwah, NJ: Erlbaum.

Paris, S. G., Cross, D. R., & Lipson, M. Y. (1984). Informed strategies for learning: A program to improve children's reading awareness and comprehension. *Journal of Educational Psychology, 76,* 1239–1252.

Paris, S. G., Lipson, M. Y., & Wixson, K. (1983). Becoming a strategic reader. *Contemporary Educational Psychology, 8,* 293–316.

Paris, S. G., Lipson, M. Y., & Wixson, K. K. (1994). Becoming a strategic reader. In R. B. Ruddell, M. R. Ruddell, & H. Singer (Eds.), *Theoretical models and processes of reading* (4th ed., pp. 788–810). Newark, DE: International Reading Association.

Paris, S. G., Wasik, B. A., & Turner, J. C. (1991). The development of strategic readers. In R. Barr, M. Kamil, P. Mosenthal, & P. D. Pearson (Eds.), *Handbook of reading research* (2nd ed., pp.

609–640). New York: Longman.

Partnership for 21st Century Skills. (2004). Learning for the 21st century (http://www.21stcenturyskills.org).

Passmore, C., & Stewart, J. (2002). A modeling approach to teaching evolutionary biology in high schools. *Journal of Research in Science Teaching, 39*(3), 185–204.

Patronis, T., Potari, D., & Spiliotopoulou, V. (1999). Students' argumentation in decisionmaking on a socio-scientific issue: Implications for teaching. *International Journal of Science Education, 21*(7), 745–754.

Pearson, P. D., & Gallagher, M. C. (1983). The instruction of reading comprehension. *Contemporary Educational Psychology, 8*, 317–344.

Pearson, P. D., Roehler, L., Dole, J., & Duffy, G. (1992). Developing expertise in reading comprehension. In S. J. Samuels & A. E. Farstrup (Eds.), *What research says to the teacher* (2nd ed., pp. 145–199) Newark, DE: International Reading Association.

Peck, J. K., Peck, W., Sentz, J., & Zasa, R. (1998). Students' perceptions of literacy learning in a project-based curriculum. In E. G. Sturtevant, J. A. Dugan, P. Linder, & W. M. Linek (Eds.), *Literacy and community* (pp. 94–100). Texas A&M University: College Reading Association.

Penner, D. E., Giles, N. D., Lehrer, R., & Schauble, L. (1997). Building functional models: Designing an elbow. *Journal of Research in Science Teaching, 34*(2), 1–20.

Penuel, W. R., Means, B., & Simkins, M. B. (2000). The multimedia challenge. *Educational Leadership, 58*, 34–38.

Perkins, D. (1998) "What is Understanding?" In Wiske (Ed.) *Teaching for Understanding*. San Francisco: Jossey-Bass.

Perkins, D. N. (1986). *Knowledge as design*. Mahwah, NJ: Erlbaum.

Peterson, P. (1979). Direct instruction reconsidered. In P. Peterson & H. Walberg (Eds.), *Research on teaching: Concepts, findings, and implications* (pp. 57–69). Berkeley, CA: McCutchan.

Petrosino, A. J. (1998). *The use of reflection and revision in hands-on experimental activities by at-risk children*. Unpublished doctoral dissertation, Vanderbilt University, Nashville.

Phelps, E., & Damon, W. (1989). Problem solving with equals: Peer collaboration as a context for learning mathematics and spatial concepts. *Journal of Educational Psychology, 81*(4), 639–646.

PISA. (2003). *Programme for International Student Assessment*. Retrieved Jan., 2007, from Organisation for Economic Co-operation and Development (http://www.pisa.oecd.org/). Polman, J. L. (2004). Dialogic activity structures for project-based learning environments. *Cognition and Instruction, 22*(4), 431–466.

Polman, J. L. (2006a). Mastery and appropriation as means to understand the interplay of history learning and identity trajectories. *Journal of the Learning Sciences, 15*(2), 221–259.

Polman, J. L. (2006b). A starting point for inquiry into inquiry. *PsycCRITIQUES, 51*(4). Popham, W. J. (1999). Why standardized test scores don't measure educational quality. *Educational Leadership, 56*(6), 8–15.

Pressley, M. (1998). Comprehension strategies instruction. In J. Osborn & F. Lehr (Eds.), *Literacy for all: Issues in teaching and learning* (pp. 113–133). New York: Guilford Press. Pressley, M. (2000). What should comprehension instruction be the instruction of? In M. L. Kamil, P. B. Mosenthal, P. D. Pearson, & R. Barr (Eds.), *Handbook of reading research* (vol. 3). Mahwah, NJ: Erlbaum.

Pressley, M., Wharton-McDonald, R., Rankin, J., Mistretta, J., Yokoi, L., & Ettenberger, S. (1996). The nature of outstanding primary-grades literacy instruction. In E. McIntyre & M. Pressley (Eds.), *Balanced instruction: Strategies and skills in whole language*. Norwood, MA: Christopher-Gordon.

Programme for International Student Assessment (PISA). (2003). *The PISA 2003 assessment framework: Mathematics, reading, science and problem solving knowledge and skills.* Retrieved Jan., 2007, from Organisation for Economic Co-operation and Development (http://www.pisa.oecd.org/).

Puntambekar, S., & Kolodner, J. L. (2005). Toward implementing distributed scaffolding: Helping students learn science from design. *Journal of Research in Science Teaching, 42*(2), 185–217.

Putnam, R. (2003). Commentary on four elementary mathematics curricula. In S. Senk & D. Thompson (Eds.), *Standards-based school mathematics curricula: What are they? What do students learn?* (pp. 161–178). Mahwah, NJ: Erlbaum.

Quin, Z., Johnson, D., & Johnson, R. (1995). Cooperative versus competitive efforts and problem solving. *Review of Educational Research, 65*(2), 129–143.

Raphael, T. E., Florio-Ruane, S., & George, M. (2001). *Book Club plus: A conceptual framework to organize literacy instruction.* Ann Arbor, MI: Center for the Improvement of Early Reading Achievement Report. Retrieved September 15, 2006 (http://www.ciera.org/library/reports/inquiry-3/3-015/3-015.htm).

Raphael, T. E., & McMahon, S. I. (1994). Book Club: An alternative framework for reading instruction. *Reading Teacher, 48*(2), 102–116.

Resnick, L. (1987). *Education and learning to think.* Washington, DC: National Academies Press.

Reznitskaya, A., Anderson, R. C., McNurlen, B., Nguyen-Jahiel, K., Archodidou, A., & Kim, S. (2001). Influence of oral discussion on written argument. *Discourse Processes* (Special Issue: Argumentation in psychology), *32*(2), 155. Retrieved December 10, 2006, from PsycINFO database.

Ridgway, J., Crust, R., Burkhardt, H., Wilcox, S., Fisher, L., & Foster, D. (2000). *MARS report on the 2000 tests.* San Jose, CA: Mathematics Assessment Collaborative.

Riel, M. (1995). Cross-classroom collaboration in global learning circles. In Susan Leigh Star (Ed.), *The Cultures of Computing* (pp. 219–242). Oxford: Blackwell Publishers/ The Sociological Review Monograph Series.

Rohrbeck, C. A., Ginsburg-Block, M. D., Fantuzzo, J. W., & Miller, T. R. (2003). Peerassisted learning interventions with elementary school students: A meta-analytic review. *Journal of Educational Psychology, 95,* 240–257 (http://dx.doi.org/10.1037/0022-0663.95.2.240).

Romance, N. R., & Vitale, M. R. (1992). A curriculum strategy that expands time for indepth elementary science instruction by using science-based reading strategies: Effects of a yearlong study in grade four. *Journal of Research in Science Teaching, 29*(6), 545–554.

Romance, N. R., & Vitale, M. R. (2001). Implementing an in-depth expanded science model in elementary schools: Multi-year findings, research issues, and policy implications. *International Journal of Science Education, 23*(4), 272–404.

Rosenfeld, M., & Rosenfeld, S. (1998). *Understanding the "surprises" in PBL: An exploration into the learning styles of teachers and their students.* Paper presented at the European Association for Research in Learning and Instruction (EARLI), Sweden.

Rosenshine, B., & Meister, C. (1994). Reciprocal teaching: A review of research. *Review of Educational Research, 64,* 479–530.

Ross, S. M., et al. (1999). *Two and three-year achievement results on the Tennessee valueadded assessment system for restructuring schools in Memphis.* Memphis: Center for Research in Educational Policy, University of Memphis.

Roth, W. M. (2006). Knowledge Diffusion in a Grade 4–5 Classroom During a Unit on Civil Engineering: An Analysis of a Classroom Community in Terms of Its Changing Resources and Practices *Cognition and Instruction, 14*(2), 179–220.

Rueda, R., Goldenberg, C., & Gallimore, R. (1992). *Rating instructional conversations: A guide.* (Research Report EPR4.) National Center for Research on Cultural Diversity and Second Language Learning. Retrieved December 1, 2006 (http://www.ncela.gwu.edu/pubs/ncrcdsll/epr4.htm).

Rutherford, F. J., & Ahlgren, A. (1991). *Science for all Americans.* New York: Oxford University Press.

Sadler, T. D. (2004). Informal reasoning regarding socioscientific issues: A critical review of research. *Journal of Research in Science Teaching, 41*(5), 513–536.

Salomon, G., & Perkins, D. (1998). Individual and social aspects of learning. *Review of Research in Education, 23,* 1–24.

Saunders, W. M., & Goldenberg, C. (1999). Effects of instructional conversations and literature logs on limitedand fluent-English-proficient students' story comprehension and thematic understanding. *Elementary School Journal, 99*(4), 277–301.

Savery, J. R., & Duffy, T. M. (1996). Problem based learning: An instructional model and its constructivist framework. In B. G. Wilson (Ed.), *Constructivist learning environments* (pp. 135–148). Englewood, NJ: Educational Technology Publications.

Scardamalia, M., Bereiter, C., & Lamon, M. (1994). The CSILE project: Trying to bring the classroom into world 3. In K. McGilly (Ed.), *Classroom lessons: Integrating cognitive theory & classroom practice* (pp. 201–228). Cambridge: MIT Press.

Schmidt, H. G., et al. (1996). The development of diagnostic competence: A comparison between a problem-based, an integrated, and a conventional medical curriculum. *Academic Medicine, 71,* 658–664.

Schmidt, W., Houang, R., & Cogan, L. (2002, Summer). A coherent curriculum: The case of mathematics. *American Educator, 2002*(1), 1–18.

Schneider, R., Krajcik, J., Marx, R. W., & Soloway, E. (2002). Performance of students in project-based science classrooms on a national measure of science achievement. *Journal of Research in Science Teaching, 39*(5), 410–422.

Schoenfeld, A. (1985). Metacognitive and epistemological issues in mathematical understanding. In A. Silver (Ed.), *Teaching and learning mathematical problem solving: Multiple research perspectives* (pp. 361–380). Mahwah, NJ: Erlbaum.

Schoenfeld, A. H. (1992). Learning to think mathematically: Problem solving, metacognition, and sense-making in mathematics. In D. Grouws (Ed.), *Handbook for Research on Mathematics Teaching and Learning* (pp. 334–370). New York: Macmillan.

Schoenfeld, A. H. (2002, January/February). Making mathematics work for all children: Issues of standards, testing, and equity. *Educational Researcher, 31*(1), 13–25.

Schoenfeld, A. H. (Ed.). (in press). A study of teaching: Multiple lenses, multiple views. *Journal for Research in Mathematics Education* monograph series. Reston, VA: National Council of Teachers of Mathematics.

Schwab, J. (1978). Education and the structure of the disciplines. In J. Westbury & N. Wilkof (Eds.), *Science, curriculum, and liberal education.* Chicago: University of Chicago Press.

Schwartz, D. L. (1995). The emergence of abstract representations in dyad problem solving. *Journal of the Learning Sciences, 4*(3), 321–354.

Schwartz, D. L, Lin, X. D., Brophy, S., & Bransford, J. D. (1999). Toward the development of flexibly adaptive instructional design. In C. Reigeluth (Ed.), *Instructional-design theories and models: New paradigms of instructional theory.* Mahwah, NJ: Erlbaum.

Schwartz, D. L., & Martin, T. (2004). Inventing to prepare for future learning: The hidden efficiency of encouraging original student production in statistics instruction. *Cognition and Instruction, 22*(2), 129–184.

Secretary's Commission on Achieving Necessary Skills (SCANS). (1991). *What work requires of schools.* Report published by the National Technical Information Service (NTIS), U.S. Department of Commerce.

Seethaler, S. L. (2003). *Controversy in the classroom: How eighth-grade and undergraduate students reason about tradeoffs of genetically modified food.* Unpublished doctoral dissertation, University of California, Berkeley.

Seethaler, S., & Linn, M. C. (2004). Genetically modified food in perspective: An inquiry-based curriculum to help middle school students make sense of tradeoffs. *International Journal of Science Education, 26*(14), 1765–1785.

Seidel (1998). Learning from looking. In: N. Lyons, Editor, *With portfolio in hand: Validating the new teacher professionalism,* Teachers College Press, New York, NY, pp. 69–89.

Settlage, J. (1994). Conceptions of natural selection: A snapshot of the sense-making process. *Journal of Research in Science Teaching, 31*(5), 449–457.

Shepherd, H. G. (1998). The probe method: A problem-based learning model's effect on critical thinking skills of fourth and fifth-grade social studies students. *Dissertation Abstracts International, Section A: Humanities and Social Sciences, September 1988, 59*(3-A).

Shepard, L. A. (2000). The role of assessment in a learning culture. *Educational Researcher, 29*(7), 4–14.

Shirouzu, H., Miyake, N., & Masukawa, H. (2002). Cognitively active externalization for situated reflection. *Cognitive Science, 26*(4), 469–501.

Shulman, L. (1987, February). Knowledge and teaching: Foundations of the new reform. *Harvard Educational Review, 57*(1), 1–22.

Slavin, R. (1986). *Using student team learning* (3rd ed.). Baltimore: Center for Research on Elementary and Middle Schools, Johns Hopkins University.

Slavin, R. (1991, February). Synthesis of research on cooperative learning. *Educational Leadership,* 71–82.

Slavin, R., & Oickle, E. (1981). Effects of cooperative learning teams on student achievement and race relations: Treatment by race interactions. *Sociology of Education, 54*(3), 174–180.

Slavin, R. E. (1996). Research on cooperative learning and achievement: What we know, what we need to know. *Contemporary Educational Psychology, 21*(1), 43–69.

Slotta, J., & Chi, M.T.H. (2006). Helping students understand challenging topics in science through ontology training. *Cognition and Instruction, 24*(2), 261–289.

Smith, C., Wiser, M., Anderson, C. W., & Krakcik, J. (in press). Implications of research on children's learning for standards and assessment: A proposed learning progression for matter and the atomic molecular theory. *Measurement: Interdisciplinary Research and Perspectives.*

Smith, J. P., diSessa, A. A., & Roschelle, J. (1993). Misconceptions reconceived: A constructivist analysis of knowledge in transition. *Journal of the Learning Sciences, 3*(2), 115–163.

Smith, M. L. (1991). Put to the test: The effects of external testing on teachers. *Educational Researcher, 20*(5), 8–11.

Soar, R. S. (1977). An integration of findings from four studies of teacher effectiveness. In G. D. Borich (Ed.), *The appraisal of teaching: Concepts and process,* pp. 96–103. Reading, MA: Addison-Wesley.

Southeast Center for Teaching Quality. (2004). High-stakes accountability in California: A view from the teacher's desk. *Teaching Quality RESEARCH MATTERS, 12,* 1–2. RetrievedSeptember 2, 2004, from http://www.teachingquality.org/research matters/issues/2004/issue12-Aug2004.pdf

Stage, E. K. (2005. Winter). Why do we need these assessments? *Natural Selection: Journal of the BSCS,* 11–13.

Stahl, S. A., Hare, V. C., Sinatra, R., & Gregory, J. F. (1991). Defining the role of prior knowledge and vocabulary in reading comprehension: The retiring of number 41. *Journal of Reading Behavior, 23*(4), 487–508.

Stecher, B., & Barron, S. (1999). *Quadrennial milepost accountability testing in Kentucky*

Stecher, B., Barron, S., Chun, T., & Ross, K. (2000). *The effects of the Washington State education reform on schools and classroom.* CSE Technical Report. Los Angeles: UCLA National Center for Research on Evaluation, Standards, and Student Testing.

Stecher, B. M., Barron, S., Kaganoff, T., & Goodwin, J. (1998). The effects of standards-based assessment on classroom practices: Results of the 1996–97 RAND survey of Kentucky teachers of mathematics and writing. CSE Technical Report. Los Angeles: UCLA National Center for Research on Evaluation, Standards, and Student Testing.

Steen, L. A. (1988, April 29). The science of patterns. *Science, 240,* 611–616.

Stepien, W. J., Gallagher, S. A., & Workman, D. (1993). Problem-based learning for traditional and interdisciplinary classrooms. *Journal for the Education of the Gifted Child, 16,* 338–357.

Stigler, J., & Hiebert, J. (1999). *The teaching gap.* New York: Free Press.（湊三郎（訳）（2002）日本の算数・数学教育に学べ―米国が注目する jugyou kenkyuu. 教育出版）

Stodolsky, S. S. (1985). Telling math: Origins of math aversion and anxiety. *Educational Psychologist, 20,* 125–133.

Strike, K. A., & Posner, G. J. (1982). Conceptual change and science teaching. *European Journal of Science Education, 4*(3), 231–240.

Stylianides, A. (2005). *Proof in school mathematics classrooms: Developing a conceptualization of its meaning and investigating what is entailed in its cultivation.* Unpublished dissertation, University of Michigan.

Swafford, J. (2003). Reaction to high school curriculum projects' research. In S. Senk & D. Thompson (Eds.), *Standards-based school mathematics curricula: What are they? What do students learn?* (pp. 457–468). Mahwah, NJ: Erlbaum.

Taylor, B. M., Pearson, P. D., Peterson, D. S., & Rodriguez, M. C. (2003). Reading growth in high-poverty classrooms: The influence of teacher practices that encourage cognitive engagement in literacy learning. *Elementary School Journal, 104*(1), 3–28.

Taylor, B. M., Peterson, D. S., Pearson, P. D., & Rodriguez, M. C. (2002). Looking inside classrooms: Reflecting on the "how" as well as the "what" in effective reading instruction. *Reading Teacher, 56*(3), 270–279.

Tharp, R. G., & Gallimore, R. (1991). *The instructional conversation: Teaching and learning in social activity.* Washington, DC: Center for Applied Linguistics.

Tharp, R. G., & Gallimore, R. (1992). *The instructional conversation: Teaching and learning in social activity.* (Research Report RR2). National Center for Research on Cultural Diversity and Second Language Learning. Retrieved December 1, 2006 (http://www. ncela.gwu.edu/pubs/ncrcdsll/rr2.htm).

Thomas, J. W. (2000). *A review of project based learning.* (Prepared for Autodesk Foundation). Tretten, R. & Zachariou, P. (1995). *Learning about project-based learning: Self-assessment preliminary report of results.* San Rafael, CA: The Autodesk Foundation.

Udall, D., & Rugen, L. (1996). *Introduction*. In D. Udall & A. Mednick (Eds.), *Journeys through our classrooms* (pp. xi–xxii). Dubuque, IA: Kendall/Hunt.

U.S. Department of Labor. (2006). *Number of jobs held, labor market activity, and earnings growth among the youngest baby boomers: Results from a longitudinal survey.* Washington, DC: Bureau of Labor Statistics. Retrieved September 22, 2007 (http:// www.bls.gov/news.release/pdf/nlsoy.pdf).

Varelas, M., & Pappas, C. C. (2006). Intertextuality in read-alouds of integrated scienceliteracy units in urban primary classrooms: Opportunities for the development of thought and language. *Cognition and Instruction, 24*(2), 211–259.

Varian, H., & Lyman, P. (2003). *How much information?* UC Berkeley School of Information Management & Systems (SIMS). Retrieved September 22, 2007 (www2.sims.berkeley.edu/research/projects/how-much-info-2003/printable_report.pdf).

Vernon, D. T., & Blake, R. L. (1993). Does problem-based learning work? A meta-analysis of evaluative research. *Academic Medicine, 68*(7), 550–563.

Vygotsky, L. S. (1978). *Mind in society.* Cambridge, MA: Harvard University Press.

Watanabe, T. (2002). Learning from Japanese Lesson Study. *Educational Leadership 36*(39).

Webb, N. M. (1985). Verbal interaction and learning in peer-directed groups. *Theory into Practice, 24*(1), 32–39.

Webb, N. M., Troper, J. D., & Fall, R. (1995). Constructive activity and learning in collaborative small groups. *Journal of Educational Psychology, 87*(3), 406–423.

Werner, L. L., Campe, S., & Denner, J. (2005, October 20–22). Proceedings of the 6th conference on information technology education 2005, Newark, NJ.

Werner, L., Denner, J., and Bean, S. (2004). Proceedings of the Seventh IASTED International Conference Computers and Advanced Technology in Education, August 16–18, 2004, 161–166.

White, B., & Frederiksen, J. (2005). A theoretical framework and approach for fostering metacognitive development. *Educational Psychologist, 40*(4), 211–223.

Wiggins, G. (1989, April). Teaching to the (authentic) test. *Educational Leadership,* 41–47.

Wiggins, G., & McTighe, J. (1998). *Understanding by Design.* Alexandria, VA: ASCD. （西岡加名恵（訳）（2012）理解をもたらすカリキュラム設計—「逆向き設計」の理論と方法．日本標準）

Wigner, E. P. (1960). The unreasonable effectiveness of mathematics in the natural sciences. *Communications in Pure and Applied Mathematics, 13,* 1–14.

Wilkinson, I.A.G. (2005, April). *Overview and a conceptual framework for discussions.* Paper presented at the International Reading Association annual conference, San Antonio. Wilkinson, I.A.G., Murphy, P. K., & Soter, A. O. (2005, August). *Group discussions as learning environments for promoting high-level comprehension of texts.* Paper presented at the 11th biennial meeting of the European Association for Research on Learning and Instruction, Nicosia, Cyprus.

Wilkinson, I.A.G., & Reninger, K. B. (2005, April). What the approaches look like: A conceptual framework for discussions. In M. Nystrand (Chair), *Making sense of group discussions designed to promote high-level comprehension of texts.* Symposium presented at the annual meeting of the American Educational Research Association, Montreal, Canada.

Williams, D. C., Hemstreet, S., Liu, M., & Smith, V. D. (1998). *Examining how middle schools students use problem-based learning software.* Proceedings of ED-MEDIA/ ED-Telecom 98 World Conference on Educational Multimedia and Hypermedia, Freiburg, Germany.

Williams, S. M. (1992). Putting case-based instruction into context: Examples from legal and medical education. *Journal of the Learning Sciences, 2*(4), 367–427.

Wilson, M. R., & Bertenthal, M. W. (Eds.). (2006). *Systems for state science assessments.* Washington, DC: National Academies Press.

Wolf, S., Borko, H., McIver, M., & Elliott, R. (1999). *"No excuses": School reform efforts in exemplary schools of Kentucky.* Los Angeles: UCLA National Center for Research on Evaluation, Standards, and Student Testing.

Yager, S., Johnson, D., & Johnson, R. (1985). Oral discussion, group-to-individual transfer, and achievement in cooperative learning groups. *Journal of Educational Psychology, 77*(1), 60–66.

Yager, S., Johnson, R., Johnson, D., & Snider, B. (1995). The impact of group processing on achievement in cooperative learning groups. *Journal of Social Psychology, 126*(3), 389–397.

Yore, L. D., Hand, B., Goldman, S. R., Hildebrand, G. M., Osborne, J. F., Treagust, D. F., & Wallace, C. S. (2004). New directions in language and science education research. *Reading Research Quarterly, 39*(3), 347–352.

Zimmerman, T. (2005). *Promoting knowledge integration of scientific principles and environmental stewardship: Assessing an issue-based approach to teaching evolution and marine conservation.* Unpublished doctoral dissertation, University of California, Berkeley.

Zimmerman, T. D., & Brown, J. (2006, September). *Ocean protection through effective communication: Ocean knowledge, misconceptions and public opinion.* Poster presentation at California and the World Ocean Conference, Long Beach.

Zimmerman, T. D., & Slotta, J. D. (2003, April). *Helping students understand complex biology concepts through knowledge integration activities in the classroom and at an aquarium.* Paper presentation at the Annual Meeting of the American Educational Research Association, Chicago.

Zohar, A., & Nemet, F. (2002). Fostering students' knowledge and argumentation skills through dilemmas in human genetics. *Journal of Research in Science Teaching, 39*(1), 35–62.

人名索引

■A
アンセス（Ancess, J.） 66
アンダーソン（Anderson, L. M.） 79, 157
アーコディドウ（Archodidou, A.） 79

■B
ベイカー（Baker, L.） 86
バンバーガー（Bamberger, Y.） 159
バロン（Barron, B） 23, 24
バロウズ（Barrows, H. S.） 40
ビショップ（Bishop, B. A.） 157
ブラック（Black, P. J.） 66
ボアラー（Boaler, J.） 35, 111, 121, 122
ボルコ（Borko, H.） 127
ブランスフォード（Bransford, J. D.） 5, 63, 72
ブリューワー（Brewer, W.） 158
ブラウン（Brown, A.） 62
ブラウン（Brown, A. L.） 72
ブラウン（Brown, B. A.） 175

■C
キャトレー（Catley, K.） 152
チャペル（Chappell, M.） 123
チー（Chi, M. T. H.） 157, 179
チン（Chinn, C. A.） 158
クラーク（Clark, D.） 159
コーエン（Cohen, E. G.） 15, 20, 63
コッキング（Cocking, R. R.） 72
コーエン-ジョーンズ（Cohen-Jones, M.） 159
コナント（Conant, F. R.） 23, 26
コーネリアス（Cornelius, L. L.） 21

■D
デール（Dale, H.） 79, 80
ダミコ（Damico, J.） 81
ダーリン-ハモンド（Darling-Hammond, L.） 5, 66
ダーウィン（Darwin, C. R.） 157
デ・ラ・パズ（De La Paz, S.） 101
デシモン（Desimone, L.） 137
ディーアキング（Dierking, L. D.） 159
ディセッサ（diSessa, A. A.） 158

■E
デュイット（Duit, R.） 156
デューク（Duke, N.） 86
ダッシュル（Duschl, R. A.） 149

■E
エングル（Engle, R. A.） 23, 26

■F
フォーク（Falk, B.） 66, 159
フェラーリ（Ferrari, M.） 157
フォータス（Fortus, D.） 51
フレデリックソン（Frederiksen, J. R.） 21
フリーボディ（Freebody, P.） 70

■G
ガンブレル（Gambrell, L. B.） 75
ガモラン（Gamoran, A.） 18, 62
ジリス（Gillies, R.） 17
ギンズバーグ-ブロック（Ginsburg-Block, M. D.） 15, 16
ゴールデンバーグ（Goldenberg, C.） 79
ガスリー（Guthrie, J. T.） 73, 98

■H
ヘック（Heck, M.） 18
ハーマン（Herman, J. L.） 198
ヘレンコール（Herrenkohl, L.） 21
メロ（Hmelo, C. E.） 47
メロ-シルバー（Hmelo-Silver, C. E.） 40
ホルトン（Holton, D. L.） 47

■J
ジェンキンス（Jenkins, J.） 6
ジョンソン（Johnson, D. W.） 17
ジョンソン（Johnson, R. T.） 17

■K
キム（Kim, S.） 79
クラー（Klahr, D.） 13
コロドナー（Kolodner, J. L.） 47, 53
クラジシック（Krajcik, J. S.） 165

■L

ランパート（Lampert, M.） 111, 113
レムケ（Lemke, J. L.） 175
ルパージュ（LePage, P.） 5
リン（Linn, M. C.） 160
ルーク（Luke, A.） 70

■M

マグナソン（Magnusson, S. J.） 99
マークス（Marks, H. M.） 62
マーティン（Martin, T.） 63
マークス（Marx, R. W.） 165
マクヌリエン（McNurlen, B.） 79
マクタイ（McTighe, J.） 192
マイスター（Meister, C.） 85
ムーア（Moore, P. J） 86
モロー（Morrow, L. M.） 75

■N

ネメット（Nemet, F.） 166
ニューマン（Newmann, F. M.） 62
ングエン‐ジャヒエル（Nguyen-Jahiel, K.） 79
ニガム（Nigam, M.） 13
ニストランド（Nystrand, M.） 18

■O

オズガンガー（Ozgungor, S.） 98

■P

パリンスカー（Palincsar, A. S.） 99
パパス（Pappas, C. C.） 102
パスモア（Passmore, C.） 163
ピアソン（Pearson, P. D.） 86
ペトリシノ（Petrosino, A. J.） 14
ピアジェ（Piage, J） 148
パンタムベカー（Puntambekar, S.） 53
パットナム（Putram, R.） 122

■R

ラファエル（Raphael, T. E.） 77
レニー（Rennie, L.） 159
レズニツカヤ（Reznitskaya, A.） 79

リドル（Riddle, R. L.） 81
リッジウェイ（Ridgway, J.） 128
ロマンス（Romance, N. R.） 100
ローゼンシャイン（Rosenshine, B.） 85
ロス（Ross, S. M.） 14

■S

サンダース（Sanders, N. M.） 79
サドラー（Sadler, T. D.） 167
シュナイダー（Schneider, R.） 165
シュワルツ（Schwartz, D. L.） 63
スコット（Scott, C.） 159
シーサラー（Seethaler, S. L.） 162
シェパード（Shepard, L. A.） 65
シェファード（Shepherd, H. G.） 31
シェリン（Sherin, B. L.） 158
スラヴィン（Slavin, R.） 20
シュナイダー（Snider, B.） 17, 166
ソロウェイ（Soloway, E.） 165
スチュアート（Stewart, J.） 163
スワフォード（Swafford, J.） 123

■T

タル（Tal, T.） 159
テイラー（Taylor, B. M.） 72, 74
トーマス（Thomas, J. W.） 30

■V

ヴァレラス（Varelas, M.） 102
ヴィターレ（Vitale, M. R.） 100
ヴィゴツキー（Vygotsky, L. S.） 74, 86, 186

■W

ホワイト（White, B.） 21
ウィギンズ（Wiggins, G.） 192
ウィリアム（Wiliam, D.） 66

■Y

イエーガー（Yager, S.） 17

■Z

ジマーマン（Zimmerman, T.） 157, 167
ゾハー（Zohar, A.） 166

事項索引

■数字・アルファベット

2000年の目標　115
21世紀型スキル　9, 46
"Adding It Up"　133
Co-op　44
CORI　98, 102
　　——プロジェクト　102
CSILEプロジェクト　23
FIRST　42
　　——ロボティクス・コンペティション　42-46
FOSS　162
GEMS　162
GIsML　99, 102
　　——プロジェクト　102
IDEAS　100
　　——プロジェクト　102
K-12　11, 41, 112, 114
LEARN　60, 61
MARE　162
NASA　43
PBL　30, 31, 35, 39, 61
PBS　165
SCANSレポート　9
SES　123
SKI　160
VIPS　100

■あ行

アイデンティティ　65, 175, 176
アカウンタビリティ　19, 20, 28, 195
アカデミックスキル　48, 53
足場　4
足場かけ　5, 14, 52, 53, 55, 59, 93, 176, 187, 189, 191
　　——知識統合フレームワーク　160
アナロジー　40, 163, 164, 187
アネンバーグ／CPBプロジェクト　172
アプレンティスシップ　44
意味ある学習　2

意味生成者　70
インターンシップ　44
ウェブベースの科学探求の環境（WISE）　161, 162, 167
エイジェンシー　55, 60
エキスパート　26-28
エクストリーム・プログラミング　22
エデュケーション・トラスト　88
エッセンシャル・スクール　194
エンゲージメント　10, 14, 18, 27, 51, 60, 65, 72-75, 77, 78, 98, 115, 119, 123, 134, 175, 193
遠征学習　30, 36
　　——学校（ELS）　32-34
オープンエンド　15, 20, 35, 50

■か行

ガイド読解アプローチ　76
概念的理解　122, 123, 127, 128, 131-133, 136, 141, 153, 154, 158
概念変化　156-160
科学的リテラシー　143-145, 147, 175
学習科学　143, 149, 156, 164, 179
学習共同体　62, 63, 73, 136, 186
学習者コミュニティプロジェクト　26
学習の軌道　152, 153
学問的エンゲージメント　23, 26, 27
『学校数学のためのカリキュラムと評価のスタンダード』（『スタンダード』）　115-117, 120, 122, 123, 127
『学校数学のための原則とスタンダード』（『原則とスタンダード』）　112, 115, 133
カリキュラム　2, 10-14, 27, 30, 31, 35, 40, 47, 51, 60, 66, 71, 72, 83, 94, 96-98, 112, 114-117, 120-123, 127-129, 132, 133, 137, 149, 159-164, 166, 167, 175, 185-187, 189-192, 194-198
『危機に立つ国家』　1
基礎に帰れ　12
逆向き設計　192, 194
既有概念　149, 153, 156-158, 181
既有知識　3-5, 47, 72, 80, 87, 92, 95, 102, 103,

106, 146, 148, 152, 153, 157, 159, 176, 179-181, 186, 188
教育会話　75, 78, 79
教育におけるリーダーシップのための国際センター　88
協働　11, 15, 16, 21-23, 30, 53, 60, 66, 75, 137, 186, 193, 195
協同学習　2, 15, 17-19, 84, 85, 191
共同注意　25
協働的作文　75, 79, 101
協働的推論　75, 79, 101
共有探究　75, 77, 78, 81
グラフィック・オーガナイザー　84, 92
グループワーク　16, 18-22, 133, 136, 185-187, 198
グレートブックス財団　77
形成的評価　60, 64-66, 186, 198
交流方略指導（TSI）　85, 86
構成主義　66
コーチ　57, 63, 80
コーチング　4, 40, 75, 80, 82, 193
コード解読者　69-71
誤概念　156-159, 161, 187
国際数学・理科教育動向調査（TIMSS）　114, 144
コネクト・スクール　31
コミットメント　87, 162, 190, 194, 195
コミュニティ　67, 81, 85, 137, 167, 183, 186
コンセプトマップ（マッピング）　100, 102, 162

■さ行

ジオ・リテラシー　94-96
ジグソー　26, 28
自己概念　15, 16
自己説明　179, 180
自己評価　55, 60, 63-66
指導方略　4, 5, 13, 75, 137
ジャーニー・ノース　172-174
社会正義　81
社会的概念　16
社会的相互作用　15, 74, 80, 81, 86, 106, 160, 175, 177
ジャスパー
　——シリーズ　41, 55
　——の冒険　24
『就学前から第 8 学年までの数学のためのカリキュラムの焦点』（『焦点』）　115, 116
重大な観念　80-82, 112, 115, 152, 186
授業方略　5-7, 198
準実験　21, 41, 75, 78, 99
小グループ　11, 12, 15, 17-20, 39, 40
シンクアラウド　85, 86, 179
シンク・ペア・シェア（Think-Pair-Share）技法　162
シンククエスト・コンペティション　46
真正　10, 12, 30, 60, 74, 75, 81, 83, 97, 103, 114, 162, 186, 191
　——性　12, 31
　——の教育学　10, 62
　——の評価　62
数学的思考　123
スタジオ　49
スタンダード　5, 60, 62-64, 87, 96, 112, 115, 117, 120, 121, 127, 128, 132-134, 136, 137, 141, 183, 186, 189, 193, 195-198
スプートニクショック　12
『すべてのアメリカ人のための科学』　16, 143
『すべての人に数学を』　116
生徒の学習到達度調査（PISA）　144, 145
先入観　156, 187
全米科学財団（NSF）　116, 122
全米学力調査（NAEP）　113, 144, 166
全米研究評議会（NRC）　114, 116, 133, 148
全米数学教師協議会（NCTM）　112, 115, 116
全米読解委員会（NRP）　83, 84
専門性を高める取り組み　33, 125, 132, 133, 136, 137, 193-195, 197, 198
専門的共同体　137, 193
総合的な指導　97, 101, 106
相互エンゲージメント　23
相互教授法　85, 92, 93
相互作用　18-26, 47, 54, 63, 76, 79, 81, 83, 103, 111, 146, 186, 188

相互評価　65, 186
ソーシャルスキル　17, 19

■た行

体験学習　165
多元的知能　183
探究的な学習アプローチ　30, 52, 53
探究ベース　11, 12, 14, 30, 64-66
知識統合　160
　――アプローチ　167
　――パースペクティブ　160, 162
チャレンジ 2000 マルチメディア・プロジェクト　35, 39
中軸的場面　164
直接的な教授　13, 14
ディスカッション　17-19, 23, 24, 29, 54, 64, 74-83, 85, 89, 100, 111, 154, 176, 184, 187, 192
ディスコース　23, 26, 78, 97, 102, 111, 146, 149, 176, 177, 186
ディベート　28, 29, 79, 162, 166, 167
テキスト批判者　70, 71
テキスト利用者　70, 71
デザイン課題　39, 51, 54, 103, 104, 185
デザイン原理　12, 14, 55, 59
デザインダイアリー　54
デザインによる学習　47
デザインプロジェクト　51, 53, 55
デザイン・ベース　12, 46, 51
　――科学　47, 51
　――学習　11, 30, 41, 52
転移　2, 4, 7, 17, 40, 53, 64, 79, 85, 165, 188
討論型作文　101
どの子も置き去りにしない法（NCLB）　32, 115

■な行

認知革命　83
認知的エンゲージメント　21, 72
認知的徒弟制　21
認知的方略　84-86
認知とテクノロジグループ　41, 52
ネイチャー・マッピング　165, 168-171

能動的な学習　4, 62, 191

■は行

ハーモナイザー　20
ハイステイクス　121, 122, 128, 132, 138, 195-197
　――テスト　147, 196
発見学習　12-14
パフォーマンス　10, 30, 31, 62, 63, 69, 118, 127, 183, 184, 191, 197, 198
　――課題　10, 39, 47, 62, 63, 186
　――評価　2, 11, 31, 60, 62, 64, 66, 190-192, 195-197
パワフル・ラーニング　1, 2, 194
『人はいかに学ぶか』　72, 106, 188, 192
批判的思考　10, 39, 77, 78, 146, 189
評価規準　63, 186
ビル＆メリンダ・ゲイツ財団　33, 88
ビルド・サンフランシスコ研究所　48-50
ファシリテーション　53
ファシリテーター　20, 40, 41, 80
フィードバック　5, 16, 23, 39, 41, 51, 53, 54, 60, 64-66, 73, 139, 186, 189, 192, 193
複雑な指導　20
ブッククラブ　75-77, 81
　――プラス　75, 76
プレゼンテーション　35, 36, 52, 54, 57-62, 110, 138-140, 187, 197
プロジェクト　12, 14, 15, 19, 30, 31, 35, 36, 41, 50-52, 56, 60-62, 64, 65, 67, 95, 103, 138-140, 165, 172, 173, 185, 187, 196, 197
プロジェクト・ベース　10, 12, 35, 41, 57, 59, 63, 64, 121, 165
　――学習　2, 11, 12, 30, 31, 165
　――の科学　165, 166
プロブレム・ベース　10, 12, 35, 52, 57, 59, 63
　――アプローチ　40, 115
　――学習　39-41, 52, 166
文脈における数学　115
ペア・プログラミング　21
方略指導　83-87, 98, 106
ポートフォリオ　62, 190

――発表会　192
ポジショニング　27
没入アプローチ　124-126

■ま行

マインドフル・エンゲージメント　70, 72-74, 80, 81, 87, 97, 101, 103
メタ認知　4, 5, 64, 73, 74, 84-87, 152, 160, 161, 176, 179-181, 186
　――スキル　187
　――的方略　84-87
メンタルモデル　40, 180
モチベーション　30, 31, 39, 52, 53, 60, 65, 73, 80, 86, 98, 99, 162
モデリング　4, 53, 75, 80, 83, 86, 89, 93, 163, 193
モデル　7, 19, 80, 148, 160, 163
モニタリング　4, 25, 47, 72, 73, 80, 84, 85, 87, 97, 188
問題解決　2, 4, 9, 10, 12, 23-25, 39-41, 55, 115, 120, 122, 123, 127-129, 132, 141, 146, 180, 186, 193, 195

■ら行

ラーニング・プログレッションズ　152, 153, 187
リアリスティック数学　114
理解を目指した指導　108, 117, 122, 127, 132, 133, 149, 181, 183
理解を目指した理科　156
　――の授業　158, 159
理科指導のための誘導ディスコースアプローチ　176
リテラシー　71, 74, 76, 86, 88-90, 97-103
リフレクション　21, 31, 40, 61, 62, 66, 75, 76, 139, 160-162, 167, 176, 187-189, 193
ルーブリック　60, 61, 64, 96, 138, 192
歴史的推論　101, 188
レッスンスタディ　137, 193
ローレンス科学館　162, 177

■わ行

ワーキングモデル　47
ワークショップ　192, 193

❖ 編訳者おわりに―――本書を踏まえた今後の教育を考える ❖

　本書の締めくくりとして，これまで確認してきたことをもとに日本における教育の方向性について論じていきたい。この内容については，短期間でできるレベルからかなり長いスパンで考えねばならない学校文化の変革レベルまで含む。

1．短期間でできるレベル
(1) 総合的な学習の時間を充実させること
　日本では，1998年の学習指導要領改訂以降，総合的な学習の時間がすでに取り組まれてきた。導入前後では，全国各地で公開研究会や協議会が開かれるなど盛り上がりを見せていたが，近年，それらはきわめて少なくなり，公開研究会のラインナップにすら入っていない学校も珍しくない。現在でも，福祉や環境，地域を題材とした活動やプロジェクト等，充実した実践が行なわれている学校がある一方で，全く「学習」たり得ていない学校もある。筆者が担当する「教育課程論」の講義でこの内容を扱った際，学生からのコメントでこれが顕著に浮かび上がる。
　本書の内容にまず着手するならば，総合的な学習の時間をいかにプロジェクト・ベースの学習に変えていくことができるかにかかってくるだろう。そのためには，教師が学校のある地域や周辺の環境を十分にリサーチしていくことが不可欠である。自然環境，地理・歴史，伝統・文化，地域の産業，直面する課題等，さまざまな資料を収集しながら，児童・生徒と共に何を学習することに価値があるかを吟味していくのである。その中で見いだされたテーマを1年間の授業時数からどのように展開していくかを構想していく。具体的には，児童・生徒が何を探究し，それをいかに発展させていくか，そして何を最終の成果としてまとめるか，である。本書のケースやコラムからは，そのヒントとなるものが数多く得られるであろう。

(2)「真正の課題」を考え，授業やカリキュラムに取り入れること
　総合的な学習の時間に留まらず，あらゆる教科等において (1) のリサーチは当然必要である。学習指導要領の法的拘束力や教科書の使用義務があったとしても，何を目標とし，それを実現していくためにいかなる学習をデザインしていくかを教師が綿密に考えていく必要がある。本書を通じて，児童・生徒が学習を深めていくためには，取り組む課題の質が重要であることが確認できたはずである。
　担当する教科において，児童・生徒が心からワクワク取り組める課題はどのよ

うなものがあるだろうか，それが本当に教科の本質を踏まえたものになっているか，それに取り組む中で彼らが何を習得できるか，を考えることはきわめて創造的でチャレンジングな取り組みである。そこから始めていかねば，「アクティブ・ラーニング」は実現できないといえるだろう。このような「真正の課題」について深く探究していく姿勢が教師には求められる。

　その際，学習として何を目指し，いかにデザインするかを十分検討する必要がある。本書の第1章では，「真正の問題やプロジェクトが比類のない学習機会を与えるが，それ自体の真正性は学習を保障するものではないというコンセンサスは得られつつある」(p.12)と指摘されている。本書で論じられてきたとおり，学習すべき内容とそれを適切に学ぶための学習方法・教材・学習環境をいかに準備していくかを前提とした「真正の課題」を考えることが不可欠である。

(3) 学習活動のレパートリーを増やすこと

　たとえば，本書でも紹介されているジグソー法は，「アクティブ・ラーニング」が主眼となる政策動向の中で，とくに注目を集めつつある手法の1つであるといえる。

　しかし，そればかりに着目するのは本末転倒であるといえる。ジグソー法が適切な題材もあればそうでない題材もある。まず，エキスパートグループで取り扱う題材が中心テーマから導き出される相違な課題を準備できるかである。文字どおり「ジグソーパズル」のように組み合わせて効果を発揮できるような教材でなければならない。実際参観した授業では，エキスパートグループのテーマが相違なものとはなっておらず，ジグソーグループに戻っても新たな発見が見られないようなものもあった。仮に相違な教材ができたとして，それが指導方法として妥当かの検討も必要である。また，日本では1時間で完結される題材に矮小化される面も見られるが，第1章p.26-29の事例にある通り，長期間のデザインとしても検討すべきだろう。忘れてはならないのは，あくまで1つの方法であって，それを目的とすることはあってはならないということである。

　本書を通じて，学習活動を充実させていくには，さまざまな手立てを講じていくことが不可欠だとわかるだろう。ディスカッションを充実させるためには，その展開の仕方を指導していくことが求められるし，実験やプロジェクトを展開していくためには，児童・生徒がさまざまなスキルを習得していかねばならない。取り組むべきはむしろこちらであって，ある特定の指導法に執着することは望ましい姿では決してない。学習活動のレパートリーを増やしながら，そこでの指導の工夫を考えていくことが何よりも重要である。

2. 中・長期的に考えるレベル

　学級レベルでは，短期間でできるレベルにも当てはまるだろうが，学校また学校文化のレベルで考えれば長いスパンで考えていかねばならないものである。

(1) 児童・生徒の捉え方を変える

　児童・生徒をいかなる存在として捉え，いかに働きかけていくかというテーマが本書を通じて論じられてきた。これについては，児童・生徒の捉え方が日本とは大きく異なる面を読み取れただろう。たとえば，第1章の「デザイン原理によって導かれる探究的な学習の成功例」(p.55-59)では，児童は，地域のコミュニティセンターのために遊具をデザインするよう求められており，現実世界のプロジェクトを担っている。小学生であっても，1人の責任ある役割を担う者として扱われていることがわかるだろう。さらに，第1章コラム「ビルド・サンフランシスコ研究所――生徒を市民教育に没頭させる」(p.48-50)では，高校生が実際のデザインスタジオで作業したり，現実世界のプロジェクトに参画したりしている。次の文が印象的である。

　　午前中の高等学校での授業に出席してからは，午後の間ずっとビルドSFのスタジオを行ったり来たりすることになるが，それは多様なプロジェクトの取り組みに参加したり，指定されたメンターに指導を受けに行ったりするからである。ある者はずっと午後をそこで過ごし，別の者はそれぞれの高等学校の放課後活動に戻る。このオープンエンドさが学校から容易に逃げ出すことができる道になると批判されることもあるだろう。しかし，ビルドSFのチームにとって，それがプログラムの決定的な部分なのである。「おそらく，彼らの学校生活で子どもたちが自分の時間に責任をもつ最初の時間となります」とサンドラーは語っていた。「私たちの重要なモットーは，『子どもたちを信じろ』――プロとして彼らを扱え，です。それで，彼らはお互いにいつでも挑戦を高めるのです」(p.50)。

　日本においてここまで生徒を信頼し，プロとして扱うことはあるだろうか？人は扱われ方によってそのように振る舞うはずである。本来ならばこれが当たり前にならねばならないはずである。

　さらに，p.187のキャプションには，「パワフル・ラーニングは，児童・生徒が本物の作家，科学者，数学者，そして歴史家のように取り組む時に生じる」とある。彼らをそのように扱うからこそ，そのように振る舞うということなのである。私たちは，これを目指すために児童・生徒をいかに扱うべきかを考え，実践して

いかねばならない。

　その上で，具体的な結果としても考えていく必要がある。第4章のコラム「データ収集者としての児童」（p.168-171）の事例では，ピーターセン先生のクラスに在籍する児童が，サバクツノトカゲに関する調査を行ない，これまでの研究では明らかにされてこなかったことや誤りだったことを発見している。その取り組みによって，児童が学会発表を行なっていることも紹介されている。日本において，「科学の学会に参加することが普通になりつつある」（p.171）というのは想像できるだろうか。概念レベルで「児童・生徒の捉え方」を考えるのではなく，実際に実践し，活動できる舞台を用意してこそ現実のものとなるのである。

(2) 授業の捉え方を変える

　日本では，小学校は45分，中・高等学校は50分という授業時間の中で日々の授業が展開されている。その中で，教師はいかにまとめるかということにかなりのエネルギーを割いている。探究活動やディスカッションを取り入れる場合でも，ある一定の時間で終えることを強制し，時にタイマーを鳴らしながら次の活動へ移っていく。

　また，学習の単元も基本的に教科書に準じて展開されていくことが多い。自ずから3月までに教科書を終わらせることを前提に授業が進められるようになる。とくに初任者にとっては，教科書を終わらせるために，各単元で必要となるおよその時間数が必要となり，教師用指導書で示されたモデルに従って授業を行なう場合も少なからずある。もちろんこれは初任者に限ることではなく，ベテランであってもこれに左右される教師もいる。

　授業を1時間で終わらせる制約，1年間で教科書を終わらせるという前提によって，学習よりも時間が優先されている現実がある。2時間連続で授業を設定することもできるが，頻繁にそれを行なうことも難しい。実際，探究活動やディスカッションを行なうにあたって，ある程度長い時間は本来必要である。また授業時間の問題だけでなく，本書で紹介された事例から，プロジェクトに関してはかなり長期で取り組んでいることがわかる。

　このギャップは，授業とは何かという問題に尽きるのである。日本は他国に比して，1時間で授業をまとめ上げる力量は圧倒的に高いだろう。その成果はPISAの調査結果で上位であることからも確認することができる。ところが，点数に表れないところできわめて大きな問題を抱えている。PISA2015のテーマは，科学的リテラシーに関するものだったが，「科学の楽しさ」「科学に関連する活動」「理科学習者としての自己効力感」について日本はOECDの平均を大きく下回っていた（国立教育政策研究所，2016）。科学的リテラシーの点数は高いが，「科学の

知識を使うことができるという自分の能力への信頼」がなく，「科学について知識を得たり学ぶことを楽しんで行なって」おらず，「科学に関する活動に積極的に取り組んで」いないのである。同様の結果は，PISA2012でも明らかとなっており，「数学における動機づけ」（将来の仕事の可能性を広げてくれるから，数学は学びがいがある等）はOECD最下位となっている等，いずれの項目もOECDの平均を下回っていた（国立教育政策研究所，2013）。これは，まさに授業のための授業となっていることを物語っている結果である。

これに関して，レイブ&ウェンガー（Lave & Wenger, 1991）は，高校で生徒が学ぶ物理について次のように指摘している。

　実際に再生産している実践共同体（その中で生徒が物理学を学習しているもの）は，物理学者の共同体ではなく，学校化された人々の共同体なのである。（中略）学校教育の問題は，その最も基本的なレベルでは，教授技術の問題ではない。なかんずく，それらはおとなの共同体がそれ自体を再生産させているやり方に関係がある。（中略）学習は取り巻く共同体の学習カリキュラムでの向心的（centripetal）参加を通して生じるということである。知識の在処は実践共同体内であるから，学習の問題はその共同体の発達サイクルに向けられるべきである。
（Lave & Wenger 1991，邦訳p.82-83）

これは（1）の問題とも直結したものといえるだろう。理科を学ぶこと，算数・数学を学ぶことが学校だけの活動に閉じてしまい，自身の生活には関係のないものとなってしまっている。それはまた，そのように児童・生徒を扱っている結果として生じていると考えられる。本書の議論からは，これまでの諸研究がまさにこの問題を解決しようと取り組んできたものだったことが理解できるだろう。児童・生徒が学校や授業のコミュニティにおいていかに振る舞うことが期待され，その結果として何が習得されるかが最も重要な要素となるのである。

だからこそ，授業で学ぶべきものは何であり，授業でどのように学ぶかについての捉え方を大きく転換していく必要があるといえるだろう。

(3) 学習の捉え方を変える

（1）や（2）にも通じることであるが，日本において「学習」を狭く捉える傾向があると言える。具体的には，学校（もしくは塾や予備校）という教室で，教科等の決められた内容を学ぶことが「学習」だと捉える人は多い。そして，その内容も教科書等に示されたもので，「つまらない」と感じてしまう児童・生徒も少なからずいるだろう。

それに対して，本書のケースやコラムを読めば，その活動や実践が心からワクワクしたもので，楽しそうだと感じたのではないだろうか。あるプロジェクトに取り組む中で必要な学習が組み込まれているが，それは学習だけを目的としたものでもない。プロジェクトに従事するという「状況に埋め込まれた学習」なのだ。

　本書の第1章で紹介した「Firstロボティクス・コンペティション」紹介動画を是非見てもらいたい（https://youtu.be/GZXngCu99rs, 2017年2月10日最終確認）。まさにそのワクフク感が伝わってくるだけでなく，そこで目指すものが的確に表現されている。まず，このコンペティションがSTEM（Science, Technology, Engineering, and Math），すなわち科学，テクノロジ，エンジニアリング，算数・数学に関して総合的に取り組む活動であることである。そして，本書のコラム（p.34-37）にも紹介されているが，ロボットのアイディア，デザイン，組立，プログラミング等にチームとして取り組みながら学んでいく。地区大会・全国大会と勝ち進むためには，それらの活動がすべて充実していかねばならず，そこには科学的・数学的な知識・理解が不可欠となる。その活動を支えるのが，教師であり，エンジニアである。日本から見れば「遊び」に見えるかもしれないが，れっきとした学習活動として認識され，評価もされている。

　ところで，次期学習指導要領改訂にあたって，「プログラミング思考」を育む「プログラミング教育」の導入が明確に打ち出されている（中央教育審議会 2016）。本書の議論を通じて考えてみたとき，「プログラミング思考」を育むための「プログラミング教育」は果たして意味あるものとなるだろうかと危惧を抱かざるを得ない。Firstロボティクス・コンペティションの事例でいえば，ロボットを操作したり制御したりするためにプログラミングは不可欠である。また，ソフトウェアやアプリケーションの開発にあたっても不可欠であるとおり，プログラミングはあくまで目的を実現するための手がかりに過ぎない。プログラミングを通じて何かを創造できる喜びを感じることができれば価値はあるだろうが，プログラミング思考を「目的とした」プログラミング教育は「つまらない」ものになってしまわないだろうか。

　学習は，学校の中に留まるものではないし，強制的されて習得されるべきものでもない。学校を超えたコミュニティの実践として，心からワクワクして，楽しんで取り組める活動をデザインしていくことが今後いっそう期待されるだろう。

(4) 教師の捉え方を変える

　(2)の問題は，教師の力量の問題であるといえる。本書を通じて最も考えねばならないのは，自分が担当する授業についてどこまで深く理解でき，探究できているかという点である。くり返し引用するが，「パワフル・ラーニングは，児童・

生徒が本物の作家，科学者，数学者，そして歴史家のように取り組む時に生じる」(p.187)からこそ，児童・生徒にそのような体験ができることを保障しなければならない。その前提として，教師がそのような経験を積まなければならないということである。たとえば，理科の指導にあたって，実験をデザインし，さまざまなツールを駆使し，データを収集し，それを分析・考察し，発表するという経験がなければ質の高い指導はできないだろう。それがなぜ重要なのかについて，少し長くなるがブルーナー（Bruner, 1961）の言葉を紐解きたい。

初等数学に深い経験をもっている教師の一人，デイヴィッド・ページはつぎのように言っている。「幼稚園から大学院まで教えてみて，私はあらゆる年齢の人間が知的な面で類似性をもっているのを知って驚いた。といっても，多分子どもは大人よりももっと自発的であり，創造的であり，精力的でさえあるのだが。私の知っている限り，どんなものでもたいてい年少の子どもたちが理解できる言葉で与えれば，子どもたちは大人たちよりも早く学習するのである。教材を子どもたちが理解できる言葉で与えるということは，まったく面白いことに，教えるひと自身が数学を知っていることを意味するのであり，よく知れば知るほどよく教えられるものである。ある特定の題材について教えることが絶対に困難だときめてかからないように注意したほうがよい。私が数学者たちに向かって，第四学年の生徒は『集合論』までゆけるというと『もちろんそうだ』と答えてくれるひとは少ない。たいていのひとはびっくりする。『集合論』は本来難しいものだと彼らが考えるのはあやまりである。いうまでもないが，どんなものでも本来難解だということはないであろう。いまのところ，それを提示するのに適切な見解とそれをいいあらわすのに適した言葉が現れてくるのを待つほかはない。ある特定の教材または特定の概念を与えて，それについて子どもにつまらない質問をしたり，あるいはつまらない質問をさせたりするのは容易である。とてもできそうもない難がしい質問をするのも簡単である。答えられることができ，どこかに手応えのある『媒介になる質問』をさがすのがコツである。これこそ教師と教科書に課せられた大きな仕事である」と。この工夫された「媒介になる質問」によって，子どもが知的発達の諸段階をいまより早く通りすぎて，数学や物理学や歴史学上の諸原理をより深く理解するようみちびいてゆくことができる。これを可能にする方法をわれわれはもっと多く知る必要がある。

（Bruner, 1961　邦訳 p.50-51，下線部筆者）

教師がある教科や活動について深く理解しておかなければならないし，それに

よって学習活動の質が変わるということである。本書の議論から，先の引用の「質問」，そして「学習活動」や「学習環境」が決定的な要素となることがわかるだろう。児童・生徒にそれらを保障するためには，教科や活動に関する深い理解だけでなく，本書のテーマであった「指導方略」に熟知しなければならない。児童・生徒が必要とする学習経験を念頭に置きながら，適切な学習活動をデザインし，マネジメントとしていくためには，ショーマンの「授業を想定した教材の知識（Pedagogical Content Knowledge: PCK）」が不可欠なのである（Shulman, 1987）。

　ここから2つの方向性が導き出されていく。1つは，教員養成に関する変革である。パワフル・ラーニングを実現するためには，教師自身が学問的探究に取り組み，その経験を積む必要がある。その前提として，教科内容に関する深い理解が必要であるため，それを徹して学ぶカリキュラムが不可欠となる。もちろん，それは単純な教科内容学ではなく，PCKに基づくものでなければならない。近年，学校現場での実習経験を重視する方向で政策的に進んできたが，それではパワフル・ラーニングを実践できる教師を養成するのは困難であるだろう。

　もう1つの方向性は，小学校における教科担任制へのシフトである。これまでの議論から教師が専門について深く学んだ事柄がパワフル・ラーニングにつながっていくことがわかるだろう。その点から見れば自身の強みである部分を活かすことが望ましい姿となる。小学校低学年においては，発達段階の観点から全教科をある程度担う面も維持する方向で考えるべきだろうが，中学年から高学年にかけて教科担任制を取り入れていくことも進めていかねばならないだろう。Twitter上で時々話題になることとして，かけ算の順序問題が挙げられる。ある児童が解答した結果について教師が誤りと採点したものが写真と共にアップロードされ，多い時には数千のリツイートがされることもある。そこで議論になるのが，数学的な意味の問題である。児童・生徒の学習評価にあたって，その教科の基盤となる学問内容を的確に踏まえられるかどうかが鍵となるのである。この点から見ても，教科内容に関する深い理解を保障するために教科担任制を考えていく方が自然であるといえるだろう。

　もう1点教師の捉え方を変えねばならないのは，教科書や教師用指導書に頼らない指導を促していく点である。総合的な学習の時間が充実した実践となり得ていない背景として，教師自身が自ら教材を選択し，カリキュラムを開発する経験が乏しいことが考えられる。公立小・中学校に関しては，教科書採択制度によって教科書を選ぶ余地すらない。このような状況では，本書で紹介された創造的な実践を生み出すことはきわめて難しい。少なくとも，教員養成段階において，何らかのプロジェクトに従事し，自らが一連の活動をデザインする経験が必要となる。

(5) 学校や教師を支援するためのアウトリーチ

　本書の第2章, 第4章の著者たちは, カリフォルニア大学バークレー校にあるローレンス科学館の研究者やスタッフである。ローレンス科学館とは,「はじめに」の註5で紹介しているとおり, 大学の博物館である。広く一般に開かれた施設であり, 彼らは, そこで研究ならびに教育を担っている。このような取り組みは, 米国では一般的なものとなっている。

　たとえば, 筆者は, 2014年と2015年に宇宙教育に関する国際会議であるSEEC (Space Exploration Educators Conference) に同僚や学生と共に参加した。大会のプログラムには, 会場である米国航空宇宙局 (NASA) の関連施設の見学等も設定されていたが, このような取り組みは教育プログラムとして実際に行なわれているものである。さらにその他のプログラムに関しては, 現職教員やNASAの教育関連担当者が企画・運営するワークショップで構成されていた。その内容は, NASAが提供する学校向けの学習プログラムを活用した実践の紹介, 宇宙や科学技術を題材とした実践を参加者に体験してもらうワークショップだった。ここで学んだ経験を現場に持ち帰り, それぞれの教室で実践していくのである。NASAが提供する学校教育向けのプログラムに関してはウェブで公開されており, 対象は幼稚園から高等教育までとバリエーションも多様である (http://www.nasa.gov/offices/education/about/index.html, 2017年2月10日最終確認)。さらに実践者向けのガイド, ビデオクリップなど多様なコンテンツが用意されている。これらのコンテンツは, 学校において宇宙や科学に関する「本物」の学習となるものであり, 現実世界とつながりながら学習を進めていくための鍵となるものである。

　日本においては, 校外学習として博物館や水族館等に行くことはあっても, あくまで数時間の探索や訪問であり, 継続的な学習支援につながっていることはきわめて稀だろう。NASAの例と比較できないが, 教育用コンテンツを十分に整備できている所も限られている。ただ日本でも, 宇宙航空研究開発機構 (JAXA) が学校教育支援や社会教育支援を行なっている。実際に指導案がセットになった教材も準備されており, 実際の授業で活かすこともできる (http://www.edu.jaxa.jp/materialDB/, 2017年2月10日最終確認)。

　また大学や研究機関とのつながりも重要になってくる。研修や講習で現場との関わりをもつ大学教員もいるが, 普段の授業レベルで協働している場合は少ない。(1) でも紹介したピーターセンのクラスに在籍する児童は自分たちの研究成果を研究者に報告・交流していた。スーパー・サイエンス・ハイスクール (SSH) では研究的な実践にあたって研究者のサポートを得ながら取り組んでいるが, それ以外ではきわめて限られている。児童・生徒の取り組みが価値あるものとなるためにも, そのような研究交流も今後必要となってくるだろう。

(4)では教師の経験や養成の問題を取り上げたが，実際の授業にあたっては，リソースと学習環境は不可欠である。パワフル・ラーニングを実現するためには，それが利用可能でなければならないし，その選択肢が多様である必要がある。これこそがまさに「社会に開かれた教育課程」につながるものだといえる。

さらなる学習のために

ここでは，本書を踏まえてさらに学習を広げるための関連書籍を紹介したい。とくに本書の基盤となっている学習理論や学習科学に関するもの，パフォーマンス評価に関するものを中心に取り上げている。

- ブランスフォード, J. D., ブラウン, A. L., クッキング, R. R.（森敏昭・秋田喜代美監訳）（2002）授業を変える―認知心理学のさらなる挑戦．北大路書房
  Bransford, J. D. et al., (2000) "How People Learn: Brain, Mind, Experience, and School Expanded Edition" の翻訳である。本書の第1章，第5章でも紹介されているが，本書の基盤となる理論や研究がまとめられた重要な本である。
- ブルーアー, J. T.（松田文子・森敏昭監訳）（1997）授業が変わる―認知心理学と教育実践が手を結ぶとき―．北大路書房
  Bruer, J. T. (1993) "Schools for Thought: A Science of Learning in the Classroom" の翻訳である。学習科学や学習理論を基にした，算数・数学教育，理科教育，読解と作文教育について学ぶことができる。
- カルキンズ, L.（古田新一郎・小坂敦子訳）（2010）リーディング・ワークショップ―「読む」ことが好きになる教え方・学び方．新評論
  Calkins, L. (2001) "The art of teaching reading 1st edition" の翻訳である。本書第2章の読解に関する指導法や実践について学ぶことができる。
- コリンズ, A. ハルバーソン, R.（稲垣忠（編訳）（2012）デジタル社会の学びのかたち―教育とテクノロジの再考．北大路書房
  Collins, A. & Halverson, R. (2009) "*Rethinking education in the age of technology: The digital revolution and schooling in America*" の翻訳である。テクノロジの進歩によって学校を超えた学びの場が広がっている実例を学ぶことができる。
- ドラン, R., チャン, F. タミル, P., レンハード, C.（古屋光一監訳）（2007）理科の先生のための新しい評価方法入門―高次の学力を育てるパフォーマンス課題．その実例集．北大路書房
  Doran, R. et al. (2002) "*Science educator's guide to laboratory assessment*"

の翻訳である．理科におけるパフォーマンス課題とその評価方法について学ぶことができる．
・グリフィン, P., マクゴー, B., ケア, E.（三宅なほみ監訳）(2014) 21世紀型スキル―学びと評価の新たなかたち．北大路書房
Griffin, P. et al. (2012) "*Assessment and Teaching of 21st Century Skills*" の翻訳である．本書公刊の前後から21世紀を生きるわれわれにとって必要な共通のスキルとして何を身につけるべきかの議論がなされていたが，その集大成ともいえるものである．
・ジョンソン, D. W., ジョンソン, R. T., ホルベック, E. J（石田裕久・梅原巳代子・訳）(2010) 学習の輪―学び合いの協同教育入門．二瓶社
Johnson, D. W. et al., (2002) "*Circles of learning: cooperation in the classroom*" の翻訳である．協同学習に関する具体的な指導や取り組み，そして評価について学ぶことができる．
・鹿毛雅治 (2013) 学習意欲の理論―動機づけの教育心理学．金子書房
学習意欲の観点から，教育環境のデザインや協同学習，足場かけ等が紹介されており，本書に関する内容をより深く理解できるものとなっている．
・加藤浩・望月俊男（編）(2016) 協調学習とCSCL．ミネルヴァ書房
協調学習に関する理論と技法，コンピュータを活用した学習支援，コミュニティの構築について学ぶことができる．
・大島純・益川弘如（編）(2016) 学びのデザイン：学習科学．ミネルヴァ書房
学習科学とその基盤となる学習理論，それらの研究動向を学ぶことができる．さらに，学習科学の視点に基づく授業実践の事例も紹介されている．
・ソーヤー, R. K.（大島純・森敏昭・秋田喜代美・白水始監訳）(2016) 学習科学ハンドブック第二版　第2巻―効果的な学びを促進する実践／共に学ぶ．北大路書房
Sawyer, R. K. (ed) (2015) "*The Cambridge Handbook of the Learning Sciences 2nd Edition*" の翻訳本であり，全3巻が刊行される（現在第2巻のみ出版）．第2巻では，課題解決型学習や身体化デザイン等の強力な学習成果を導き出す教室実践，協調学習やモバイルラーニング等のより効果的な学びの会話を促進するための学習環境設計の可能性について学ぶことができる．
・髙垣マユミ（編著）(2005) 授業デザインの最前線―理論と実践をつなぐ知のコラボレーション．北大路書房．髙垣マユミ（編著）(2010) 授業デザインの最前線II―理論と実践を創造する知のプロセス―．北大路書房
本書でも紹介された先入観（プリコンセプション），学習方略等，学習理論に基づいた研究と実践について学ぶことができる．

・ウィギンズ, G. マクタイ, J.（西岡加名恵訳）（2012）理解をもたらすカリキュラム設計—「逆向き設計」の理論と方法．日本標準
Wiggins, G. and McTighe, J. (2005) "*Understanding by Design, Expanded 2nd Edition*" の翻訳本である．本書の第5章で紹介されている逆向き設計に関して深く学ぶことができる．

■出典一覧

Bruner, J. S. (1961). *The Process of education*. Cambridge, Mass.: Harvard University Press（鈴木祥蔵・佐藤三郎（訳）（1963）教育の過程．岩波書店）

国立教育政策研究所（2013）OECD 生徒の学習到達度調査—2012 年調査国際結果の要約．(http://www.nier.go.jp/kokusai/pisa/pdf/pisa2012_result_outline.pdf：2017年2月10日最終確認）

国立教育政策研究所（2016）OECD 生徒の学習到達度調査—2015 年調査国際結果の要約．(http://www.nier.go.jp/kokusai/pisa/pdf/2015/03_result.pdf：2017年2月10日最終確認）

Lave, J. & Wenger, E. (1991) *Situated learning: legitimate peripheral participation*. Cambridge NY : Cambridge University Press.（佐伯胖（訳）（1993）状況に埋め込まれた学習—正統的周辺参加．産業図書）

Shulman, L. (1997) Knowledge and teaching: Foundation of the new reform. *Harvard Educational Review*, 57, 1-22.

■謝辞

　本書の出版にあたっては，北大路書房の奥野浩之氏には，完成に至るまで細やかなご配慮と寛容なご対応を頂いた．心から御礼を申し上げたい．本書を通じて，授業や学校のあり方が問い直され，教師も子どもたちも心からワクワクできるような「パワフル・ラーニング」が全国各地で展開される日が到来するのを心待ちにしている．

編訳者紹介

深見俊崇（ふかみ・としたか）
1976 年　大阪府に生まれる
2007 年　大阪市立大学大学院文学研究科後期博士課程単位取得満了
現在　　島根大学教育学部准教授
主著　　授業設計マニュアル Ver.2（共著）北大路書房　2015 年
　　　　教育工学的アプローチによる教師教育（共著）ミネルヴァ書房　2016 年
　　　　デジタル社会の学びのかたち（共訳）北大路書房　2012 年
　　　　21 世紀型スキル（共訳）北大路書房　2014 年

訳者一覧（執筆順）

深見　俊崇	（島根大学教育学部）	1 章，2 章，全体編訳
廣瀬　真琴	（鹿児島大学学術研究院法文教育学域）	2 章
御園　真史	（島根大学教育学部）	3 章
坂本　將暢	（愛知工業大学基礎教育センター）	4 章
益川　弘如	（聖心女子大学文学部）	5 章，巻末資料
杉山　元洋	（静岡大学大学院教育学研究科）	5 章，巻末資料

パワフル・ラーニング
－社会に開かれた学びと理解をつくる－

2017年5月10日　初版第1刷印刷	定価はカバーに表示
2017年5月20日　初版第1刷発行	してあります。

編著者　L. ダーリング - ハモンド

編訳者　深　見　俊　崇

発行所　㈱ 北 大 路 書 房

〒603-8303　京都市北区紫野十二坊町12-8
電　話　(075)431-0361㈹
ＦＡＸ　(075)431-9393
振　替　01050-4-2083

編集・製作：桃夭舎　高瀬桃子　　印刷・製本：㈱太洋社
ISBN978-4-7628-2970-3　　Printed in Japan　　©2017
検印省略　落丁・乱丁本はお取替えいたします。

・ JCOPY〈㈳出版者著作権管理機構 委託出版物〉
本書の無断複写は著作権法上での例外を除き禁じられています。
複写される場合は，そのつど事前に，㈳出版者著作権管理機構
（電話 03-3513-6969,FAX 03-3513-6979,e-mail: info@jcopy.or.jp）
の許諾を得てください。